U0741157

跨文化外语教学
与批判性思维能力培养研究

张　畇◎著

陕西师范大学出版总社　西安

图书代号 JY24N2272

图书在版编目（CIP）数据

跨文化外语教学与批判性思维能力培养研究 / 张昀著 .
西安：陕西师范大学出版总社有限公司，2024.9.
ISBN 978-7-5695-4757-3

Ⅰ . H09

中国国家版本馆 CIP 数据核字第 2024PJ9823 号

跨文化外语教学与批判性思维能力培养研究

KUAWENHUA WAIYU JIAOXUE YU PIPANXING SIWEI NENGLI PEIYANG YANJIU

张 昀 著

出 版 人	刘东风
出版统筹	杨 沁
特约编辑	李密密
责任编辑	孙 哲 程 媛 李腊梅
责任校对	代 妙
封面设计	知更壹点
出版发行	陕西师范大学出版总社
	（西安市长安南路 199 号　邮编　710062）
网　　址	http://www.snupg.com
印　　刷	河北赛文印刷有限公司
开　　本	710 mm×1000 mm　　1/16
印　　张	13
字　　数	260 千
版　　次	2025 年 1 月第 1 版
印　　次	2025 年 1 月第 1 次印刷
书　　号	ISBN 978-7-5695-4757-3
定　　价	60.00 元

读者使用时若发现印装质量问题，请与本社联系、调换。
电话：（029）85308697

作者简介

张昀，女，1977年2月出生，湖北省武汉市人，毕业于武汉理工大学，硕士研究生学历，现任文华学院外语学部英语系副教授。研究方向：英语写作、跨文化交际。主持并完成湖北省"十三五"教育规划项目一项、湖北省教育厅哲学社会科学研究项目一项、湖北省科学技术研究项目一项、湖北省本科高校省级教学改革研究项目一项，发表论文四十余篇。

前　言

在经济全球化趋势日益加速的当下，跨文化外语教学与批判性思维能力培养在教育领域逐渐被人们重视。跨文化外语教学致力于培养学生在不同文化背景下的交际能力和跨文化意识。随着国际交流的日益增强，纯粹的语言能力已无法满足社会的需求，学生需要具备在多元文化环境中有效沟通的能力。因此，跨文化外语教学的目标应是使学生能够理解和尊重文化差异，掌握在特定文化背景下恰当使用语言的能力。批判性思维能力则强调学生对信息、观点进行独立思考和评估的能力。在信息爆炸的时代，具备批判性思维能力尤为重要，它能帮助学生筛选信息、辨别真伪，形成独立的见解。在学习外语的过程中，学生需要运用批判性思维能力来分析、比较不同文化背景下的语言使用差异，从而更好地理解和适应多元文化环境。同样，批判性思维能力的培养也需要通过跨文化外语教学实践来加强和深化。本书通过对跨文化外语教学与批判性思维能力培养进行研究，为培养具有国际视野和跨文化交际能力的人才提供参考。

全书共五章。第一章为绪论，主要阐述了外语教学的要求与目标、外语教学与跨文化教学的融合、跨文化外语教学与批判性思维培养的融合等内容；第二章为跨文化外语教学现状，主要阐述了跨文化外语教学的基本原则、跨文化外语教学的相关内容、跨文化外语教学的研究现状、跨文化外语教学取得的成绩、跨文化外语教学存在的问题等内容；第三章为外语教学中的批判性思维，主要阐述了批判性思维的基本理论、批判性思维的研究现状、批判性思维能力培养路径与关键因素、基于批判性思维能力培养的跨文化外语教学体系等内容；第四章为外语教学中的文化思辨能力，主要阐述了文化思辨能力的基本内涵、文化思辨能力培养模式建构、基于文化思辨能力培养的外语教学实践等内容；第五章为跨文化外语教学中的批判性思维能力培养，主要阐述了批判性思维能力培养的影响因素、国内外批判性思维能力培养模式、跨文化外语教学中批判性思维能力培养实践、国外批判性思维能力培养对我国外语教学的启示等内容。

为了确保研究内容的丰富性和多样性，笔者在写作过程中参考了大量理论与研究文献，在此向涉及的专家表示衷心的感谢！

最后，限于笔者水平，本书难免存在不足之处，在此恳请同行专家和读者朋友批评指正！

目 录

第一章 绪论

在经济全球化浪潮下，跨文化外语教学与批判性思维能力培养已成为教育领域的重要议题。这两者看似独立，实则紧密相连。外语不仅是沟通的工具，也是理解他国文化、拓宽国际视野的桥梁。批判性思维作为个体独立思考、解决问题的关键能力，能帮助外语学习者在跨文化交流中理性地分析问题、尊重他人的观点，并在此基础上寻求解决方案。本章主要对外语教学的要求与目标、外语教学与跨文化教学的融合以及跨文化外语教学与批判性思维培养的融合三个方面展开论述，旨在为后续的研究提供理论基础。

第一节 外语教学的要求与目标

一、外语教学的要求

（一）着眼于人的发展

1. 着眼于人的全面发展

外语教学的首要定位就是人的教育，外语教学的首要要求也应当是人本主义。教师要时刻以学生为中心，充分发挥学生的主体作用，注重学生的全面发展，使他们具备持续学习的能力，从而为其终身学习打下良好的基础。因此，当代外语教学要求学校和教师要着眼于学生的全面发展。要促进学生的全面发展，仅靠帮助学生掌握外语知识是远远不够的，还需要注重培养学生的社会责任感、积极的情感等，因为这些因素对学生的外语学习也有重要的影响。这就要求教师在外语教学中尊重学生，做到以人为本。具体要从以下几个层面着手。

（1）承认学生之间的差异性

学生之间是存在差异的，每个学生都有独特的个性，学习特点也存在差异。

面对这些差异，教师应该提供与他们的实际需求相符的学习指导，同时也要为他们提供平等的学习机会。教师在教学中应该具体问题具体分析，做到因材施教。例如，有的学生擅长口头表达，有的学生擅长书面表达；有的学生倾向于阅读思考，有的学生倾向于记忆单词、掌握规则。因此，一名优秀的外语教师应该在教学中根据学生的具体类型和特点对其进行具体的指导。

（2）相信学生的潜在能力

教师应该坚信，每一位学生都具有不同程度的学习潜能，每一位学生也都有其自身独特的、丰富的内心世界。在科技与网络高度发达的今天，学生在很多方面都比以往更独立，思考问题的角度也更为独特。因此，教师应该多与学生沟通、交流，使学生能够将教师视为朋友。同时，教师也应在与学生平等相处的基础上，不断了解学生的想法，改进自己的教学方法，进而充分挖掘学生的发展潜能。这样，外语教学也会卓有成效。

（3）发挥学生的主体作用

学生主体是指自主地、能动地参与教学活动的学生个体。在外语教学中，教师要尽量做到为每个学生创造良好的教学环境，确保每个学生能够参与到教学活动中，让学生在教学活动中不断地培养和发展自身的自主性、能动性和创造性。

（4）营造和谐的课堂氛围

要顺利地实施情感教学，营造和谐的课堂氛围是较为关键的因素。课堂教学实际上是交际的过程。如果课堂气氛和谐，交际就会有效；如果课堂气氛不和谐，交际就会无效。营造和谐的课堂氛围，让学生成为课堂的主人，师生在和谐愉快的课堂上实现教学相长，是提高课堂教学效率的有效途径。营造和谐的课堂氛围有赖于以下几个方面的因素。

第一，提倡宽容的态度。外语毕竟不是母语，我们使用母语时都不可避免地会犯错，因而在学习外语时犯错更是在所难免。如果教师在教学中过于强调语言的精确性，久而久之，学生便会产生挫败感与畏难情绪，甚至出现"谈外语色变"的情况，对外语学习提不起任何兴趣，那么外语课堂氛围沉闷也就难以避免了。新课程教学改革背景下的外语教学提倡教师对学生持有宽容的态度，即教师应该引导学生多运用外语，不必有错必纠。

第二，在外语课堂教学中，教师还需要正确处理学生的突发情况。例如，碰到学生上课打瞌睡的时候，不应当立刻严肃地训斥学生，而应当本着以人为本的态度关心学生。这样，学生能感受到教师的真诚和关怀，自然也就会努力地投入外语学习当中。

第三，教师要关爱自己的学生，把对学生的爱凝聚成一种教育的巨大力量，以自己的爱赢得学生的爱，搭建起师生之间的情感桥梁。

第四，教师要坚持人本主义的思想，对师生之间的关系进行重新审视和调整。在具体的教学过程中，教师要为学生提供充足的学习空间，让不同类型、不同水平的学生都能够在学习过程中获得乐趣、成就感和满足感。当学生感受到成功的喜悦时，就会激发其对这门功课的兴趣和积极性，也必然会推动教学质量的提高。

（5）注重情感交流

教师对学生所具备能力的信心在一定程度上直接影响学生学习的效果。因此，在外语课堂上，教师应该始终保持高昂的、乐观向上的精神状态，对学生要倾注所有的热情，并用这种态度将学生的积极情感调动出来。同时，教师要对学生充满信心，多表扬、鼓励学生，提高他们学习外语的积极性与主动性。

2. 着眼于跨文化人才的培养

外语教学的目的是使学生能全面地理解一种语言并能流利地使用它，并且能成功地、熟练地使用这种语言进行交际。外语教学的目的除了要提高学生的语言技能，还要使学生对目的语文化产生好奇心，帮助他们进行文化比较，丰富学生的体验，培养学生对文化多样性和文化差异的敏感度。外语教学应帮助学生理解人们展现出的文化制约行为的事实，理解社会变量，如年龄、性别、社会阶级及居住地等对人们言语和行为的影响，使学生认识到在目的语文化状况中的日常行为以及目的语中单词和短语的文化内涵，培养学生对目的语文化的好奇心。在学习外语和目的语文化的过程中，教师要培养学生文化交融和理解的能力，即"移情"能力。这是一种设身处地从他人的角度看待和感知世界的能力。移情能力不仅有助于语言能力和交际能力的发展，而且对个体的完善也有着积极的促进作用。外语学习中的成功者，大多数都是在对不同文化进行比较、评价和综合的过程中使自己变得更加丰富和全面的。他们进行的文化评价和批判并没有引起激烈冲突，反而使不同的文化因素在他们身上达到某种程度的融合。

外语教学应该将学生培养成思想开放，对自我、他人和世界都有深刻理解，并能够积极地与外界进行交流，不断发掘和实现自身价值的现代人。因为语言与文化的紧密联系，在外语教学中必须将文化与语言相结合。这不仅能帮助学生提高语言能力，而且能使学生了解目的语文化，与目的语文化群体进行有效的交际，提高跨文化交际能力，成为一个跨文化人才。

外语教学中文化教学的目的之一是促进语言教学目标的实现，那么，培养出的学生就要具有双语能力。双语意味着某种程度上的双文化。一个具有"双文化"特色的人应该能够在两个或更多文化领域内行动而没有障碍。所以，文化学习的主要目标是帮助学生成为跨文化人才，能够轻松和有效地理解和应对来自不同文化背景的人。文化价值观是一种比较持久的信念，可以决定个体及群体的生存形态、行为方式或准则，判断是非、美丑、爱恨，因此很容易引起种族优越感、不同的感性认识、交际中的误解及态度等问题，从而导致文化冲突。文化冲突的出现是因为来自不同文化的人具有不同的价值观和行为准则。个体往往根据本国文化的价值观和准则行动，而对方所持的观念可能会从相反的角度解读其行为，这就造成了误解和冲突。不同文化给人提供不同的思维方式——看、听、阐释世界的方式。

影响跨文化交际中相互理解的因素包括：认知的约束，不同群体的世界观构成框架形成了一个进行新信息比较的背景；行为的约束，不同文化都有其影响言语和非言语交际的规则，如不一定完全相同的礼貌原则等；情感的约束，不同的文化会用不同的方式展示、表达情感，有一些文化表现为相当情绪化，而有一些文化则表现为情感内敛。与来自不同文化的人进行交际是很有挑战性的，文化差异会造成对自己和他人行为的期望的复杂性，容易误解他人的观点、行为、动机，造成冲突。除培养自我意识、加强对自我主体的关注（即文化自觉）外，我们必须考虑培养学生对文化差异的敏感度。我们常常将异文化与自己的文化相比较，因为我们对自己文化的了解胜于对异文化的了解。我们倾向于觉得异文化很奇怪，因为从我们出生起就学习用特定的方式进行解释和理解彼此，当遇见不同的解释体系时我们可能会感觉它不是"正确"的方式。我们倾向于保护自己的文化并将它视为准则，而将其他文化模式看成错误的。这也许是人类对差异的自然反应，却是我们需要努力克服的。

因此，我们不应该拒绝其他群体生存的方式和他们的价值观，而应该努力理解来自不同文化的观点。外语教学中应该注意培养学生对不同文化的包容态度，学生应该对异文化持开放的心态。即使我们不能完全接受异文化，也应该尝试站在其特定的历史和社会背景中去理解那些看似不可理解的部分，探索其产生的根源。对于异文化与母语文化之间的差异，我们应保持平等的态度，避免以嘲讽和轻视的方式来对待。保持自己的价值观，如判断和坚持什么是正确的或错误的，是很有必要的。对其他文化持开放态度，并不意味着放弃判断力，而是放弃建立在无知之上的预先判断。

（二）注重学生语言综合运用能力的培养

外语教学要注重培养学生综合运用语言的能力。这种能力的形成建立在语言技能、语言知识、情感素质、学习策略及文化意识等素质整合发展的基础之上。要培养学生综合运用语言的能力，教师需要深刻认识以下三点。

1. 语言能力

语言能力包括听、说、读、写、译五个方面的基本技能及其综合运用能力。听、读是语言的输入，侧重知识的吸收；说、写是语言的输出，侧重知识的表达；译既有输入又有输出。学生在交际过程中通过吸收和表达知识信息，不断地提高语言综合运用能力。因此，在外语教学中，教师要引导学生通过大量的听、说、读、写、译的实践，提高自身综合运用外语的能力。可以说，在外语教学中，听、说、读、写、译不仅是学习外语的目的还是外语学习的手段。

2. 语言基础知识

学习必要的语言基础知识是形成语言能力的基础，有利于辅助外语学习。例如，虽然我们反对外语课一直围绕语法进行教学，但是这并不意味着我们就不需要学习语法了。相反，学习语法基础知识至关重要，因为它们是构成语言能力的基石，对于培养和发展语言技能至关重要。掌握语法基础有助于我们更准确、更流畅地运用语言，从而更有效地进行交流。

需要注意的是，学习必要的语言基础知识并不意味着将其作为课堂教学的唯一目的。也就是说，绝对不能把外语课当成语言知识课来上。因为语言知识学习最终的落脚点就是实际的综合运用，只有在学习基本语言知识的基础上辅以适当的实践训练，才能真正提高学生综合运用语言的能力。

3. 心理因素

心理因素不仅关系到外语的学习，还关系到人的发展。学生只有对外语学习抱着积极的态度，自发主动地参与，才能持有无限的热情与动力，才能学好外语。

学习动机是推动学生学习外语的重要心理因素，而学生对外语学习的态度、兴趣和情绪则是激发其学习动机的关键因素。在外语教学中，教师应积极致力于培养学生的学习态度，激发其学习兴趣，并调节其学习情绪，以有效激发学生的学习动机。教师在激发学生学习外语兴趣的同时，还应注重指导学生选用恰当的外语学习技巧与策略，引导学生善于运用智慧进行学习，助力学生在外语学习过程中持续提高学习效率，从而产生良好的学习效果。

（三）努力提高学生的认知能力

目前，外语教学正在经历由知识型教学向技能型教学转变的过程。外语教学不仅需要教师传授相应的语言知识，也需要提高学生获得语言技能的能力，当然还需要培养并提高学生的认知能力。要想在外语教学中不断提高学生的认知能力，就要选择合理的教学途径和方法。具体来说，要做到以下两点。

1. 坚持以话语为中心的教学

外语教学经历了词本位教学（翻译法）到句本位教学（听说法）再到话语本位教学（交际法）的发展历程。

从语言与思维的紧密联系来看，词汇是概念的表达形式，句子则体现了判断的逻辑，而话语则是智力推理活动的直接体现。因此，语言与思维应当与话语保持内在的统一性。然而，无论是偏重翻译的词本位教学，还是强调听说训练的句本位教学，都忽视了与特定思维活动的紧密结合，导致教学与实践的脱节。这两种教学会导致学生机械无意识的模仿和重复性的活动，并且无法有效地锻炼学生的智力。在话语本位教学中，话语被视为基本的言语交际单位，包含词语与语境之间的衔接连贯等因素，更能体现语言的整体性和连贯性。

2. 坚持"文道统一"原则

众所周知，语言与思想是密不可分的。语言教学应当与思想教育活动相统一，在教学过程中兼顾训练与思想教育两方面的内容，这就是所谓"文道统一"。传统的外语教学存在一定的弊端，如注重形式、轻视内容，注重技巧、轻视智能。虽然语言是一种实用的工具，但语言教育的终极目标绝非仅止于流畅交际。其更深层次的追求在于实现更高级别的教育理想。坚守"文道统一"原则，无疑是达成这一教育理想的有效途径。

二、外语教学的目标

我国不少学者呼吁，外语教学需从人本主义出发，融合"工具性"和"人文性"，从而发展和培养"全人"。外语教学是通识教育的重要组成部分，兼具"工具性"和"人文性"。外语教学的"工具性"体现了语言的本质特征，强调培养学生的听、说、读、写、译等语言综合运用能力以及通过专门用途外语和学术外语等课程发展学生的国际学术交流能力；而外语教学的"人文性"则主要体现为语言的文化负载性及其文化传递功能。具体而言，语言的文化内涵属性决定了外语教育在培养学生跨文化交流能力方面的必要性，这有助于他们深入了解和认识外国社会与文化，进而强化他们对于中外文化差异和相似之处的认识。语言是文化传播的媒介。大学外语教师不仅要教授学生语言技能，更要培育学生对中国本土文化的深刻理解和诠释能力，从而为中华文化的国际传播奠定坚实的基础。

（一）语言目标

1. 达到外语本族语者规范

一直以来，外语教学的核心目标都聚焦在使学生接近或达到外语本族语者的表达水平。例如，很多学生被期待去模仿英美人的语言使用习惯，以期能够达到所谓"标准"水平。然而，近年来，这种过分强调"本族语者标准"的教学方式受到了多方面的质疑和挑战。这些质疑和挑战主要来自对外语教学和通用语研究的深入探索。

（1）世界外语范式

世界外语范式的核心观点是世界各地区的所有外语变体都应该被纳入外语语言教学课程；本族语者规范无法体现世界上外语使用的多样性，也无法反映各种外语变体所代表的多样性区域文化。外语变体，如方言、俚语、行业术语等，在特定的文化和情境中具有独特的交流功能。因此，应当给予这些变体形式应有的认可和理解，从语言应用者的角度出发，审视外语的多样化表达。

21世纪以来，外语教学中世界外语视角的影响越来越显著。世界外语视角下外语教学关注点的改变体现在四个方面。

①传统教学仅仅聚焦于某一种外语变体，而世界外语视角倡导接触多种外语变体。

②传统教学方式倾向于让学生模仿外语本族语者的语言习惯，而世界外语教育则更加注重交际策略的运用，如转述、概括、明确请求以及非言语交流等。这意味着，当交流双方并非母语共享者时，实现相互理解和顺畅沟通的责任并非只落在外语学习者或语言能力较弱的一方，而是交际双方共同的责任。因此，教师需要教育学生理解这一点，并在教学中注重交际策略的培养和应用。

③传统教学重点关注英国或美国的文化知识，而世界外语视角则强调批判性地使用多元文化材料。

④在传统教学中，人们较少关注外语承载的意识形态意义。然而，从世界外语视角来看，外语变体与其背后的权力关系受到了高度重视。

（2）外语通用语范式

与世界外语范式类似，外语通用语视角强调外语的多样性，挑战"外语本族语者规范"，认为偏离"外语本族语者规范"的外语也是一种合理的语言使用形式，这一类外语使用形式通常表现为"新颖的语言和语用形式"。与世界外语范式的研究者不同，外语通用语范式的研究者更加关注辨识和标记各个国家外语的不同变体，且倾向于探索那些不以某种外语为母语的人是如何运用这种外语的。这种研究角度更注重实际语言使用的多样性和灵活性。从发音上来说，影响双语或多语者交际的因素并非说话者的语言是否接近外语本族语者的水平，而是他们的语言是否具有可理解性。

根据外语通用语视角，外语教学的核心目标在于让学生掌握那些影响理解的关键语言使用特征。因此，教师在教学过程中应着重关注学生在接收和输出语言过程中容易引发误解的语言点，避免在不必要的细节上花费过多精力。通过这种有针对性的教学方法，教师可以更有效地利用教学时间，帮助学生提升语言意识和交际策略，从而实现更高效的外语学习。这种策略不仅可以提高教学质量，还能为学生提供更多实践和交流的机会，促进他们语言能力的全面发展。更为重要的是，有的（不会引起误解的）语言特征知识本身就不是通过超前的"教"学会的，而只能通过不断积累语言使用经验才能习得。由于外语通用语视角强调交际的可理解性，为了达到良好的交际效果而使用母语这一现象受到研究者的支持。因此，近年来外语通用语的研究焦点逐渐转向多语融合现象，突显了外语使用中的多样性和灵活性。从外语通用语视角出发，外语教学展现出以下四个显著特征：①着重于让学生接触并了解不同种类的外语变体。②重视多语资源的使用。③使学生多接触各种外语作为通用语的交流实践活动。④强调交际策略的培养，以帮助学生学会如何使用语言或如何开展交际活动才能促进会话双方相互之间的理解。

2. 掌握职业、专业知识

外语教学的"工具性"要求高校通过专门用途外语教学帮助学生学习与专业相关的学术外语或职业外语，从而使他们获得在学术或职业领域开展国际交流的相关能力。因此，随着外语通用语视角的日益凸显，众多学者建议在高校阶段，特别是对于那些外语基础较为扎实的学生，开设如学术外语、专门用途外语、内容与语言融合学习等特色课程。在大学生外语水平普遍提高以及高等教育国际化背景下，外语作为大多数学科和专业领域的主要国际交流工具，对培养国际化高层次人才事业有着至关重要的作用。外语能力是高层次人才在经济全球化背景下不可或缺的核心技能之一。它使人才能够深入理解国际规则，敏锐捕捉前沿知识的动态变化，熟练掌握国际学术的规范与准则。这种能力为高层次人才提供了参与国际知识交流与对话的基础，从而在国际舞台上展现其专业见解和影响力。

因此，传统的以掌握常规语言交际技能为目的的通用外语课程已经无法满足时代需求；学术外语、专门用途外语、内容与语言融合学习等课程随之被提高到相当重要的地位。无论是学术外语、专门用途外语还是内容与语言融合学习课程，它们的教学方法和目标与通用外语教学均存在显著差异。在这三种课程中，教师的教授和学生的练习都紧密围绕学生专业学习的实际需求进行。重要的是，通过外语来学习职业、专业知识并不意味着这些课程缺乏语言目标。恰恰相反，这些课程力图培养"一专多能"的高素质、国际化、复合型专门人才，这就意味着学生需要既懂专业，又懂语言。不论是学科专业知识还是学术上严谨的逻辑思维表达，都是常规通用外语教学无法专门进行训练的。因此，仅掌握外语而缺乏学科专业知识的学生，难以形成严谨的学科知识思维体系；仅了解学科专业知识而不通晓外语的学生，则无法有效地向国际社会传递知识，也无法及时地从国际相关领域汲取前沿信息。

职业、专业外语教学不是简单的通用外语教学加学科知识教学的组合，而是由教师教授学科相关外语（如学科知识词汇等）及思维，同时要求学生在开展职业、专业知识学习活动的过程中发掘性、探索性地掌握职业、专业相关外语。这种以满足实际需求为导向的交流方式，不仅能够提升学生的语言学习动机，还能加深他们对学科知识的理解与兴趣。通过这种交流，学生能够发现学习的实际价值，从而激发其内在的学习动力，发展出更加高效的学习策略。相关研究者指出，具有一定难度的学科知识和具有一定挑战的认知互动对提高外语水平具有至关重要的作用。因此，通过学术外语、专门用途外语、内容与语言融合学习等课程同时提升学生的学科知识与学科专业性语言知识是当代社会对外语教学提出的新要求。

（二）非语言目标

语言与文化紧密关联。外语作为学生的非本族语，涉及的文化及思维习惯也可能有异于学生的本族语文化。因此，学习外语必然涉及学习外语文化。

语言不仅是沟通的工具，更是思维的载体。学习一门语言，学生实际上是在掌握一种全新的思维模式和认知工具。因此，语言教学的目标不应仅局限于提升学生的语言技能，更要注重培养他们的高阶思维能力，尤其是思辨能力。

外语学习在很多国家和地区只是一种机械学习，缺乏自然的语言使用环境，这就要求学生具备自主学习能力，才能最终达到较高的外语水平。

学校教育在塑造学生思想品德、培育家国情怀以及增强社会责任意识方面起着举足轻重的作用。外语课程，作为学校教育体系中的关键一环，同样肩负着培养学生思政素养的重要使命。

外语教学的非语言目标主要包括以下几个方面。

1. 具备跨文化能力

外语教学的改革越来越深入，学生的交际能力的作用也越来越凸显。但是在实际的教学过程中，我们可以看到外语教学虽然十分重视培养学生的听、说、读、写、译各项基本技能，但是实际的效果并不明显。其主要原因是教学并未突破传统的框架，仅教授语言技能并不足以全面提升学生的语言交际能力。为了真正提高学生的语言交际能力，必须注重培养他们在社会文化、语境理解和行为表现等多方面的能力。这样才能使他们在不同的语境中灵活运用语言，实现真正的有效沟通。在教学过程中，除了语言内容和技能的训练，还要加上跨文化条件下的语言能力、语用能力训练，让学生能够在实际生活中使用不同语言进行交流。实际上，培养跨文化交流能力是外语教学的最高目标。外语教学和学习的过程是师生不断适应外语文化的过程。学生在学习外语的过程中，必须建立外语文化与自身已有知识之间的联系。对于与本国文化相异的信息，学生需要保持开放和理解的态度。由于汉语与外语之间存在显著的差异，学生在学习过程中遇到困难和障碍是常有的事情。为了有效克服这些难题，外语教学中应当融入外语文化教学。

2. 具备思辨能力

思辨能力是教育（包括语言教育）的必要组成部分，需要在具体的科目学习过程中培养。语言不仅是人际交往的工具，还是人类认识世界、探究新知识并改造世界的工具。因此，外语教学需要发展学生使用外语获取新知、分析并解决问题、提升自我的能力，即提升个体的思辨能力。思辨能力集逻辑性、批判性与创造性思考于一身，不仅助力学生在推理、分析与解决问题上游刃有余，更能引导学生以跨文化的视角洞察和理解世界，从而做出恰当的价值判断。思维与语言的发展紧密相连，语言是思维的调控器，推动着人类认知的进步。语言能力不仅涵盖了语言元素，还深深植根于认知要素之中。例如，认知、学术语言能力（可理解为包含思辨能力在内的高阶语言能力）作为衡量学生语言综合水平的重要指标，指学生能够使用特定语言来理解内容知识，并且具备分析、推理和反思的能力。由于语言与思维能力紧密相连，许多学校将培养学生的思辨能力视为语言教学的核心目标。在我国的教育体系中，许多高校明确将思辨能力定位为外语学生的学科核心素养，并将其作为外语教学的核心目标之一，旨在通过系统的语言学习全面提升学生的逻辑分析、批判性思考和创造性解决问题的能力。

我国学者具体探讨了外语课堂上教师应该遵循的基本原则。这些原则包括：①为学生创造更多语言实践的机会，以丰富其语言运用经验；②促进师生之间的交流互动以及学生间的合作学习，共同探索知识；③设计"信息差异""观点碰撞""逻辑推理"等活动，以激发学生的高阶思维能力；④引导学生开展跨文化对比与自我反思，拓宽国际视野；⑤鼓励学生自主探究并解决实际问题，培养解决问题的能力；⑥倡导学生自主学习语言，发挥学习主动性，提高学习效率。

后来，相关学者进一步发展了思辨外语教学的原则，并将其称为 TERRIFIC。其中 T 代表"目标"，也就是要将思辨能力纳入外语教学目标；E 代表"评价"，倡导将思辨标准纳入评价体系；第一个 R 代表"操练"，强调思辨能力与语言能力一样，需要进行常规化操练；第二个 R 代表"反思"，突出通过经常性反思发展元认知能力和自我调节能力；第一个 I 代表"探究"，鼓励教师通过对话教学的方式激发学生的好奇心，引导他们自由探索知识的奥秘；F 代表"实现"，在外语教学中，教师应着重培养学生的优质思维习惯，同时关注他们的心理健康发展，推动他们的个体成长和全面发展；第二个 I 代表"融合"，即融合思辨能力与语言教学，外语教师要帮助学生分析并发现语言的使用规则，进而提高学生使用外语的流利度和准确度；C 代表"内容"，强调教师要选择富有认知挑战性的语言材料，用以培养思辨能力（图 1-1）。

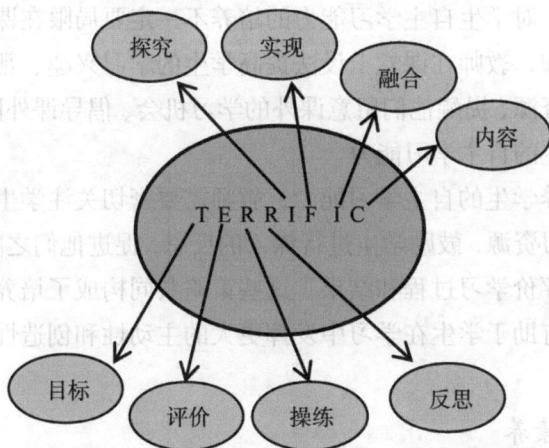

图 1-1　思辨外语教学的原则——TERRIFIC

总之，语言教学与思辨能力的培养是相辅相成的。在这一过程中，教师扮演的角色至关重要。为了更有效地将思辨外语教学的原则融入日常教学中，教师培训项目应利用示范课、解释性讲授等多种方式帮助教师深入理解和应用这些原则，从而推动学生思辨能力与语言学习的和谐共进。

3. 具备自主学习能力

随着自主学习中心的迅猛增加以及计算机辅助教学的发展，世界上许多国家都将发展学生自主学习能力作为一项重要的教育目标。在国内，随着高等教育规模的不断扩大，学生人数急剧增长，使得师生比例相对失衡，教师与学生的接触时间相对减少。此外，在我国当前的外语教育体系中，学生往往缺乏真实的外语交流环境，使得他们在课后的语言实践中更需要依赖于自我学习的能力。外语学习者必须掌握自我进步的技巧，这包括对学习过程的自我调控，灵活地调整学习目标、策略和方法，以及情感的自我管理。通过掌握这些技巧，学生能够主动适应不同的学习环境，推动自身进行持续、健康的学习，从而在外语学习上取得成功。

如何培养学生的自主学习能力往往取决于教学实践者对学生自主性的认识。例如，认为学生自主学习就是践行学习策略并获得自我发展的教师可能会更关注为学生提供学习策略培训，而强调学生意识及反思重要性的教师可能花费更多的精力用于提升学生的时间管理、自我情绪管理、自我规划等能力。此外，如果教师着重于激发学生的内在动力和自由意志，他们很可能会依据学生的个性化需求来提供适当的支持，从而助力学生充分发挥其主观能动性，掌握自己的学习方向和表现。实际上，对学生自主学习能力的培养不一定要局限在课内，还可以拓展到课堂之外。例如，教师在课堂上设法提高学生的学习兴趣、帮助他们批判性地发掘并利用学习资源、提醒他们留意课外的学习机会、倡导课外同伴合作学习等，都有助于提高学生的自主学习能力。

为了有效培养学生的自主学习能力，教师需要密切关注学生的学习进展，提供丰富多样的学习资源，鼓励学生进行深入的反思，促进他们之间的互动与协作，并激励他们自主评价学习过程和结果。这些策略共同构成了培养学生自主学习能力的重要框架，有助于学生在学习中发挥更大的主动性和创造性，实现自我提升和全面发展。

4. 具备思政素养

语言教学与社会文化、政治意识形态紧密关联，这就意味着外语教学本质上具有一定的思政属性，也就是说外语教学的目标不仅仅是帮助学生掌握基本的语言技能，还需要强调语言的使用要合乎道德规范以及国家形象构建。此外，在外语教学中，应当强调品格塑造和价值引领的独特性，构建出鲜明的外语思政德育目标。外语教师应以语言为媒介，致力于培养学生的家国情怀，促进学生形成对自身、本国人、其他文化群体以及本民族和其他民族价值观的批判性认识。在此基础上，引导学生树立民族平等的价值观，为培育具备全球视野的世界公民、增进国民的经济全球化意识、构建人类命运共同体提供坚实的基石。

外语教学需要融入课程思政教学体系，在高等学校落实立德树人根本任务中发挥应有的作用，以帮助学生树立正确的人生观、世界观和价值观。在外语课堂上提升学生的思政素养就是要将价值观引领、外语知识传授和外语运用能力培养有机结合起来；教师需要有意识地在外语知识传授和外语运用能力培养过程中渗透思想道德引领并将此置于重要位置。在外语学习过程中，学生不可避免地会接触到国外的意识形态和文化价值取向。因此，教师的职责变得尤为重要，他们必须引导学生正确地辨识和过滤掉负面的意识形态和文化价值取向。通过这样的引导，学生应当自觉抵制西方不良文化的侵蚀，勇敢地捍卫祖国的尊严。外语教学可以帮助学生通过外语了解世界，进而拓宽他们的国际视野，使他们更为深刻地理解人类命运共同体的含义。此外，外语教师还要帮助学生坚定文化自信，引导他们用外语讲好中国故事，进而推动中华文化走出去，让世界更好地了解中国。

随着我国在世界舞台上的崛起，我国参与国际事务的广度与深度都在不断扩大。这就要求外语教育不仅要培养学生的语言技能，更要塑造他们成为具有家国情怀、民族使命、法治意识和道德修养的世界公民。在外语教学中，教师应充分挖掘语言的内在优势，引导学生通过对比不同语言和文化，深入感受中华文化的独特魅力。我国外语教学的目标应是培养出既能够放眼全球、传播中华文化，又能够为解决全球性问题贡献中国智慧、提供中国方案的外语人才。实现外语教学的思政培养目标的一个重要问题是如何将思政要素融入外语课程。解决这一问题需要至少从两方面着手：第一，教师要重构教学内容；第二，教师要提升自己的自主发展能力。从教学内容上看，外语教师需依据现有教材内容提炼思政主题并设置相应的思政目标，在此过程中，教师需充分发挥能动性，对现有教学任务进行改编，使之契合课程思政教学目标。此外，为了更有效地实现外语教学目标，教师应根据教材的主题和内容，适时地融入中华文化元素。这一举措的目的在于：首先，通过中外文化的对比，帮助学生建立起跨文化意识，提升他们在不同文化背景下的思辨能力；其次，通过这一方式，学生可以更好地用外语讲述中国故事，传播中华文化的精髓，让世界更加了解中国。

为了顺利重构教学内容、开展课程思政教学，教师还需要提升自己的自主性专业发展能力。一方面，教师自身对中华文化知识及其外语表述应当有深入的研究；另一方面，教师还可以组建专业共同体，合作研究教材与学生，依据情境共同探究外语教学中思政素养培养的最优途径。

第二节　外语教学与跨文化教学的融合

当前，跨文化教学已经成为外语教学的重要组成部分。以跨文化教学为导向的外语教学的理论探索和实践应用也日益成熟。本节首先阐述外语教学中的深层文化障碍，进而探讨外语教学与跨文化教学融合的意义、目标、内容与创新方法。

一、外语教学中存在的深层文化障碍

在当前的外语教学中，人们日益关注如何提高学生的跨文化交际能力。为此，很多学者进行了大量研究，认为学生跨文化交际能力的提高有赖于多掌握具体、形象的目的语文化背景知识，多了解中西方文化的各种差异，多参与一些与外语运用相关的活动。诚然，这种看法不能说是错误的，但这些学习形式从本质上而言并未涉及西方文化的核心内容。换言之，外语教学之所以效果不明显主要是因为其所遇到的深层文化障碍并未消除。下面就针对这方面的内容展开详细分析，主要涉及深层文化及文化定式两个方面。

（一）深层文化

深层文化又称为"软文化""精神文化"，其核心就是人们经常提及的"价值观"。价值观决定着一个民族文化的精神实质、特征和风范。再进一步划分，价值观主要包括人权观、婚姻观、劳动观、道德观、群体观、个人观、发展观、法治观等。

1. 深层文化的内涵

为了对深层文化有更深入、全面的了解，下面对文化"洋葱论"与文化"冰山论"两个观点进行说明。

（1）文化"洋葱论"

所谓文化"洋葱论"，即将文化比作一个洋葱。该观点的内容具体如图1-2所示。

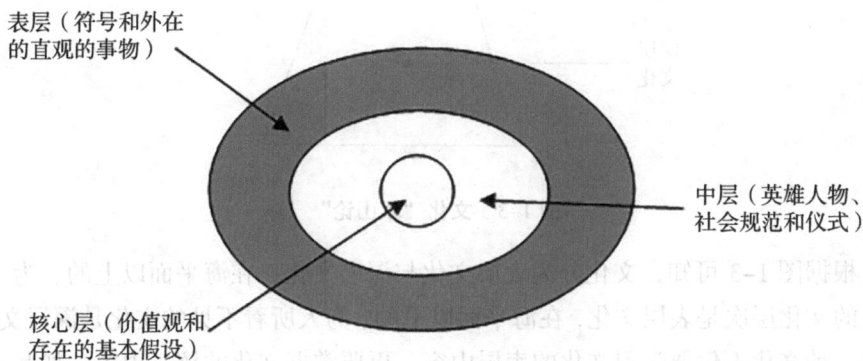

图 1-2　文化"洋葱论"

根据图 1-2 可知，文化的外层是可见部分，内层是不可见部分，各层之间都密切相关，内层影响着外层，具体分析如下。

①表层。表层文化指的是符号和外在的直观的事物，如词汇、手势、声音、图像等属于最外层的文化内容。

②中层。中层文化包括英雄人物、社会规范和仪式。英雄人物既可以是真实存在过的，也可以是人们想象出来的，只要他们具有一定的文化高度并被社会所赞扬，成为文化楷模即可。此外，社会生活中的各种仪式本质上是一种集体行为，要求所有个体遵循共同的规范和准则。这些仪式和活动构成了中层文化的重要组成部分。

③核心层。核心层文化指的是价值观和存在的基本假设。这种文化构成了一个民族文化的精髓，具有强大的凝聚力，能够将民族群体紧密地团结在一起。价值观作为文化的核心，被其他层次的文化内容所环绕，就像洋葱的层层包裹。这种结构形式使文化呈现出层次分明的特征，正如"洋葱论"所揭示的那样，文化的各个层次相互依存、相互支撑，共同构成了丰富多彩的人类文化。

（2）文化"冰山论"

所谓文化"冰山论"，即将文化比作一座冰山。该观点的内容具体如图1-3所示。

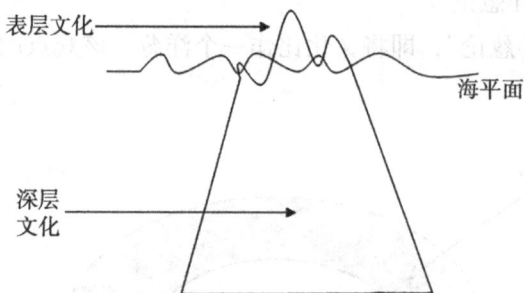

图 1-3　文化"冰山论"

根据图 1-3 可知，文化分为表层文化与深层文化，在海平面以上的、为人所看见的文化层次是表层文化，在海平面以下的、为人所看不见的文化是深层文化。学习一种文化不仅要学习文化的表层内容，更要掌握文化的核心内容，如此才能真正地理解一种文化并展开顺利交际。

2.外语教学中涉及的深层文化不足

当前我国外语教学中涉及的深层文化内容较少，这对于学生彻底掌握目的语文化以及培养其跨文化交际能力极为不利。总体来说，外语教学中向学生输入的文化内容存在以下两个方面的不足。

（1）忽视了对目的语深层文化的输入

在外语文化教学过程中，学生接触的文化内容基本上属于表层文化。教师为了有效提升学生的语言和技能水平，通常会在平时的训练过程中提供尽可能具体化、形象化的文化知识，以此来培养他们的跨文化交际能力。虽然做了很多努力，但效果却不明显，导致这一现状的主要原因是教师没有教给学生目的语文化的深层内容。在跨文化交际的实践中，学生难免会出现各种错误。对于源于表层文化的误解，纠正起来通常相对简单；然而，当错误源自对深层文化元素（如价值观和信仰）缺乏了解时，改正这些错误就需要付出更多的努力。此外，不了解表层文化所导致的错误通常容易被外国人接受与理解，但不了解深层文化所导致的错误后果往往十分严重，极有可能导致交际双方不愉快甚至中断交际进程。

（2）忽视了对目的语经典文化的阅读

虽然我国的教育改革已经涵盖了多个方面，但当前社会对于优秀学生的评判仍存在基于"分数高"的倾向，这在外语学科中体现得尤为明显。然而，分数仅能从一个侧面反映出学生是否达到了某种语言能力的标准，却无法全面展现学生是否真正理解了目的语文化，是否具备与目的语国家的人们进行有效沟通的能力。更重要的是，这种评判方式并不能保证学生在面对西方文化强势地位时能够客观、冷静地表达自我，并有效地维护自己的话语权。对于学生而言，掌握目的语文化是为了提升自己的批判性思维能力、解决问题的能力、跨文化交际能力和获得世界整体认知的能力。苏联著名教育实践家和教育理论家瓦西里·亚历山德罗维奇·苏霍姆林斯基（Vasily Alexandrovich Sukhomlinsky）经过研究后指出，提升学生思维能力最有效的方法就是阅读。也就是说，外语教学要重视学生阅读的广度与深度。忽视目的语经典文化的阅读，意味着忽视了外语学习的核心价值和真正意义。只有通过深入阅读和理解经典文化作品，学生才能真正掌握目的语，提升综合素质和能力，成为具有全球视野和跨文化交际能力的优秀人才。外语教学改革的最终目标应是培养具有独立思考能力、批判性思维和广泛文化素养的全面发展的人才。通过重视目的语经典文化的阅读，我们可以为学生的未来发展打下坚实的基础，帮助他们在国际化竞争中脱颖而出。

（二）文化定式

文化定式对跨文化交际产生着一定的影响，因而需要对其有充分的了解。

1. 文化定式的形成

定式是一种对一个群体成员类别的夸大期望，或是对某个成员资格群体的潜意识信念。它是对一个身份群体过于一般化的概述，以及对其文化过于简单化的态度，而不尝试理解身份分类中的个体差异。"定式"是一个中性词，该词既可以传达正面的信息，也可以传达负面的信息。定式是对一个群体十分泛化的认知，当人们使用定式来对待他人时，就意味着将这类人进行了分类，并且断言这类人都具有某些共同的特点。大致而言，文化定式的形成源于以下几个方面的因素。

①个体可以通过身边人的行为举止习得文化定式。例如，当学生听到父母说"××控制了电影行业是十分糟糕的"，他们会在无形中接受并内化了这种文化定式。

②个体通过有限的接触形成文化定式。例如，当一个人遇到一个非常富有的巴西人后，可能错误地推断所有巴西人都是富有的，这就是一种文化定式。

③个体通过媒体报道形成文化定式。例如，电影、电视中所展示的关于某种文化的赞美或特定形象，会引导观众形成对该文化的定式认知。

为了更准确地把握"文化定式"一词，这里将其与"偏见"进行区分。"偏见"本身是一个贬义词，建立在不公正的认知和情感成见基础上，在没有充分了解的情况下对一些人与事做出主观判断，并且这种判断往往基于错误的概括，从而表现出反感态度。在跨文化交际中，"偏见"主要表现为口头歧视、规避态度（如避免与自己不喜欢的人交谈或接触），以及歧视行为。如果对某人有偏见，就会在不自觉中做出很多排斥该人的动作。

在跨文化交际过程中，对于某种文化的描述，在不断复制和传播过程中，会逐渐形成固定的模式，这种模式被称为定式。然而，当情感因素被注入这种定式时，它就可能演变为偏见。由于文化定式具备稳定性，一旦文化定式与偏见得以形成，想要改变它们会变得十分困难。学生在认知过程中很容易受大众、传播媒介的影响而形成文化定式或偏见。

2. 外语教学中的文化定式

外语学习不仅是语言技能的学习，更是一种文化认知的过程。语言是文化的重要载体，承载着民族的文化精髓与特色，二者紧密相连，犹如血肉之躯与灵魂，不可分割。因此，在外语教学中，向学生传授目的语国家或地区的文化背景知识显得尤为必要。这有助于学生深入理解并吸收文化知识，逐渐培养起自己的文化意识，并最终将这种意识转化为实际的跨文化交际能力。在外语教育领域，这一观点已经得到了普遍认同。然而，在实际的课堂教学过程中，外语教师往往会面临一些挑战和困难。为了推进中国学生与不同文化背景的人们，尤其是那些以英语为母语的人们之间的顺畅交流，需要对文化差异进行梳理和总结，形成一定的文化模式。然而，也要警惕文化模式可能带来的"刻板印象"，避免因为过度简化或片面理解文化差异而阻碍不同文化间的相互理解和交流。

在阅读原版材料的过程中，应当着重关注材料中人们的思维方式，并有意识地搜集和整理与跨文化交际相关的知识以及分析中西方文化差异的材料。为了不断提升学生的跨文化交际能力，需要不断更新和深化他们对外国文化观念的理解，通过实际的交往，深入了解更多外国习俗与传统。

文化会随着社会的发展而不断变化，历史时期不同，社会所体现的文化就不同。因此，在外语教学过程中要让学生理解目的语国家或民族的深层文化，避免文化定式的形成。如果学生的思维依然停留在过去的时间段，用太过简单的思维来看待当前的西方社会文化，那么在沟通中就不可避免地会出现问题和偏差。外语教学要让学生用辩证、发展的眼光来审视西方文化，形成自己的独立思维，促进自身跨文化交际能力的提高。

二、外语教学与跨文化教学融合的意义

外语教学与跨文化教学的融合，不仅是教育领域的一大创新，更是推动全球文化交流与理解的重要途径。在经济全球化日益深入的今天，这种融合显得尤为重要，不仅能够提升学生的外语运用能力，更能培养他们跨文化交流的素养和能力。

（一）丰富外语课程的内涵

将跨文化教学有机地结合到外语教学中，可以丰富外语课程的内涵，从而拓宽学生的文化知识广度。这包括深入了解本族文化的底蕴、掌握外国文化的精髓，以及明确两种文化间的差异。通过这样的教育方式，可以有效培养学生的跨文化意识和能力，加强他们对文化差异的敏感性。这样，学生在面对问题时，能够运用跨文化的思维方式进行分析和处理，用更加多元、开放的态度去理解和接纳不同的文化，进一步提升他们的跨文化交际能力。

（二）培养学生与他人进行交流与合作的能力

将跨文化教学融入外语教学中，有助于培养学生在跨文化环境下与他人进行交流与合作的能力。外语教学与跨文化教学融合可以不断提升学生的交流能力，同时培养他们在协作中处理问题的能力。

（三）完善学生的文化参考框架

将跨文化教学融入外语教学中，可以使学生从不同的语境出发，对自己的文化参考框架加以调整、完善，保证交际恰当、有效地展开。单纯的语言教学能够提升学生的对外沟通能力，但在对外交流过程中必须将不同国家的文化考虑进去。因此，只有将外语教学与跨文化教学相融合，才能帮助学生在对外沟通中更好地提升自身的文化切换能力，让交际更为恰当、顺畅。

三、外语教学与跨文化教学融合的目标

对于不同层次的外语教学目的，可以分别用 goals、aims、objectives 三个词表达。其中，goals 是对教学目标的总体概括，是一个抽象化的描述。一般来说，只有具体分析这些抽象的目标，才能将其转化成外语教育工作者的参考依据。这些被细化了的教学目标就是教学目的（aims）。与这些目的相伴而生的是衡量是否达到这些目的的标准（standards）。确定好外语教学目的与标准非常重要，因为它们是教学具体实施的指导，是确定课堂教学目的（objectives）和教学活动的

基础，也是教学评估和测试的基础。

教学目的与标准的确定属于一种政府行为，通常由政府教育机构发起，委托数名专家组成项目组进行调查研究，提交报告，最后由教育部门审定和颁布，并监督实施。教学目的与标准的确定主要受社会文化和政治经济等因素的影响。尽管跨文化教育视角下外语教学的本质特点适用于任何国家和地区，但其教学目的与标准以及教学方法在美国和欧洲可能有所不同。同样，在我国将跨文化教学融入外语教学应有属于自己的特色，不可一味地模仿和照搬西方国家的做法。根据我国外语教学的特点，外语教学与跨文化教学融合的总体目标是提高学生的外语交际能力（语言文学目标，初级目标）及培养学生的跨文化交际能力（社会人文目标，高级目标），具体体现在以下几个方面。

（一）帮助学生树立多元文化意识

在全球文化多元化背景下，每一种文化都有其独特的起源和发展历程，这些都是不可替代的。随着经济全球化的推进，不同文化群体间的交流变得日益密切。尊重并深刻理解异质文化，不仅有助于避免文化冲突，还能促进平等交流和合作。

在外语教学与跨文化教学融合的过程中，培养学生积极理解不同文化的态度，可以使学生对自身的文化有更深的理解，进而对不同文化的特性产生清晰的认识，以开放的心态对待世界文化的多样性和多元化。

（二）发展学生的批判性思维

将跨文化教学融入外语教学中应注重培养学生的批判性思维，引导学生反思本国文化。学生可以充分利用多元文化的优势发现隐藏在文化现象之下的预定性假设，进而反思自己的文化行为，形成正确的价值观念、行为方式等。

多元文化教育作为学校教育的重要组成部分，与国家的教育目标紧密相连。通过多元文化教育，学生在深入理解和尊重其他文化的同时，也可以实现对自身文化的更深层次的认识和发展。

（三）为学生创造学习异质文化的机会

在来自两种文化的人们进行接触和了解的过程中，不可避免地会出现文化冲击和碰撞，并且会产生一定的不适应感。因此，在将跨文化教学融入外语教学中时，教师应该努力帮助学生克服这种不适应感，为学生创造更多的学习异质文化的机会，从而不断提升和培养学生的跨文化适应能力。

（四）构建外语教学与跨文化教学融合的模式

随着外语教学的发展，教师更加关注外语的文化内涵，深知在外语教学中进行跨文化交际能力培养的重要性。构建外语教学与跨文化教学融合的模式具体是要构建一种"交际体验—结构化教学—跨文化意识培养"的教学模式。

1. 交际体验

交际体验可以理解为对交际过程的感知，它指的是交际双方在交际过程中的主观感受，包括在不同环境中的感受以及双方实际的行为和语言。通过外语课堂的交际体验，学生能够提升自身的交际能力。交际双方需要以一定的语言环境为基础，对各自的文化背景有所了解，进而发挥自身的交际能力。

2. 结构化教学

结构化教学以语言技巧的训练为目标，将语言结构作为教学重点，主要利用外语进行教学。语言自身具有系统性，语言教学应该利用这种系统性，发现教学中的规律，展开结构化教学。进行结构化教学需要注意以下几个方面。

①培养学生的外语结构运用能力。

②培养学生的词汇选择与创造力。

③培养学生组词成句、组句成文的能力。

④培养学生在不同语言环境中进行交际的能力。

3. 跨文化意识培养

跨文化意识教学将了解文化知识作为目标，并且重视文化习俗的教学。要掌握外语文化知识，学生既要了解外语国家的历史和文化，研读相关的文学作品，也要了解外语民族的生活习惯与方式，形成学习外语国家文化的兴趣。长此以往，外语学习就会变成一种文化探索，有利于激发学生进行跨文化交际学习的兴趣，提升学习的效果。

"交际体验—结构化教学—跨文化意识培养"模式要求整个外语教学过程都要贯穿中西方文化的对比与总结，以培养与增强学生的跨文化交际意识。

"交际体验—结构化教学—跨文化意识培养"模式是一种十分符合中国人特点的外语教学模式。这种模式能够从外语学习的全过程出发进行认知方面的刺激，有利于培养学生的目的语思维模式。

（五）实施外语教学跨文化训练

跨文化训练是一种提高人们对不同文化理解和适应能力的训练方法，旨在帮助人们更好地适应多元文化环境。跨文化训练包括以下几种方式。

①以提供信息为主的训练，如讲座、演讲等。

②以原因分析为主的训练，如重大事件讨论。

③以提高文化敏感度为主的训练。

④改变认知行为的训练。

⑤体验式训练，如角色扮演。

⑥互动式训练，如跨文化交往。

在外语教学与跨文化教学的融合实践中，教师可以根据具体教学情况灵活使用上述几种训练方式，以提高学生的文化敏感度与跨文化交际能力。

四、外语教学与跨文化教学融合的内容

外语教学与跨文化教学融合的目的主要涉及知识、能力和态度三个层面，所以教学内容也应该考虑这三个方面的需要。单纯从教学内容上说，跨文化外语教学应该涉及如下内容，如图1-4所示。

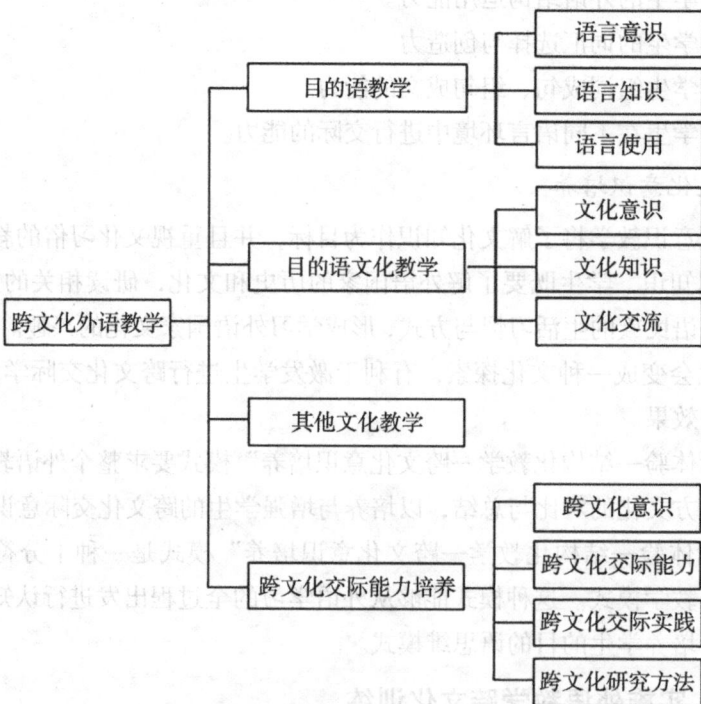

图1-4 跨文化外语教学的内容

首先，外语教学与跨文化教学的融合涵盖四大板块：目的语、目的语文化、其他文化以及跨文化交际能力。学生在学习目的语及其文化的过程中，不仅能掌握语言的各项技能，更能与目的语群体顺利进行交流。值得关注的是，其他文化教学成为跨文化外语教学的独特之处。如果在外语教学中忽视了其他文化的传授，学生可能会在自身文化和目的语文化之间迷失，从而无法全面培养跨文化意识。在培养跨文化交际能力方面，重点应放在跨文化意识的培养、实际交际能力的锻炼、跨文化交际实践的参与以及跨文化研究方法的掌握上。

需要注意的是，这四个方面的教学内容并不是孤立存在的，而是互相联系的。它们之间的关系密不可分、相互渗透，从而构成了更合理的教学内容。

与常见的线性分布、层次分明的内容分析不同，图1-5是一个饼式教学内容示意图，多个教学要素分布在一个椭圆中，不分先后和主次，并且椭圆外的双箭头表示各个要素之间互通有无、相辅相成，共同构成跨文化外语教学的整体。

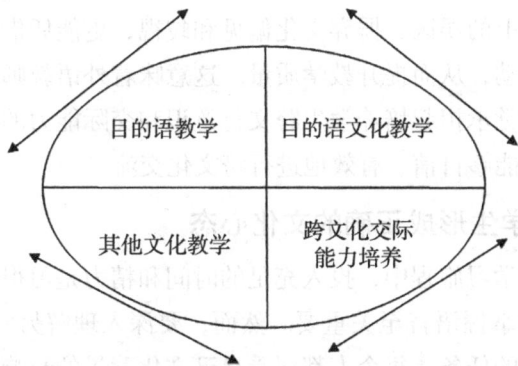

图1-5 跨文化外语教学的构成

五、外语教学与跨文化教学融合的创新方法

（一）培育教师跨文化教学的素质与能力

在实施跨文化外语教学的过程中，外语教师肩负着重要的责任。他们不仅要具备强烈的跨文化意识，还需持续扩充自己的跨文化知识储备，深入剖析中外文化的差异，从而形成卓越的跨文化素质与修养，以支撑跨文化教学的有效实施。语言和文化是息息相关的，要真正掌握语言的精髓，就必须深刻理解其背后的文化内涵。作为课堂教学的引导者，外语教师是学生跨文化学习与交流中的关键。

因此，教师的跨文化教学意识和能力对于提升跨文化外语教学的效果具有不可替代的作用。

提升外语教师的跨文化教学素质与能力显得尤为重要。首要举措在于激发外语教师自我提升的热情，鼓励他们积极探索异国文化，广泛结交外国友人，并深入研读各类外语文学经典，以丰富多样的方式增进对异国文化的认识和了解，进而提升自身的文化素养和跨文化教学水平。在跨文化教学的实施过程中，教师在为学生解读外语国家文化的同时，还需巧妙地将本民族的文化元素融入其中，通过两种文化的相互交融与碰撞，帮助学生更深入地领悟外文作品背后的文化内涵，提升其文化敏感度和鉴赏力。此外，加强外语教师的继续教育与培训也至关重要，通过组织专题鲜明、内容丰富的培训课程，进一步完善教师的跨文化知识体系，使其能够全面把握中外文化的特点与差异，形成广阔的跨文化思维与视野。

综合来看，提升外语教师的跨文化素质与教学能力至关重要，这不仅有助于他们消除文化认知上的误区、摒弃文化偏见和歧视，更能凭借深厚的跨文化知识储备来指导教学活动，从而提升教学质量。这意味着外语教师不仅要具备扎实的语言技能，更要自觉承担起培养学生跨文化意识和交际能力的重任，确保学生在经济全球化背景下能够自信、有效地进行跨文化交流。

（二）培养学生形成正确的文化心态

在第二语言的学习旅程中，投入充足的时间和精力是习得语言技巧与精髓的先决条件，这对于掌握语言至关重要。然而，要深入理解另一种文化和价值观，却是一项极为复杂的任务。每个人都深受自己文化背景的影响，对母语和本国文化有着深厚的了解，但在探索其他文化时，不可避免地会遇到与自己观念不符之处。因此，在外语教学中，跨文化教学显得尤为重要。教师应致力于将外部知识转化为学生的内在理解，并着重培养他们的文化识别能力和批判性思维，以便他们能够在跨文化交流中自如地运用所学知识。这样，学生不仅能够了解外国文化的表面现象，更能理解其背后的深层次原因。只有持有客观和理性的文化态度，学生才能在吸收外来文化优点的同时，摒弃其缺点。通过将外国文化的精华巧妙地融入本土文化之中，不仅能够提升本土文化的内涵，还能为国家的持续发展注入新的活力。与此同时，外语教师还肩负着引导学生正确辨识不良文化、增强文化鉴别能力的重任。外语教师应鼓励学生以开放包容、平等民主的心态去接纳外国文化，既要尊重并欣赏其独特之处，又要在理解的基础上对其进行审视。学生在接纳外国文化的过程中，应保持对本国文化的自信与坚守，确保文化交流的健康发展。

（三）重构跨文化教学的教学大纲

当前，外语教学大纲已经清晰界定学生必须通过全方位的听、说、读、写训练，来掌握外语的基本知识和技能，并应具备利用外语进行跨文化交流的能力。然而，在培养学生跨文化意识、文化修养以及交际技巧方面，现有的教学大纲却显得相对笼统，缺乏具体的指导。因此，为了达到跨文化外语教学的要求，有必要对教学大纲的内容进行重新审视和调整。需要明确界定在跨文化交流的场景中，学生应该掌握哪些语言运用技巧、文本类型、沟通方法和策略，同时还应涉及非言语行为、交流习惯、人际互动、礼仪习俗、价值观以及社会结构等多元化的要素。

与此同时，可以在外语教学大纲中增加与跨文化交际相关的词汇，并对这些词汇在实际交流场景中的含义予以注解，使外语词汇学习更具针对性和实用性。值得注意的是，部分词汇在母语和目的语文化中的字面意义与联想意义可能存在差异，这些细微但重要的差别也应在教学大纲中加以注明。此外，笔者建议开设跨文化交际、外国文学赏析、外国文化体验等公共选修课，通过这些课程，可以进一步拓宽跨文化教学的渠道，丰富学生的文化视野。

（四）编写跨文化教学的教材

在新时代的浪潮下，推动跨文化外语教学的革新与发展，编写与之紧密契合的教材显得尤为重要。首先，要对课程内容进行精致化调整，选择那些能够引起学生共鸣的教学素材。这些素材应展现不同国家和地区的独特民族风情和习俗，同时巧妙地与本土文化内容相结合，为跨文化外语教学增添丰富的元素。其次，在筛选和编写跨文化教材内容时，必须坚守科学性和合理性相结合的原则，确保教材内容的准确性和适用性，主要体现在以下两个方面。

第一，选择真实化、语境化的教学素材。借助跨文化交际环境下的特色教学素材，学生不仅能够获取外语知识，还能深入探索不同文化背景和社会环境。这种教学方式有助于点燃他们对外语语言和文化的学习热情，并激发他们持续学习外语的动力。真实化、语境化的教学素材使学生仿佛置身于真实的跨文化交际场景中，促使他们学以致用，自信从容地应对各种跨文化交际挑战，并且学生的跨文化外语运用能力将得到显著的提升，能够更好地适应经济全球化时代的需求。

第二，应当特别关注学生的跨文化意识和能力的培养。这需要将语言与文化紧密结合，使学生在学习外语的同时能深入了解其背后的文化内涵。外语教师必须精心筛选那些能够真实反映外语文化背景的教学内容，以确保学生在提高语言技能的同时，能够自然而然地吸收和灵活运用跨文化知识。

（五）借助新媒体创新跨文化教学载体

第一，引入多媒体教学技术。现代教学技术中的佼佼者——多媒体，凭借其独特的集成功能，汇聚图像、文字、音频和视频于一体，在外语教学中大放异彩。通过丰富多彩的表现形式，多媒体不仅能够点燃学生的学习热情，更能为他们营造一个极为真实的跨文化交际环境。这种环境为学生提供了实践跨文化交际能力的宝贵机会，使他们能够在体验中深化对跨文化知识的理解，从而极大地促进跨文化教学的效果。

第二，广泛扩展外教资源。目前，在我国外语教学领域，许多机构选择了中外合作的路径。在这种模式下，外教成为外语课堂的重要力量。他们带来的丰富文化知识，为我国的外语教学提供了宝贵的补充。外教通过其亲身经历和专业知识，向学生展现目的语文化的独特魅力，帮助他们建立起对目的语文化的正确认知和理解。在跨文化交际实践中，外教能够精准地指出学生的问题，并提供有针对性的指导，使学生更好地掌握跨文化交际的方法与技巧。

综上所述，在外语教学中实施跨文化教学并非一蹴而就的，需要持续的教学改进和多元化的教育实践。因此，外语教师需要调整自己的教学理念，增强自身的文化修养和跨文化教学能力，以便引导学生形成理性的文化观念。在对待中外文化差异时，外语教师应帮助学生建立正确的认知，消除文化误解和偏见，逐步拓宽学生的文化视野。这样才能使学生更好地适应国际发展趋势，成长为优秀的外语人才。

第三节　跨文化外语教学与批判性思维培养的融合

一、跨文化外语教学与批判性思维培养的融合意义

（一）有利于活跃课堂气氛，增强学生学习外语的热情

鉴于外语课程作为一门语言学科的特性，构建一个轻松愉悦的课堂氛围对于提升教学质量至关重要。为了达成这一目标，培养学生的批判性思维能力显得尤

为关键。批判性思维能够唤醒学生的问题意识，推动他们以辩证的视角去审视和分析问题，从而激发他们的外语学习热情与积极性。在这样的学习氛围中，学生敢于发表自己的见解，从与同学和老师的交流中汲取多元化视角，以开放的思维分析、判断、辨别事物的表象与本质。这样的教学过程不仅有助于培养学生的自信心和能力，促使学生成为课堂真正的主人，更能彰显学生在教学过程中的主体地位，从而充分激发他们的主观能动性。

因此，教师在备课过程中需要精心设计问题，既要避免过于简单，也不能过于复杂，同时要给予学生足够的思考时间。只有这样，学生才能做好充分的心理准备，积极参与课堂讨论，从而促进师生之间的交流与互动，为课堂注入活力。

（二）有利于培养学生的创新精神和创新能力

随着时代的进步，社会对人才的要求也在不断提升。在当前的时代背景下，高等教育肩负着培育学生创新精神和创新能力的重任。而要实现这一目标，关键在于培养学生的批判性思维和创新思维能力。这两种思维犹如双翼，彼此依赖，共同飞翔。批判性思维的锤炼，实际上也是创新思维的孕育。它们共同构成了推动未来知识社会不断向前的强大引擎。因此，深入探讨如何提升学生的批判性思维能力，不仅有助于激发其创新精神和创新能力，更是高等教育领域研究的课题之一。

当前，国家经济蓬勃发展的持久动力主要源自广大劳动者的创新能力。而大学生作为即将融入社会的新生生力军，其创新能力的培育显得尤为重要。大学生应具备勇于探索的精神，善于从日常生活中发现问题；同时，他们还应具备批判性思维，敢于对自我乃至社会问题进行深入的反思、质疑及分析，从而形成独到且深刻的见解。毕竟，没有批判的眼光，创新便无从谈起；创新本质上就是对既有事物的一种批判性继承与发展。缺乏批判精神无疑会制约大学生创新精神和创新能力的形成与发展。

（三）有利于学生适应现代信息社会

在文化多元化的教育背景下，批判性思维能力的培养显得尤为关键。这不仅有助于大学生更好地适应信息爆炸的时代，也使他们能够在跨文化交流中占据优势。大学生在精通外语的同时，若掌握了批判性思维，便能对互联网上纷繁复杂的信息进行深度挖掘和全面解析，进而形成独立而全面的见解。在经济全球化浪潮席卷而来的今天，这种能力有助于大学生应对和解决在日常生活、学业进修和未来的职业发展中遇到的各类问题。

因此，提升大学生的批判性思维能力，不仅能够增强他们在知识爆炸时代中对信息的筛选、理解、消化和评价能力，还能够提高他们的辨识能力，使其能够区分来自各种大众传媒的纷繁复杂的信息。如此一来，大学生便能够有效抵御消极思想的侵蚀，展现出更强的适应性。同时，他们也将逐渐培养出对自己、对知识和对社会的深刻责任感。而那些缺乏批判性思维的学生，在面对信息时代的知识洪流时，很可能会感到迷茫无助，甚至会被这股洪流吞噬。

（四）有利于实施先进的教学方法

为了更好地满足学生的学习需求，必须不断地改进和优化教学方法。新外语教学大纲的实施推动了交际语言教学法的推广应用。该方法不仅致力于提升师生间的沟通效果以及学生间的互动质量，还强调教师应作为学习的引导者，而学生则作为学习的主体。此外，该方法还注重培养学生的自主学习和协作学习能力，并特别强调激发学生的创造性思维。而批判性思维与这些教学理念相呼应，共同推动教学质量的持续提升。

培养大学生的批判性思维能够使他们更准确地评估教师的教学表现。这样的评估对于教师而言是十分宝贵的资源，可以帮助他们根据学生的反馈来优化教学方法。这样，不仅可以提升学生的批判性思维能力，同时也能促进教师的反思性教学。

二、跨文化外语教学与批判性思维培养的融合策略

（一）更新跨文化外语教学理念

在我国的外语教学中，一些教师过于注重语言基础知识的传授，未能充分重视对学生思维习惯、思维能力和语言运用能力的培养。这种教学指导思想往往将外语视作一种孤立的知识体系，而忽略了培养学生的实际交流能力。部分教师对于现代教育理念的理解尚显薄弱，他们在教学过程中依赖的往往是单一而陈旧的教学方法。因此，现代跨文化外语教学的首要任务便是转变教学思想，更新教学理念。教学重心应由单纯的语言知识讲解转移到培养学生的思辨能力和实际交际能力上。教师的角色也需要由单纯的知识传授者转变为教育过程中的策划者、指导者、监督者和鼓励者。在教学模式上，应摒弃传统的以教师为主体的方式，转向以学生为主体的模式，通过小组讨论、课堂报告、主题辩论等多种形式，激发学生的批判性思维和创新能力。虽然知识的积累是基础，但能力的培养才是关键。因此，教师需对传统教学方式进行创新，全面提升学生的综合素养和多元能力。

教学理念的更新和教学模式的革新需要教师的广泛参与和共同努力。通过组织讲座、阅读研讨、专题讨论和现场观摩等多元化的学习活动，教师可以逐步更新自己的教学理念，探索新的教学方法。这一过程的顺利实施，离不开广大教师与学校主管部门的全力支持与协作。学校应积极倡导并鼓励教师深入参与教学研究及其他科研活动，同时为教师打造功能丰富的进修平台，以不断提升他们的科研素养和教学实力。

（二）改变教师的教学风格

教学风格是教师在授课过程中所展现出的独具一格的教学特点，它凝聚了教师的教学魅力，是教师创新精神的生动展现。这种风格不仅源于教师创造性的教学实践，更是其创造性劳动的直接产物。它在教学过程中综合体现了教师的职业追求、教育理念、知识储备、工作能力及个人性格。在教育过程中，课堂活动是培养学生批判性思维的一个重要手段，现代教育理论倾向于提倡交互主体性，倡导在师生间和学生间建立一种平等对话的机制。这种机制鼓励学生发出"不同的声音"，而非单纯听从权威。在这样的环境中，学生被鼓励提出问题、分析问题并自主寻找答案，而非仅仅依赖教师的传授和自身的死记硬背。这样的交往和对话过程，无疑是培养学生批判性思维能力的有效方式。

因此，教师在课堂授课时，应积极采用提问、讨论等互动方式，提高学生的课堂参与度。在提问时，应多设计具有启发性的问题，并及时给予学生积极的反馈。同时，要确保每个学生都有公平的回答机会，使课堂氛围更加和谐、宽松。通过巧妙的提问过渡，不仅能激发学生的思考，还能使课堂内容更加连贯。此外，与学生建立亲密的师生关系，有助于营造一个有序、愉快的学习环境，从而有效减轻学生的压力和焦虑，使他们更加积极地投入课堂活动中。

（三）革新优化教学方法

在外语教学中，教师的角色不应是单纯的知识灌输者，而应转变为引导者和促进者。课堂上，教师应减少长篇大论的讲解，更多地以学生为中心，设计互动性强的小组活动和课堂讨论活动。这样的安排不仅可以促进师生、生生之间的交流，还可以引入人机互动的新元素，使学生能全方位地参与到课堂教学活动中。学生的积极投入对于提升他们的批判性思维能力至关重要。在这样的教学氛围中，学生能勇于发表己见，锻炼辩论技巧，全面展现自我才能与个性，真正成为课堂的主人。同时，这样的教学模式也为教师构建了一个培育学生批判性思维与创新能力的广阔天地。

（四）充分利用现代教育技术

现代教育技术的飞速进步极大地丰富了外语教学的手段，对现代外语教学的理念和方式产生了深远影响。其中，多媒体技术的引入为现代外语教学带来了颠覆性的变革。根据大学外语课程教学要求的规定，新的教学模式应以现代信息技术特别是网络技术为基石，从而突破时间和空间的限制，推动外语学习向个性化和自主化方向发展。

借助网络平台，计算机能够展示丰富多样的生动素材，这些素材与现实世界紧密相连，可以极大地激发学生思考和探索的热情与动力。这种学习方式不仅有助于培养学生的信息能力和创新精神，还能有效地提升他们的批判性思维能力。另外，超链接的特性使学生可以轻松地接触到多元化的信息源，这为他们培养批判性阅读能力提供了良好的环境。在学习过程中，学生需要对所接收到的信息进行审慎的筛选和评估，明确哪些信息是值得接纳的，哪些则应当摒弃。这一过程无疑会有效锻炼他们的批判性思维能力。同时，如电子邮件、在线论坛及聊天室等网络工具也为学生创造了丰富多彩的互动机会。

这种交互性环境为学生提供了极佳的思考与讨论平台，使他们能够自由、充分地表达个人观点和意见。在这样一个宽松、民主且合作氛围浓厚的学习环境中，学生被激励进行批判性思考，积极提出问题，敢于向权威发起挑战。这种环境可以极大地激发学生的学习自主性和积极性。

第二章　跨文化外语教学现状

近年来，我国的跨文化外语教学研究取得了显著进展。研究者对跨文化外语教学的原则、理论、内容和方法等方面进行了深入探讨，提出了诸多具有创新性的理论和实践策略。同时，跨文化外语教学在不同外语种类中的实践应用也成为研究热点，为培养具备跨文化交际能力的人才提供了有力支持。然而，尽管跨文化外语教学研究取得了一定的成果，但仍然存在一些问题和挑战。本章围绕跨文化外语教学的基本原则、跨文化外语教学的相关内容、跨文化外语教学的研究现状、跨文化外语教学取得的成绩、跨文化外语教学存在的问题等内容展开了深入研究。

第一节　跨文化外语教学的基本原则

一、认知原则

在跨文化外语教学中践行认知原则，旨在帮助学生掌握语言的基本知识，并且理解语言背后的文化和社会背景。外语中有很多词语、习语、典故等来源于神话故事、文学作品等。如果学生对这些文化背景不了解，就难以真正理解这些语言的深层次意义。

在跨文化外语教学中，教师应重视培养学生发现、分析和总结目的语文化的能力。这种教学方式不仅有助于学生深入理解目的语文化在价值观、生活习俗等方面的独特性，还能使他们清晰地认识到中外文化之间的差异。为了达成这一目标，教师可以积极鼓励学生主动搜集相关资料，进行课堂讨论和文化体验，并撰写相关论文，以此来提升他们的跨文化意识和理解力。

二、灵活性原则

在跨文化外语教学中，教师需要根据不同学生的特点和需求，灵活调整并应用多种教学方法。这种教学策略旨在激发学生的学习热情，并充分调动他们学习目的语文化的积极性，从而为他们在多元文化环境中自如地进行交际奠定坚实的基础。

文化教学涉及的内容繁多且复杂，而教师的课堂讲解往往受限于时间和内容的选择。所以，在跨文化外语教学中，教师应将文化教学的领域拓展至课外，实现课内外教学的有机结合。通过组织丰富多样、内容充实的课外实践活动，教师可以有效提升学生的实际文化应用能力和跨文化交际能力。

三、有效性原则

外语学习的重要目的是具备跨文化交际能力。有效的交际不仅需要双方共享同一语言系统，更依赖于对宽泛和具体的交际环境以及相关规范系统的深入理解和掌握。宽泛的交际环境涵盖了文化、心理和自然地理等多个方面，而具体的交际环境则涉及社会地位、角色关系、交际场合和话题等情境因素。规范系统则指某一社会成员应遵循的行为准则，以确保其行为能被其他社会成员理解。在跨文化交际中，要实现有效沟通，这些方面的共享至关重要。所以，在跨文化外语教学中，选择文化内容时必须全面考虑，包括价值观念、自然地理和社会规范等，以确保教学内容的有效性和实用性。

四、真实性原则

在跨文化外语教学中，坚持真实性原则至关重要。这意味着在各个教学环节中都应追求真实性，以确保学生能在实际语境中发展其语言运用能力。为了实现这一目标，应将培养学生的综合语言运用能力作为总目标，并采用交际法和任务型教学策略。这样，学生就有机会在真实的环境中实践和运用所学的语言，进而提升他们的语言技能。语用真实是真实性原则的重要内容。在跨文化外语教学中，教师要实现语用真实，应做到以下四个方面：把握语用真实的目的，采用语用真实的教学内容，设计组织语用真实的教学活动，拟定语用真实的教学检测评估方案。

（一）把握语用真实的目的

跨文化外语教学的目的是培养学生的综合语言运用能力，这种能力实际上就是一种语用能力。这里的语用目的是指教学内容体现在语用能力方面的教学目的，主要表现在以下三个方面：①语句的语用功能目的；②对话语篇的语用功能目的；③短文语篇的语用功能目的。

（二）采用语用真实的教学内容

在教学开始之前，教师应从语用的角度对教学内容进行详细全面的分析，研究语句使用的真实语境，准确把握教学内容中所有语句的真实语用内涵，选用语用真实的例句与练习材料。这样可以在教学前就指向语用教学，从而保证学生能够获得语用真实的外语运用能力。此外，语用真实会引导学生更加自觉地把握学习内容的真实语用内涵，强化学生自主运用外语的意识。

（三）设计组织语用真实的教学活动

对学生语用能力的培养应贯穿整个外语教学过程。因此，教师应基于语用真实的指导思想来设计教学活动，将语用能力的培养与呈现、讲解、例释、训练、巩固等课堂教学活动紧密结合起来。

（四）拟定语用真实的教学检测评估方案

教学检测评估对教与学都具有促进作用。拟定语用真实的教学检测评估方案，可以帮助教师了解学生的语用能力存在的不足之处，从而对教学进行有针对性的调整与改进。

五、交际性原则

学习外语的首要目的就是发挥外语的交际作用。因此，外语教学的首要目标就是培养学生的交际能力，而交际能力的核心就是人们能够利用自身掌握的各种语言和交际知识在不同的场合中与不同的对象展开有效、得体的交际。因此，外语教师在开展跨文化外语教学的过程中要贯彻落实交际性原则。

（一）明确外语教学的性质

在传统的教学观念中，外语是一门需要学生掌握很多词语和语法规则的语言课程，学习该课程的主要目的是应对学科考试或相关等级考试。但事实上，外语教学是一门技能培养类课程，掌握了一门外语就是掌握了一项语言技能。所以，外语教学中要把外语作为一种有效的交际工具来教、来学、来使用。在教学活动开展的过程中，教师的教、学生的学以及外语的使用，这三个方面是一个相辅相成、不可分割的统一体，这个统一体的核心是外语的使用。与教授一项运动技能类似，教授学生使用外语进行交际的方法在于引导学生使用外语进行表达，与他人进行沟通、对话。如果只教授理论不教授应用，就不能实现最终的教学目标。因此，教师要转变传统的教学理念，了解课程的性质，树立新的、科学的教学理念，这才是落实交际性原则最先要解决的问题。

（二）把外语当作交际工具

外语教师应当明确作为一种语言，外语是一种有效的交际工具。开展跨文化外语教学的主要目的之一就是训练学生使用这种交际工具的能力。显而易见，使用交际工具的能力是在实践中训练出来的，无论是口头训练还是书面训练，都是不可缺少的，因此外语教师要把外语作为一种交际工具来使用，学生要把外语作为一种交际工具来掌握。教师在课上要引导学生用外语回答问题，参与讨论，在课下要用外语与同学开展交际活动。

（三）在教学中创设交际情境

交际活动的进行需要特定的情境为背景，构成情境的基本要素主要包括时间、地点、参与者、交际方式等。一般在特定的情境中，交际发生的时间、地点以及参与者本人的身份都会影响参与者说话的内容、语气等。因此，在跨文化外语教学的过程中，教师要将教学内容安排在现实且有意义的情境之中，这样才能更好地发挥外语的交际作用，也能让学生产生身临其境的感觉，从而提高他们学习英语的兴趣。例如，"Do you know what time it is now?" 这个疑问句就有两种不同的含义：一是询问者想知道现在的时间，因此向别人询问，此时这句话应是请求语气；二是询问者在等待他人的过程中对他人迟到的一种反问，意思是"你知道现在都几点了吗？你怎么还没到（或者才到）？"，此时这句话应是责备语气。因此，在讲解外语交际句型的过程中，外语教师要先明示这种表达发生在何种交际情境之下，这样才能让学生充分理解每句话所表达的意思。

总之，教师要想办法根据教学内容，充分利用学校提供的教学条件，创设出与日常生活息息相关的各种情境，开展具有交际性、真实性的外语交流训练活动，这样不仅能充分调动学生学习的积极性和主动性，还能做到学用结合。此外，教师还可以设计一些任务型教学活动，引导学生通过参与任务、完成任务获得相应的外语知识和经验。为了符合交际能力培养的要求，教师设计的这些活动应当具有交际的性质。

（四）培养有效交际的能力

传统的外语教学重视外语学习中语法结构的正确运用，而当前跨文化外语教学的主要目标是培养学生进行有效交际的能力。根据交际性原则，良好交际能力的体现就是参与者在交际活动中，能在适当的场合、合适的时间，以恰当的方式表达自己内心的想法。教师只有不断地创设情境，组织学生开展多方面的交际活动，如角色扮演、话剧表演、影视剧台词配音等，才能帮助学生轻松应对各种场景，从而掌握地道的外语、达到有效交际的目的。

（五）结合实际生活选择教学内容

语言的产生与发展和人们的实际生活密切相关，因此教学内容的选择和教学活动的设计必须切合人们的现实生活，保证教学内容的真实性。跨文化外语教学要把外语语言的传授和学生关心的热门话题结合起来，要把一些题材广泛、内容丰富、贴近生活的信息材料融入教学内容中。这样的材料由于具有很强的真实性，容易使学生产生共鸣，进而激发学生学习的积极性与主动性，也促使他们认识到学习外语的目的在于交际，而不是应付考试或者拿证书。例如，在教授有关兴趣爱好的话题时，教师可以让学生描述一下他们在课余时间喜欢做的事，然后根据学生的回答，如读书、看电影、听音乐、打篮球等，导入"read books""watch movies""listen to music"等短语或相应的句型。与此同时，教学内容的真实性还要求教材中的语言和教师的课堂语言是真实的，也就是说，以上两种语言应是实际交际过程中会使用到的语言，而不是专门为了教学活动而编创的语言。

六、对比性原则

在跨文化外语教学中，对比性原则强调教师应引导学生对外语国家的文化与本土文化进行对比分析，以便学生能够深刻认识到中外文化的差异。通过对比学习，学生能够深化对目的语国家文化的认识，并洞察不同国家在价值观、思维方式和审美情趣等方面的显著差异。这种比较不仅有助于防止学生陷入种族中心主义的误区，更能够有效提升他们的文化理解能力，进而在跨文化交流中表现出更加开放和包容的态度。

通过对比，学生不仅能够更加深刻地理解不同的文化概念，还能有效避免误解和误用他国文化行为。这样，他们就能摆脱以自我文化为标准的狭隘视角，也能防止将自身文化观念强加于其他文化情境。事实上，学生在处理文化类知识时经常犯错，很大程度上是因为他们缺乏对文化差异的深刻认识，常常过于关注文化的共性而忽视了其中的差异。

另外，在跨文化外语教学中，教师应发挥引导作用，组织并鼓励学生在课后积极搜集资料，深入了解中外文化的差异，从而不断积累文化知识，提升学生的跨文化交际能力。由于文化背景不同，人们在看待事物、生活方式、价值观念、思考方式、社会规范等方面自然存在差异，这往往导致文化冲击和冲突。然而，若学生在学习过程中始终保持对不同文化差异的敏感性和对比意识，就能深化对其他文化的认知，减少误解，进而有效预防和避免因文化差异而引发的争端或冲突等。

七、文化平等原则

世界上各个民族的历史文化传统不同，生活环境、发展程度不同，但各种文化都是平等的，各种不同的文化并无好坏之分。各个民族的文化都是经过一代又一代的传承和积淀形成的。文化平等意识是双向文化导入的基础。跨文化交际，本质上是指两种不同文化之间的对话与互动，即本土文化与目的语文化之间的交流与碰撞。这种交流的核心在于，双方基于相互平等与尊重的原则，深入理解对方的文化特色，同时保持自身的文化独立性和完整性。被誉为"美国人类学之父"的法兰兹·鲍亚士（Franz Boas）提出的文化相对论观点指出，每一种文化都是其特定社会生活环境的产物，旨在满足该文化群体的生活和精神需求。因此，我们不能用简单的好坏标准来评判一种文化。在中外文化交流中，双方都拥有各自鲜明的特色。在跨文化交际中，应秉持客观、公正的态度，以无歧视、无偏见的视角来审视和接纳异族文化，从而在相互尊重与理解的基础上，推动不同文化间的和谐共处与共同发展。只有相互尊重、相互学习，才能达到共同繁荣。

在跨文化交际中，必须摒弃以本民族文化为唯一标准的评判思维，避免用自身的文化尺度去衡量和评判他人的言行，以及简单地以本民族标准来界定好坏对错。真正的跨文化交际建立在相互尊重的基础之上，它要求我们以平和的心态去审视和吸纳其他民族的文化精华。所以，跨文化外语教学的关键任务之一，就是要培养学生的文化平等意识。他们应当以中立的态度去理解和学习外国文化，仅探讨文化间的异同，而不作价值评判。同时，他们也要学会用外语去讲述和传播中华民族的辉煌文化，实现文化的双向交流和融合。

八、因材施教原则

尽管因材施教原则广泛适用于各种教学活动，但在跨文化外语教学中，其重要性尤为突出。这是因为学生的个人因素，如文化体验、价值观、世界观和思维方式等，在跨文化外语教学中占据核心地位。这些因素不仅构成了跨文化外语教学的基石（同时也是语言教学的一部分），而且为培养学生的跨文化交际能力提供了出发点。在跨文化外语教学中，通过对比本族文化与目的语文化以及其他文化，学生的跨文化意识会得到显著提升。所以，教师必须高度重视并尊重学生的个人体验、文化背景、价值观念以及思想感情。在教学过程中，教师应避免对学生及其思想感情持有任何轻视、蔑视、否定或批判的态度，而是要以开放、包容的心态去理解和接纳学生，促进他们的全面发展。

此外，每个学生都有独特的学习风格和方法偏好。在跨文化外语教学中，尤其强调以学生为中心，因此因材施教原则便至关重要。通常情况下，不同的学习风格需要适配不同的教学方法。这就要求教师深入了解每个学生的学习风格，并选择和设计相应的教学策略。

值得注意的是，学习风格并非固定不变的。教师可以积极引导学生探索其他学习风格，向他们介绍不同方法的优点和适用场景，鼓励他们拓展学习风格，提高学习的灵活性和适应性。

九、循序渐进原则

在引入文化教学内容时，不仅要确保其有效性，更要格外关注内容的重点、呈现方式、数量以及与学生的外语语言能力之间的契合度。教师要根据学生的语言掌握程度、接受能力和理解力，以及文化内容自身的层次性和连贯性，精心策划和安排文化教学的具体内容。在实际操作中，应遵循循序渐进的教学原则，由浅入深地展开教学。具体来说，可以从自然地理文化和情境文化这类表层和中层文化开始，因为它们的内容相对直观且易于理解，可以作为教学的起点。通过引导学生熟悉并理解这两类文化，可以为后续的学习奠定坚实的基础。在学生对表层文化有了一定了解之后，再逐步引入更深层次的文化内容，如社会规范文化和价值观文化等。这样的教学方法不仅有助于培养学生对目的语文化的兴趣，还能确保他们从简单到复杂、从现象到本质地逐步深化对文化的理解。

总之，语言和文化是相互影响、相互作用的，要想深入理解语言，必须了解文化；同样，要想深入理解文化，也必须了解语言。在跨文化外语教学中增强学生的文化意识，是促进跨文化交际的紧要任务。

十、合理使用母语原则

在跨文化外语教学中，教师应当提倡学生多说外语、多用外语，但这并不意味着不能使用母语。在外语课堂上可以合理使用母语，利用母语优势帮助学生理解学习过程中的难点，这对提高教学效果有利无弊。合理使用母语原则，包括在跨文化外语教学中利用母语的优势和避免母语的干扰两个方面。

（一）利用母语的优势

在跨文化外语教学中，教师应当充分利用母语的优势，借助汉语解释复杂句子以及一些词义抽象的单词，促进对外语的理解。外语学习应当基于对母语的熟练运用，例如，学生通过母语学习已经对空间、地点及时间等概念有了清晰的认识，并明白如何通过一定的语言手段将这些概念表达出来，但是由于外语与汉语的文化背景等因素的差异，导致在语言使用与结构方面有所不同，给学生学习与掌握外语带来一定的困扰。因此，基于母语的解释，可以帮助学生在短时间内理解外语的相关概念。选择适合的时机通过母语进行外语教学，一方面可帮助学生了解外语与母语在使用规则与语言结构方面的差异，另一方面还有助于教师与学生之间的沟通，从而加深学生对外语知识的理解，使教学效果得到明显提升。

（二）避免母语的干扰

与第二语言相比，母语交际的学习要更早并且已经被学生熟练掌握。由于两种语言在使用规则与句式结构等方面存在差异，学生在外语学习过程中难免遇到问题。为了便于学生学习与理解外语，在教学过程中，教师可以适当地借助母语的力量，帮助学生对某些用法与句式结构加以理解。当然，这种借助也需要有一定的"度"，若是使用频率过高，不仅不利于学生的理解，反而会导致学生的外语学习受到一定的干扰。

因此，在跨文化外语教学中，对母语的使用与控制需要注意以下三点。

第一，随着科学技术的发展、现代化教学手段的运用，以及教学模式的创新，母语在外语教学中发挥的作用日益减少。数字化资源、人工智能和大数据等技术提供了丰富的学习工具和个性化反馈。翻转课堂、在线教学和混合式学习模式增加了学生用外语进行交流的机会。沉浸式学习和任务型教学强调在真实情境中使用外语，进一步减少了母语的使用，提升了外语学习效果。

第二，学生在学习外语的过程中，对词句的理解是相对的。词句理解不能局限于语言现象，还应该包括语言现象背后的本质。在学生刚接触外语时，不必强求学生理解词句背后的本质，毕竟两种不同的语言代表着两种不同的文化，在词汇用法等方面都存在一定的差异，部分语句运用母语的思维逻辑进行推理往往效果不佳。

第三，在跨文化外语教学过程中，教师应当对母语的使用加以适当控制，不应过多地使用母语。此外，应当对教师的外语运用能力、学生的理解能力与接受程度加以充分考虑，在教学中，教师尽量使用外语进行教学，同时可以借助手势、表情、实物、图画等较为直观的手段，也可以通过板书的形式，让学生尽快地掌握外语的使用规则等，使其外语交际能力得到有效提高。

总之，从本质上看，跨文化外语教学过程就是一个有效控制母语使用频率，以及有目的地运用外语开展教学活动的过程，在此过程中，合理使用母语可以有效地对教学效果进行优化。

十一、以理解为目标原则

所谓以理解为目标原则，是指跨文化外语教学应以文化知识为起点，以文化意识为桥梁，以文化理解为最终目标。导入文化知识的核心目标在于培养学生的文化意识，这是跨文化外语教学的首要步骤。作为文化理解的前提，文化意识要求学生对文化间的差异保持敏锐的感知。而文化理解，指的是学生可以以客观且正确的视角去审视和理解自己的母语文化以及目的语文化。在此基础上，当学生与非本族语者进行跨文化交际时，便能展现出恰当且得体的行为举止。这一原则深深根植于社会需求的规律之中。随着社会的不断进步与发展，不同文化间的交流互动变得日益频繁与密切。在这样的背景下，文化理解成为国际交往中不可或缺的桥梁和纽带。只有对自身及他国文化有了深入而准确的理解，才能有效地避免跨文化交际中的误解和冲突，实现真正的跨文化融合与和谐共生。

在跨文化外语教学中，贯彻以理解为目标的原则至关重要，具体体现在以下两个方面。第一，在教学过程中，要摒弃单纯的知识灌输和机械的行为模仿，应当深入剖析和阐释目的语文化的内涵，引导学生发现和体会目的语文化与本族文化之间的异同点，并进一步探索这些差异背后的原因。第二，在评估教学效果时，应把关注点放在学生对目的语文化的共情能力上。这意味着，不应过分强调学生对非本族文化的接纳或排斥态度，而更应看重他们是否能够在理解的基础上对目的语文化产生情感共鸣，进而在跨文化交际中展现出更高的素养和更灵活的能力。

例如，当探讨美国人对老年人的态度时，应当避免以中国人的视角和标准去评判他们的行为。在中国文化中，尊老敬老是一种传统美德，老年人因其丰富的人生阅历而备受尊重。然而，在美国文化中，对"老"的看法却截然不同。在美国人眼中，"老"往往与精力衰退、生存能力下降等负面概念相联系，因此"老"这个词往往带有一定的负面色彩。所以，美国人普遍害怕提及衰老，尽量避免使用与"老"相关的词汇，而更倾向于用"senior citizens"来称呼老年人，以表达对老年人丰富经验和智慧的认可，强调他们在社会中的重要贡献和地位。

中美两国对待"老"的不同态度源自两国各自的价值观、世界观以及不同的社会现实等。所以，当涉及某一文化现象时，教师不应轻易地判断哪种做法是对的，哪种做法是错的。相反，他们应该探究这一文化现象的历史背景和形成原因，从而理解其在现实中的存在意义。

十二、文化与语言相结合原则

外语教师应当明确地认识到教授外语的目的，不仅是让学生掌握单词、语法、句型等基础类型的语言知识，还应让学生掌握这门语言背后的文化。因为语言与文化二者之间的关系密不可分：语言是文化的重要载体，是文化发展的基础；文化是语言发展的风向标。因此，跨文化外语教学理应成为语言教学的重要组成部分。外语教师在教学活动中遵循文化与语言相结合的教学原则，需要做好以下几个方面的工作。

（一）加强文化知识的介绍和传授

外语教师在保证学生掌握外语基础语言知识的前提下，还要注重对外语语言文化知识的介绍和传授。通过讲授外语语言文化知识，教师不仅可以帮助学生开阔视野，加强学生对外语文化的认识，还能提高学生学习外语的兴趣，帮助学生理解枯燥的基础语言知识，如理解固定短语、谚语的含义等。例如，在英语文化中，人们常用"rain cats and dogs"来表示雨下得特别大。如果学生不了解这句谚语产生的文化背景，就会感到难以理解，为什么下雨会跟猫、狗有关系呢？事实上，这是因为传说在很久以前的伦敦，由于城市的排水系统不是特别完善，再加上有时雨季多雨，因此一场倾盆大雨后常常是汪洋一片，淹死许多迷路的猫和狗，而当雨水退去之后，大街上就会冒出猫、狗的尸体，似乎是下雨带来了这些猫和狗，后来人们就把"rain cats and dogs"比作倾盆大雨。外语教师除了在课堂上要注意讲授外语文化知识外，还要鼓励学生利用课外时间和课外活动积极了解和掌握外语语言文化，增加学生的文化知识积累。

（二）利用教材渗透多元文化的概念

在处理和应用教材的过程中，外语教师需要结合课本内容，引出语言文化知识，拓展文化教学内容。例如，词汇是语言中十分活跃的组成部分，也是最大的文化载体之一。因此，在日常的跨文化外语教学活动中，外语教师应注意介绍词汇的文化含义。外语中有很多单词、短语或句子具有特殊的文化含义，了解这方面的文化知识，有助于学生掌握外语词汇，理解各种词汇表达。例如，西方国家起源于游牧民族，因此"马"成为西方人生活中十分重要的动物。在这种文化的影响下，他们的语言中就产生了与"马"相关的一系列短语表达。此外，由于生存环境、历史和文化的差异，汉语和外语中具有同样表层含义的词汇可能具有不同的深层含义。在讲解这类词汇的有关表达时，教师可以通过汉语和外语两种语言文化的对比进行阐释。例如，汉语和外语中的颜色词——红色。红色是中国文化中的基本崇尚色，中国人的红色情结是其他民族不可比拟的。在中国的传统文化中，红色代表着幸福和喜庆，是人们庆祝节日、装饰门庭的主打色之一，还有辟邪的含义。当今社会，人们又赋予了红色更多的文化内涵。例如，"红红火火"有祝愿生活越来越好、生意财源广进的意义；"红极一时""红得发紫"表示某人知名度很高，很受人欢迎；"过年分红"指将盈利分给众人等。红色在西方文化中却有着不同的象征意义，红色在英文中有"鲜血""暴力""危险""亏损""负债"等负面含义。例如，"red card"意为红牌，"red alert"意为红色警报，"in the red"意为赤字、亏损等。

在高校跨文化外语语法教学的过程中，外语教师可以结合多元文化知识进行讲授。教师可以对比汉语和外语在基本句型、主谓结构以及句式、时态、句子构成等方面的异同，启发学生的思维，引导学生对两种语言的差异展开讨论，扩大学生的知识面，激发学生的学习兴趣，从而帮助学生加深对外语语法的理解，提高他们运用外语的能力。例如，汉语和西方语言在句式上的差异主要表现为汉语多短句，西方语言多长句。这种差异产生的主要原因是，汉语属于意合语言，注重语义的表达，因此不同的含义要放在不同的句子中表达出来；而西方语言是形合语言，注重结构的完整。因此，只要结构允许，不同的意思也可以放在一个比较长的句子中论述。从文化角度分析，西方语言重形合与汉语重意合的特点，体现出不同民族文化影响下人们思维模式的差异，即中国传统的思维方式更注重直觉、体验和领悟，而西方哲学的思维方式则更注重概念、判断和推理。

（三）文化内容与语言水平相适应

在跨文化外语教学的过程中，外语教师应遵循语言教学与文化教学相结合的原则，还要做到使文化教学的内容与学生的语言水平相适应。这主要是因为学生的语言水平是制约文化学习过程和文化学习结果的关键性因素之一。

英国学者迈克尔·拜拉姆（Michael Byram）曾提出，文化教学内容的设置应遵循由具体到抽象、由简单到复杂的原则。在学生刚接触外语的初级阶段，学生的外语水平较低，掌握的语言知识较少，此时文化教学的内容就应选择一些与学生日常学习、生活息息相关的话题，如一日三餐、家庭关系、社交礼仪等；发展到外语学习的中级阶段，学生掌握的词汇和语法逐渐增多，此时在教学内容中可以适当添加一些较复杂的文化知识，如外国著名历史人物、文学故事等；发展到高级阶段，就可以开始文化观念和文化差异等理论方面的学习与讨论。需要注意的是，每一种文化本身都蕴含着丰富的内容，因而即使是同一个文化主题也可以设置不同的难度。在学生学习语言的不同阶段，相同的文化主题可以反复出现，只是随着学生语言水平和知识能力的提高，教师要适当提升文化学习内容的难度。

第二节　跨文化外语教学的相关内容

一、跨文化外语教学的必要性

语言之所以成为人类沟通的工具和文化的媒介，是因为社会成员依据自身民族文化的模式来运用它。语言不仅是社会内部公认的声音符号和书写符号，还折射出使用该语言地区的地域特色、经济发展状况、风土人情以及社会风俗。可以说，语言反映社会文化，同时受社会文化制约。只有具备一定的跨文化交际能力，才能有效避免不同文化背景造成的交际障碍和交际摩擦，顺利实现交际目的。因此，把外语教学与文化教学相结合，将跨文化交际的知识有目的、有计划地融入当前的跨文化外语教学课程中，有助于开阔学生的眼界，扩大学生的知识面，加深学生对世界的了解，促使学生借鉴和吸收外国文化精华，提高学生的文化素养，最终在一定程度上提高他们的语言运用能力。

（一）跨文化外语教学是高校外语教学发展的需求

人类语言的表达形式必然要受到其所置身的社会的制约。我们在进入跨文化交际的语境时，因为文化碰撞而产生的误会、矛盾时有发生。在跨文化交际研究中，我们要明白一个事实，那就是因为文化而产生的误会要比因语言或语法错误产生的误会严重得多。语言或语法错误的结果最多就是词不达意，想要表达的东西无法顺畅地通过语言表达出来。可是，因为文化问题导致的误会，就会上升为有关民族尊严的问题，往往会使本族人与异族人之间产生矛盾甚至敌意。若想在跨文化交际中有效地避免诸如此类的文化矛盾或冲突，减少跨文化交际过程中有着不同文化背景的人之间的误会或摩擦，最为有效的方法就是让交际者具备一定的跨文化交际能力，有较为丰厚的文化修养与素质，对交际对象的民族文化与传统有较为深入的理解与认识，只有这样才能够顺利实现跨文化交际目的。

这样一来，跨文化外语教学便不能局限于语言知识与技能的传授，而应当在教学过程中巧妙地融入外语民族的文化内容。通过学习和借鉴异域民族文化，学生能够拓宽并提升自身的文化素养，这已成为当前外语教学界的共识。

（二）跨文化外语教学是中国社会经济发展的客观需求

自进入 21 世纪以来，我国社会的各个层面都在经历着深刻的改革，经济持续飞速发展，国际交流事务日益频繁。为了更好地参与国际交流，我国社会急需培养一支庞大的、具备跨文化交际能力的高素质队伍。这支队伍不仅能够顺畅地进行国际交流与合作，还能有效应对越来越多的国际性事务。通过他们的努力，我国的跨文化交际将得到有力推动，助力国家的全面发展。

当然，我国所需要的这种跨文化交际人才，不仅要具备相当的语言沟通交流能力和优化知识构成的能力，还必须具备国际文化理念与思维，对异域民族文化与传统、日常礼仪与交际原则等都有一定的了解，也就是具备相当的跨文化交际能力。跨文化交际能力是一种双向的沟通交流能力，它要求个体不仅需要深入了解交际对象的民族文化，同时更需要对本民族的文化知识与传统有相当深入的了解。只有这样，才可以在跨文化交际中更好地实现双向的交流与互动，确保沟通的有效性和顺畅性。

因此，基于这一发展现状，要培养出优秀的跨文化交际人才，使其在跨文化交际中具备强大的国际竞争力，以更好地跟上时代发展的步伐，满足我国飞速发展的经济、科技及文化对于跨文化交际人才的需求，在跨文化外语教学过程中有效地融入跨文化交际的教学内容，将跨文化交际教学提升到跨文化外语教学课程内容的核心位置，逐渐将传统的听、说、读、写能力训练转移到跨文化交际能力的全面培养上，培养出适应时代发展需求、具备跨文化交际综合素质与能力的国际性人才，是跨文化外语教学改革的重点内容之一。跨文化外语教学不仅要重视目的语文化教学，还必须关注不同民族之间的文化差异，从多个角度、多个层面增强学生对不同民族文化的认识与理解，从而拓展学生知识结构，帮助他们在外语学习过程中更有效地培养跨文化交际能力与素养，为我国国际化人才培养打下坚实的基础。

（三）跨文化外语教学是促进大学生社会性发展的需求

任何一个人都是社会的人，具备一定的社会属性，与社会的发展紧密相关，在社会中扮演一定的角色，并承担相应的社会责任。因此，个体与集体社会之间形成了一种相互联系、相互依赖、共同发展的关系。每一个人都生活在一定的社会当中，既然要在社会中生存，并谋求个人的发展，就得不断地学习，而学习无法离开社会而存在。基于此，教师有责任和义务在教学过程中引导学生通过学习不断认识社会各个层面的真实情况。对于那些与学生日常生活紧密相关的社会现象，应该适当地引导学生进行必要的认识与理解，这是丰富学生人生经验与阅历的一种有效的途径，有助于发展学生的自我认识能力，丰富他们的情感和知识，增强其自我分析能力及对他人、对社会的认知。在此基础上，教师才能更好地引导学生构建良好的行为习惯体系，从而培养学生形成良好的人生观与价值观。

对于高校学生来说，教学是促进其社会性发展的有效助推力之一。当前的高校学生面临的社会交往关系及现象更为复杂，多元化的社会交往决定了交往方式的多样化和复杂化。通过跨文化外语教学培养学生面对社会不同人群和不同语言群体时应具备的交际能力，培养学生在人际交往与合作时的正确态度与意识，从高校和社会各个层面帮助学生提升跨文化交际能力与素养，对于他们更好地认识世界、跟上社会与时代的发展步伐以及自我素质的提升都有着积极作用。因此，我国倡导的跨文化外语教学与当前学生培养的社会化目标是同步的，最终目的是帮助学生树立正确的理想与信念，培养学生追求平等、尊重差异、相互合作的思想观念与意识。

跨文化外语教学的目的在于培养当代大学生的跨文化知识素养和综合能力，最大限度地挖掘并发挥每一个学生的潜在能力与聪明才智。无数教学实例表明，跨文化外语教学不是一个空泛的概念或仅限于理论层面的空谈。国际性的交流与合作越来越频繁，社会与时代的发展为具有跨文化交际综合素养的人提供了越来越多的机会与平台。在跨文化外语教学中，给予跨文化交际教学更多关注与重视，不断从更深层次培养、增强学生对不同民族文化的认同感、包容性，培养他们在面对异域文化时应有的包容意识与精神，懂得不同文化背景的人与民族之间应相互尊重、平等交流合作，也是学生未来发展应具备的一项基本的社会生存能力，是促进不同语言民族之间文化交流与合作、推动国际交流与合作的基本能力与素质，是当代大学生社会性发展的必备能力之一，也能帮助他们更好地适应时代与社会发展的要求。

随着我国综合国力的飞速提升，国际交往越来越频繁。在这种情形下，我国对于具有跨文化交际能力的人才的需求也越加强烈。我国需要能够面向世界、对于异域民族有较深入理解的人才参与国际交流。因此，跨文化外语教学便产生了新的教学目标，即培养跨文化交际人才，将跨文化交际教学的内容提升到新的高度，使学生在学习实践中培养对多元文化的包容性。鉴于此，我国当前实施的跨文化外语教学是一件极具深远意义的事情。

二、跨文化外语教学的理论依据

（一）语言学理论

1. 语言学理论的内容

（1）语言功能理论

语言是在完成其功能过程中不断演变的，语言的社会功能会影响语言本身的特性。具体来说，语言功能可以分为微观功能、宏观功能、纯理功能三种。

①微观功能。微观功能是在儿童学习母语的初级阶段出现的，包括以下七种功能。

个人功能：指儿童可以运用语言来表达自己的感情、身份或观点看法。

规章功能：指儿童可以通过语言来控制他人的行为。

想象功能：指儿童可以运用语言来创造一个幻想的环境或世界。

启发功能：指儿童可以通过语言来认识和探索周围的世界，学习和发现问题。

工具功能：指儿童可以通过语言来获取物质，满足其对物质的需求。

相互关系功能：指儿童可以通过语言与他人进行交往。

信息功能：指儿童可以通过语言向别人传递信息。这是儿童在成长后期掌握的一种功能。

需要指出的是，在儿童语言中，一句话通常只有一种功能，随着儿童语言逐渐向成人语言靠拢，功能范围逐渐缩减，这些微观功能会让位于宏观功能。

②宏观功能。相对于微观功能，宏观功能更为复杂、丰富和抽象。它是在儿童由原型语言向成人语言过渡阶段出现的语言功能。宏观功能包括以下两种。

实用功能：源于儿童早期微观功能中的规章功能、工具功能和相互关系功能。它指的是儿童将语言视为做事的工具或手段。

理性功能：由儿童早期微观功能中的个人功能、启发功能等演变而来。它指的是儿童将语言视为学习知识和观察事物的工具。

宏观功能是儿童在语言过渡时期使用的功能，与微观功能、纯理功能存在功能上的延续性。这反映了人类语言的多种功能可被运用于多种社会场合，同时也反映了人类在表达和沟通的过程中创造语言的必要性。

③纯理功能。纯理功能在功能语言学派中影响巨大，主要包括以下三种。

一是人际功能。人际功能描述的是语言在社会交往中扮演的关键角色。它让说话者能够在特定情境中表达自己的推断、观点和情感，进而与听者建立、维护和调整人际关系。这一功能不仅体现了语言的交流价值，还反映了语言在构建和塑造社会互动中的重要作用。

二是篇章功能。篇章功能指的是语言能够构建连贯、有条理的话语或文章的能力。这些话语和文章在特定语境中显得贴切且恰当，能够有效传达信息。因此，篇章是具备实际功能的语言单位。

三是概念功能。概念功能是指人们通过语言表述自己的内心世界和现实世界的经历的功能。

几乎每个句子都能体现语言的人际功能、篇章功能和概念功能，这三种功能经常同时存在。

（2）二语习得理论

20世纪70年代，美国语言教育家斯蒂芬·克拉申（Stephen D. Krashen）针对第二外语的习得提出并发展了二语习得理论。该理论是比较具有争议的二语学习理论之一，共包括以下五个部分。

①习得—学习假说。"习得"和"学习"是培养外语能力的两种途径。"习得"是学习者在无意识的状态下形成并掌握语言能力的过程，类似于小孩子学习母语的过程。"学习"是学习者通过课堂学习等方式有意识地掌握语言和语法规则的过程。

语言学习只能监控和修正语言，却不能发展交际能力，外语应该通过习得来获取，习得的过程中能够发展交际能力。

②自然顺序假说。一种语言的语法规则或结构是按一定的、可以预知的顺序习得的，这种情况也适用于第二语言（外语）的学习。

③监控假说。有意识的学习（无论是知识还是规则）主要扮演了监控的角色。这种监控可以在写作或说话之前或之后进行。然而，要发挥这种监控作用，必须满足三个关键条件：首先，学习者需要拥有充足的时间；其次，学习者必须了解相关的规则；最后，学习者需要在语言形式上保持警觉。值得注意的是，这种监控作用在不同类型的语言交际活动（如口头和书面表达）中可能会产生不同的交际效果。

④情感过滤假说。"情感"一词涵盖了学习者的多种心理状态，包括他们的动机、需求、信心、忧虑程度以及整体的情感状态。这些情感因素在语言学习过程中起着至关重要的作用，它们可以作为促进或阻碍语言输入的过滤器。

根据情感过滤假说，当外语学习者持有积极的情感态度时，他们更有可能吸收和掌握目的语；相反，消极的情感态度则可能阻碍他们对目的语的接收和学习。所以，教师在外语教学中应避免给学生施加过大的压力，而应创造一个轻松、自由的学习环境，以帮助学生更好地学习和掌握目的语。

⑤输入假说。输入假说指出，语言学习者只有在理解输入（即 i+1，略高于当前水平的语言输入）情况下，才能够有效习得新语言。这个假说强调，学习者需要接触到略高于他们现有水平的语言输入，以便在理解的基础上进行语言能力的提升。因此，教师在设计教学内容时应注意提供适当难度的语言输入，确保学生能够理解并逐渐掌握新的语言知识。

（3）言语行为理论

20 世纪 50 年代，英国哲学家约翰·朗肖·奥斯汀（John Langshaw Austin）首次提出言语行为理论，这成为语言语用研究的重要理论之一。随后，美国哲学家约翰·塞尔（John Searle）对言语行为理论进行了深入研究与探讨。在此，主要介绍上述两位学者的观点。

①奥斯汀的言语行为理论。表述句与施为句是话语的两种类型，基于此，奥斯汀提出了言语行为三分说。

通常来说，对某一客观存在的事实或事态进行陈述、报道或者描写的句子叫作表述句。一般可以对表述句进行验证，判断出真假。

例如，"Jim is lying in bed."。

若 Jim 真的是在床上躺着，这句话便为真，反之则为假。

通过对新事态的创造而对世界状况加以改变的句子叫作施为句。一般不可以对施为句进行验证，因为难以判断出真假。

例如，"I call the toy horse Spirit."。

此句既不能进行验证，也难以进行真假判断，其真正意义在于为玩具马命名，也可以理解为促使客观环境发生一些改变。

通过上述分析可以看出，以言叙事、以言指事是表述句的主要特征，而以言施事、以言行事是施为句的主要特征，这是两者最大的区别。

奥斯汀通过研究发现，表述句与施为句两分法存在一些不足，于是，他对言语行为进行了层次划分，并提出了言语行为三分说。

首先，奥斯汀将通过发音器官的移动，促使人进行话语表达，并按照一定的规则，将其排列成词语或句子的通常意义上的行为，称为以言指事行为。

其次，奥斯汀将通过说话方式完成某一行为或完成某一件事的行为，称为以言行事行为。该行为可以将说话者的真实意图传达出来。而表态行为、论理行为、承诺行为、施权行为、评价行为属于以言行事行为的五种类型。

最后，奥斯汀将通过说话带来一定的效果的行为，称为以言成事行为，也称为以言取效行为。这指的是通过某一句话使得某一结果产生，但结果与说话者的真实意图并无直接关联。

②塞尔的言语行为理论。塞尔的主要贡献是改进了奥斯汀对以言行事行为的分类，并提出了间接言语行为理论。

塞尔将以言行事行为分为以下五类。

承诺类。它表示说话人对未来的行为做出不同程度的承诺。此类行为的动词包括 threaten、pledge、vow、offer、undertake、guarantee、refuse、promise、commit 等。

表达类。它表达说话人的某种心理状态。此类行为的动词包括 congratulate、apologize、deplore、regret、welcome、condole、boast 等。

断言类。它表示说话人对某事做出真假判断或一定程度的表态。此类行为的动词包括 deny、state、assert、affirm、remind、inform、notify、claim 等。

宣告类。它表示说话人所表达的命题内容与客观现实之间一致。此类行为的动词包括 nominate、name、announce、declare、appoint、bless、christen、resign 等。

指令类。它表示说话人不同程度地指使或命令听话人去做某事。此类行为的动词包括 request、demand、invite、order、urge、advise、propose、suggest 等。

塞尔的分类具有很强的科学性，直到今天仍在使用。

塞尔认为，当一个施事行为间接地通过另外一个言语行为表达时，间接言语行为就发生了。

例如，"Can you pass the bottle to me?"。

这种言语行为虽然表面上在进行"询问"，但实际上体现的是一种"请求"行为，即"请求"是通过"询问"间接实施的。

塞尔进一步细化间接言语行为的分类，将其划分为规约性间接言语行为和非规约性间接言语行为两大类。规约性间接言语行为通常出于礼貌的考量，其语用用意可以通过话语的句法形式直接推断出来。相较之下，非规约性间接言语行为的理解则较为复杂，需要依赖交际双方共享的语言信息及所处的具体语境来进行推断。

2.语言学理论应用于跨文化外语教学的必要性

首先，语言学理论为跨文化外语教学提供了深厚的理论基础。语言学研究语言的性质、功能、结构、运用和历史发展，以及其他与语言有关的问题。这些研究帮助我们深入理解语言的本质和运作机制，进而指导外语教学实践。通过对语言的比较研究，我们可以发现不同语言之间的差异和共性，从而更好地理解和掌握不同文化背景下的交流方式。

其次，语言学理论在外语教学课程设计方面发挥着重要作用。语言学家对语言的结构、语法规则和语义等方面的研究，为语言教学提供了科学的依据和方法。例如，形态学、句法、词汇学等语言学分支的研究可以帮助教师更精确地指导学生理解和掌握目的语的结构和用法。

再次，语言学理论有助于培养学生的跨文化意识和跨文化交际能力。语言学的研究使我们认识到不同语言和文化背景下的交流方式存在差异，这有助于我们了解不同语言之间的差异和隐含规则，从而更好地进行跨文化交流。在跨文化外语教学中，教师可以通过引入语言学理论，帮助学生提高对不同文化的敏感度和理解力，培养他们的跨文化意识和交际能力。

最后，语言学理论还能帮助教师处理学生在跨文化外语学习中的困难和挑战。由于不同文化背景下的交流方式存在差异，学生在跨文化外语学习中可能会遇到理解障碍或文化冲突。教师可以通过运用语言学理论，引导学生认识并克服这些困难，提高他们的跨文化适应能力。

（二）心理学理论

1. 心理学理论的内容

（1）行为主义学习理论

行为主义学习理论最初源于苏联生理学家伊万·彼得罗维奇·巴甫洛夫（Ivan Petrovich Pavlov）的"条件反射"概念。20世纪初，美国心理学家约翰·华生（John Watson）创立了行为主义学习理论。美国心理学家伯尔赫斯·弗雷德里克·斯金纳（Burrhus Frederic Skinner）对华生的理论进行了继承和发展。这里主要介绍华生和斯金纳的理论。

①华生的古典行为主义理论。华生把有机体应付环境的一切活动称为"行为"，行为的基本成分是反应，反应分为习得的反应和非习得的反应。前者包括一切复杂习惯和一切条件反射，后者则指在条件反射和习惯方式形成之前的婴儿期所做的一切反应。华生将能够引发有机体反应的外部和内部变化定义为"刺激"，而这些刺激本质上都是物理或化学的变化。无论环境如何复杂多变，最终都会通过物理或化学变化的形式转化为刺激，进而对人体产生影响。换句话说，刺激和反应都属于物理变化或化学变化，由此便形成刺激—反应公式，通过刺激可以预测反应，通过反应可以推测刺激。

学习就是以一种刺激替代另一种刺激建立条件反射的过程。人类出生时，仅具备几种基本的反射和情感反应。所有的其他行为均是通过条件反射逐步建立新的刺激与反应之间的联结而形成的。人类的行为完全是后天习得的，环境对塑造一个人的行为模式起着决定性的作用。不管是正常的行为还是异常的行为，都是通过学习获得的，并且同样可以通过学习来进行修改或消除。通过深入探究环境刺激与行为反应之间的规律性关系，可以通过刺激来预测反应，或者通过反应来推测刺激，从而实现对动物和人类行为的预测和控制。行为，作为有机体对外界环境刺激的适应方式，表现为各种躯体反应的组合，这些反应有的显露在外，有的则隐藏在内部。在华生眼里，人和动物没什么差异，都遵循同样的规律。

②斯金纳的新行为主义理论。斯金纳的《言语行为》一书，从行为主义角度对言语行为系统进行了分析。斯金纳提出了"操作性条件反射"的观点，认为语言学习的过程是一个持续的操作过程，即发出动作后得到一个结果，这个动作被称为"操作"。当操作者对这个结果感到满意时，他们会重复这个"操作"，这个"操作"就会得到"强化"，这种强化被称为"正向强化"。儿童的语言学习过程正是这样一个持续不断的"操作"过程，通过这个过程，他们的语言行为逐渐得

以形成。

在特定的语言环境中，非言语元素如他人的声音、手势和表情等，都可以作为强化手段，有效影响语言学习者的行为。例如，教师可以通过正面的反馈和肯定，来强化学生的言语行为。这种持续的强化对于学生养成语言习惯至关重要，它能帮助学生逐渐掌握并熟练运用与自身语言社区相符的语言形式。如果缺乏这种强化，语言习惯便难以形成，语言学习也会受阻。在学习过程中，只有当反应得到重复和持续的实践时，学习才能真正发生。因此，"重复"这一要素在学习过程中的作用不容忽视，它是语言学习成功的关键之一。

通过上述介绍可以看出，行为主义学习理论的形成主要基于以下六种观点。

第一，语言学习本质上是一种习惯。语言习得构成了人类行为的基础部分，并在外部环境的影响下逐步形成。

第二，在语言的习得和学习过程中，外部影响是推动内在行为变化的主导因素。这意味着语言行为和习惯的变化主要受到外部刺激的驱动，而非内在行为的自然发展。

第三，儿童在习得和学习语言时遵循操作制约的过程，即发出动作、获得结果并得到强化。这是儿童学习语言的基本且客观的规律。

第四，学习是刺激与反应之间的联结。简言之，刺激会引发特定的反应。面对不同的刺激，会表现出相应的反应。

第五，学习过程是一个逐步递进的循环过程，通过不断尝试与修正最终达到成功。在学习新知识或技能时，应采取小步快跑的策略，逐步深化理解，从局部到整体，逐步构建完整的知识体系。

第六，强化对于学习的成功至关重要。语言行为的形成与巩固离不开正向强化的积极作用。这种正向强化主要源自学习过程中的成就感，以及他人给予的赞扬与鼓励。正面的反馈机制成为推动学习者养成优秀语言习惯的重要外部驱动力，激励着他们不断进步，提高语言表达能力。

当然，行为主义学习理论也有许多不足之处，如它完全否认人类学习的内在心理机制，忽视了人类的主观能动性。尽管如此，行为主义心理学的研究对外语教学仍有着重大影响，这些影响主要体现在实际的外语教学实践中。例如，在外语教学的初级阶段，反复操练被看作语言学习的重要且有效的手段，并得到广泛应用。

（2）人本主义心理学

人本主义心理学，被誉为"心理学的第三势力"，兴起于二十世纪五六十年代的美国。其起源并非对学习和学习过程的深入研究，而是临床心理学家、社会工作者以及心理咨询工作者等一群对人类行为基本原理和基本假设持有共同见解的心理学家的实践探索。人本主义心理学的主要倡导者是美国心理学家亚伯拉罕·马斯洛（Abraham Maslow），而近年来，影响日益扩大的代表人物则是美国心理学家卡尔·罗杰斯（Carl Rogers）。这些学者通过他们的研究与实践为人本主义心理学的发展注入了活力，使其成为心理学领域一股不可忽视的力量。在他们的理论中，教育能够为学习者提供良好的心理环境，这个环境充满人情味，学习者在这个环境中得到辅导并将其固有潜能充分地发挥出来。

①学习动机论。人本主义心理学的动机论建立在马斯洛的"需求层次理论"之上，该理论将人的需求从基础到高级划分为五个层次：生理需求、安全需求、社交需求、尊重需求以及自我实现需求。其中，自我实现需求作为最高层次的需求，体现了人类将自身潜在能力转化为现实成果的基本倾向。这种自我实现的过程，实际上是对个人天赋、能力和潜力的全面开发与利用的过程。那些追求自我实现的人，往往能够清晰地认识到自己的愿望，并致力于通过学习和工作来实现这些愿望。他们不仅尽力完成力所能及的事情，更在重要的学习和工作中展现出高度的热情和专注。

基于马斯洛的需求层次理论，罗杰斯提出了"自我实现"的三个阶段。

"映射"阶段。在这一阶段，人的自我发展是由外界要求的"映射"产生的。例如，学生说："我要努力学习，因为老师这样要求我们。"

混乱阶段。当学生具备一定的自我意识时，教师提出的要求有时可能与学生的个人观点相冲突，这种差异往往导致学生在面对不同的期望时感到迷茫和无所适从，从而陷入一种思维上的混乱状态。

自我实现阶段。当学生的自我意识占据主导地位，深刻认识到自身的价值与能力时，他们便能够自主地、富有创造性地做出判断和决策，进而实现自己的愿望和理想。在这一过程中，学生展现出独立思考和自主行动的能力，不断挖掘和发挥自己的潜能，促进自我价值的不断提升。

培养学生形成"自我实现"学习动机需要注意以下几个方面。

首先，学生应学会放下过去的包袱。在学习过程中，应将注意力完全集中在当前的任务上，不受过去经历或失败的影响。尤其是那些学习成绩暂时落后的学生，更应摒弃"我以前学得不好"的消极心态，以免阻碍自己的进步和发展。其次，学生应保持积极接纳的学习态度。这意味着在全身心投入学习的同时，也要保持开放的心态，愿意倾听并接受他人的意见和建议。当同学们以友善、包容的态度相互交流和帮助时，大家都能从中获得更多的知识和启示。最后，学生需要警惕两种常见的心理障碍。一种是悲观主义思维，即过度消极地看待世界，怀疑一切美好和神圣的事物。另一种是"约拿情结"，即对于成功和成就的恐惧。

②学习实质论。人本主义心理学指出，学习的实质是形成与获得经验，学习的过程就是经验的形成与获得的过程。在人本主义心理学基础上，人本主义学习理论从以下四个方面来解释学习的实质。

第一，学习即形成。人本主义学习理论主张在学习的过程中，学生应掌握并运用有效的学习方法，通过实践来获取知识和经验。该理论强调，学习的真正发生不仅依赖于现成的理论知识，更重要的是通过具体的实践活动来习得新知识。在实践过程中，学生不仅能够发现自我、评价自我、实现自我创造，还能获得更为深刻和有价值的经验，同时掌握学习的方法和途径。所以，掌握学习的方法才是学习的核心和关键所在。

第二，学习即理解。个人的学习从本质上说是一个心理过程，而非机械的刺激与反应联结的总和，是关于知觉的一种个人理解。对于同一件事，不同的人会产生不同的反应，究其原因，并非源于联结差异，而是在于个人的知觉差异，因此，不同的人对世界的认知与反应才会有所不同。基于此，要想了解某一学生的学习过程，就需要了解该学生对外部世界的刺激与情境的解释，而非仅仅了解外界刺激或者外界情境。

第三，学习即潜能的发挥。学习本质上是一种潜能的释放与展现。人类天生具备一种学习的倾向或内在的潜能，这种潜能在学习过程中得以发挥，具有自发的特质。人本主义学习理论将学生视为一个具有明确目标和自主选择能力的个体，他们能够在学习过程中实现自我塑造与满足。因此，教师的核心教学任务在于创设一个能够最大程度激发学生潜能的学习环境。在教学过程中，教师应确保学生真正成为学习的主人，鼓励他们积极探索、发现，助力他们进行自我评价，并提升他们的创新能力。此外，人本主义学习理论还强调，学习本身应当是一个充满乐趣和满足感的过程，而不仅仅是达成学习目标的手段。因此，教师不应在教学过程中以惩罚、强迫等方式过多地干涉学生的学习行为，而应当适度引导他们掌握正确的学习方法。

第四，学习是有价值的学习。更具意义与价值的知识或者经验是学生学习的内容。只有当学生意识到学习的重要性，发现学习的知识与经验可以帮助自己解决现实生活中的问题时，他们才会发自内心地主动去学习，此时的学习才是最有效的。通常来说，有效的学习活动大多含有学生认为有用的且感兴趣的内容；而对于那些距离现实生活太远的价值不大的学习活动，学生基本没有太大兴趣，学习效果也相对较差。因此，人本主义学习理念注重激发与引导学生的学习兴趣，对学生的实际需求给予充分的尊重，允许他们结合自身的爱好与兴趣，对学习内容加以选择，从而更好地实现自我需要。

（3）认知主义学习理论

认知主义学习理论是深入探索学习规律的一种理论，其核心在于研究人的认知过程如何运作。根据认知主义学习理论的观点，学习是个体在面对具体的问题情境时，内心积极主动地进行组织与构建，从而不断完善和发展自身认知结构的过程。这一理论特别强调意识在刺激与反应之间的中介作用，以及认知过程在学习中的重要性。瑞士心理学家让·皮亚杰（Jean Piaget）是认知主义学习理论的代表人物。皮亚杰认为，不管个体的知识多么复杂和深奥，其根源都可以追溯至童年时期，甚至更早的胚胎阶段。他试图从认知的历史、社会根源出发，探究个体依赖的概念和"运算"的心理起源，以此为依据来全面解释认知的形成与发展，尤其是科学认知。在皮亚杰看来，人出生以后如何形成认知、发展思维，受哪些因素制约，各种不同水平的智力及思维结构是如何先后出现的等问题都值得研究。因此，他的研究主要集中在两个方面：认知发展的阶段性问题和认知发展的机制。

2. 心理学理论应用于跨文化外语教学的必要性

首先，心理学理论有助于教师理解学生的语言学习过程。根据教育心理学的基础知识，学生的学习过程是一个复杂的心理过程，涉及认知、情感和行为等多个方面。在跨文化外语教学中，教师可以利用心理学理论来分析学生在学习外语时的心理特点和认知规律，从而制定出更符合学生需求的教学策略和方法。

其次，心理学理论可以指导教师激发学生的学习动机和兴趣。在跨文化外语教学中，教师可以通过创设良好的语言环境、组织丰富多彩的教学活动等方式，激发学生的学习动机和兴趣。同时，教师还可以利用心理学中的奖励机制、目标设定等原理，激励学生积极参与外语学习活动，提高他们的学习效果。

再次，心理学理论还可以帮助教师培养学生的跨文化意识和跨文化交际能力。在跨文化外语教学中，教师需要引导学生理解和尊重不同文化之间的差异，培养他们的跨文化意识和敏感度。通过运用心理学中的情感理论和态度理论，教师可以帮助学生克服文化误解和冲突，提高他们的跨文化交际能力。

最后，心理学理论还有助于教师在跨文化外语教学中处理学生的情绪问题。学生在学习外语时可能会遇到各种情绪问题，如焦虑、自卑等。教师可以利用心理学中的情绪调节和心理咨询等原理，帮助学生处理这些问题，提高他们的心理健康水平。

（三）其他理论

1.意义学习理论

（1）意义学习理论的内涵

学习可以被划分为两种截然不同的类型，它们犹如意义连续体上的两个极端。其中一种学习类似于心理学中探讨的无意义音节学习。这类学习要求学生记忆那些毫无生气、单调乏味、无关紧要的音节，而这些音节又往往容易被迅速遗忘。因此，无意义音节的学习不仅过程艰难，而且效果短暂，极易遗忘。罗杰斯认为，如果学生在课堂中所学的内容对他们个人而言缺乏实际意义，那么这种学习仿佛仅发生在"颈部以上"，既无法触动学生的情感，也无法与学生的个人意义相联系，更无法触及学生的完整人格。而另一种学习，可以称之为意义学习。这种学习并不限于事实知识的简单累积，它深刻影响着个体的行为模式、情感态度、个性特征以及未来的人生选择。意义学习是一种能够触动学生心灵深处、引导他们全面发展与成长的学习过程。它超越了单纯的知识增长，与个体的各种经验紧密融合，促使个体在多个层面发生显著变化。这种学习不仅关乎知识的获取，更能促进个体的全面发展与成长。

意义学习是一种综合性的过程，它将逻辑与直觉、理智与情感、概念与经验、观念与意义等要素融为一体。在这种学习方式下，学生可以成长为一个更加完整和全面的人，能够充分利用自身的各种能力。意义学习主要包括以下四个关键要素：首先，学习具有个人参与的性质。这意味着学生需要全身心地投入学习活动中，包括情感和认知两个方面。只有当学生真正参与并投入其中，才能获得深刻的理解和真正的意义。其次，学习是自我发起的。即使在外界推动力或刺激的作用下，学生也应该感受到来自内部的发现、获得、掌握和领会的感觉。这种内在的动力是意义学习的核心，它能够激发学生的积极性和主动性。再次，学习是渗透性的。这意味着学习不局限于知识或技能的掌握，更能够对学生的行为、态度乃至个性产生深远的影响。最后，学习效果是由学生自我评价的。只有学生自己最清楚这种学习是否满足了自己的需要，是否有助于他们得到想要的东西，是否让自己明确理解了原来不甚清楚的某些知识。教材的内容应当与学生的生活经验紧密相连，因为只有贴近学生实际生活的教材，才能更好地帮助他们实现生活目标。同时，只有当学生全身心地投入学习中，才能取得良好的学习效果。这种投入式学习不仅能启迪学生的心智，提升他们的求知能力，还能激发他们的学习兴趣，使他们真正热爱知识。当学生在学习过程中获得成就感时，他们会更加努力地追求进步。这种学习方式有助于实现知识、情感和意志三方面的教育目标，是一种持久而深刻的学习方式。

（2）意义学习理论对跨文化外语教学的启示

①建立有利于教学的课堂文化环境。有效的学习必须源自学生的主动性和自发性，并且需要他们全心投入其中。然而，传统的教育方式往往采取"壶杯"模式：教师如同壶，掌握着理智和事实性的知识；学生则如同杯，被动地接受知识的灌输。在这种模式下，学生的学习过程往往不存在自主发现知识意义的机会。激发学生的主动学习热情应从多个方面着手，其中改变教室布局便是一个切实可行的环节。传统的教室布局多为秧田型排列，其设计初衷在于使学生更好地聚焦在教师身上，专心听讲。但是，这种布局也在无形中固化了课堂的互动模式，即"教师主讲，学生聆听"，从而在一定程度上强化了教师的权威地位，使得师生关系显得较为不平等。这种布局可能会向学生传递出"学习是被动的接受"的消极心理暗示，不利于他们全身心地投入学习。

因此，在条件允许的情况下，可以调整教室布局，根据教学需求将座位排列成圆形、新月形或马蹄形等，以优化学习环境。而在资源有限的环境中，教师可以有意识地扩大自己的教学区域，将较为内向的学生安排在教室中心，增加他们的参与机会，同时让较为外向的学生坐在外围，以他们的活跃性带动其他学生，或经常在学生间巡视交流。这些措施有助于构建一个具有外语文化特色的学习环境，增强课堂的民主氛围，促进师生间的互动与交流。通过减少学生的压迫感，为他们全身心投入学习创造更多机会，从而更有效地提高学习效果。

②结合流行文化进行跨文化外语教学。对于学生来说，信息的个人意义是决定其是否能够持久保持的关键因素。学生在学习中遇到的很多信息之所以会迅速被遗忘，很大程度上是因为这些信息未能与学生的生活产生关联。教材本身是否具有意义关键在于学生对教材的感知和解读。例如，当学习的内容能够激发学生的好奇心或者能够提升他们的自尊感时，学生自然会乐于投入学习。因此，相比于让学生花费大量时间进行机械式记忆，教师更应该注重引导学生发掘知识背后的个人意义。从这个视角出发，将流行文化融入跨文化外语教学中具有显著的优势。流行文化以大众传媒为主要传播渠道，以文化商品的生产为显著特点，以广

大社会公众为受众群体，是一种广泛传播且影响力巨大的文化现象。

流行文化独具特色，其特点表现在以下几个方面：首先，它通俗易懂，无论是观看、聆听还是阅读，都能轻松被大众所理解和接受；其次，它具备强烈的时尚感，总是走在潮流的前沿，引领着时代的风尚；再次，流行文化往往富有鼓动性，能够轻易触动人们的情感，引发情绪的波动；最后，它深受青少年学生的喜爱，易于被他们接受。流行文化的这些特点使其与大学生的思想和情感紧密相连，并逐渐成为他们生活中不可或缺的一部分。流行文化不仅可以使学生的兴趣得到满足，而且也为他们理解周围的世界提供了独特的视角，从而在不知不觉中影响着他们的生活态度和价值观。因此，将流行文化巧妙地融入跨文化外语教学中，不仅可以激发学生的学习兴趣，还能有效地影响他们的态度和个性发展。

通过这种方法，学习能够深入学生的内心，实现罗杰斯所强调的意义学习，从而使学生得到更全面、更深入的发展。

2. 文化输入理论

克拉申提出的语言输入假说在外语教学领域产生了深远影响，该假说巧妙地将语言学理论与语言教学实践相结合。作为克拉申语言习得理论的核心，输入假说强调只有当学生接触到略高于其现有语言水平的可理解性语言输入，并能够将注意力集中在理解意义或信息上，而非语言形式上时，真正的语言习得才会发生。这就是克拉申著名的 i+1 公式，它揭示了语言学习的关键所在。

在克拉申的语言输入假说中，i 代表学生当前的语言水平，而 1 则代表略高于这一水平的语言材料。他认为，这种 i+1 的输入方式并不需要刻意为之，只要学生能理解输入的内容，并且接触到数量足够的语言材料时，这种理想的输入就会自然而然地出现。基于这一假设，语言教学的核心在于确保学生在使用新语言时，能够置身于一个富含可理解性语言信息输入与即时反馈的优质学习环境之中。为了增进这种可理解性，教师有必要设计丰富多样且贴近真实生活的语言材料，或模拟出逼真的语言学习场景。教师应聚焦于从文化层面为学生提供语言输入，并严格遵循克拉申的 i+1 输入公式，即在确保学生对目的语有基本理解的基础上，进一步输入相关的文化内容，从而丰富他们的语言和文化知识。

语言与文化紧密相连，语言承载着文化，而文化则为理解语言提供了重要背景。美国学者舒曼（Schumann）的文化迁移理论指出，社会文化差异及其产生的社会心理距离是人们学习外语的关键因素。这充分表明，社会群体和个体对目的语文化的态度直接影响到外语学习的成败。在外语教学领域，文化因素早已被视作语言教学过程中不可或缺的一环。通过融入文化因素，学生能够更深入地了解目的语的文化底蕴，有效缩短与目的语文化之间的社会心理距离，进而培养出对目的语文化的认同感。这一理论的核心观点在于，学生对目的语文化的态度将直接影响其学习效果，而这种态度的形成又深受目的语文化本身的影响。所以，在教学过程中，注重文化输入显得尤为重要。通过文化输入，学生能够更好地融入目的语的文化环境，更自然、更高效地习得语言。

文化输入并非仅限于传授基础文化知识，更应聚焦于培养学生的文化意识，并提升他们理解和应对文化差异的能力。一般来讲，可以将文化输入的目标细化为三个紧密相连的层面：首先，深入剖析并理解目的语的社会文化体系，包括其历史、传统、价值观念等；其次，熟练掌握目的语的符号体系，包括词汇、语法、语用规则等；最后，培养学生在实际情境中有效产生、传递和接收信息的能力。语言学习的过程，本质上是一个循序渐进的认知过程。通过大量的听、说、读、写实践，学生不仅能够逐渐领悟和感知一个民族的社会文化体系，更能够学会运用其独特的语言符号体系来接收、处理和传递信息。

从文化体系的内部构成来看，语言无疑是文化的重要组成部分；然而，从语言学习的视角出发，文化则构成了语言的核心内容。对于语言习得而言，我们常说"九分语言，一分文化"，但实际上，文化的重要性远超过语言，可以说是"九分文化，一分语言"。语言学习若脱离文化，就如同吃西瓜只啃瓜皮而忽略瓜瓤，难以领略其真正的韵味。文化输入旨在为学生呈现目的语文化的全貌，使其深入了解该社会的行为准则、传统习俗、价值观念等核心要素。同时，学生还能够从文化的角度出发，敏锐地辨识出关键信息，并明确区分哪些文化元素是被社会认可的，哪些则是不被接受的。

在当前跨文化外语教学的背景下，重视文化输入显得尤为重要。语言是文化的载体，同时也是文化的重要组成部分。语言不仅是人们交流的工具，更是反映和传承文化的媒介。为了实现有效的语言习得，学生需要接触并理解大量的真实语料。这些语料应主要来自目的语国家的实际使用场景，以便学生能够更深入地了解目的语的文化内涵和表达方式。如果对这些语料所蕴含的文化背景缺乏了解，学生便难以真正掌握语言。因此，教师在课堂上除教授语言知识外，还应穿插讲解相关的文化背景知识，这不仅能够拓宽学生的视野，激发他们的学习热情，还有助于他们更深刻地理解所学材料的内容。通过对比外国文化与本民族文化的异同，学生可以更加明确地认识到两种文化之间的差异，从而在跨文化交际中有效避免语用失误，提升交际的成效。然而，文化的学习不应局限于课堂之内。教师还应积极引导学生走进真实的语言环境，体验和了解目的语国家的文化。通过实践，学生能够更直观地感受目的语文化的魅力，逐步培养起跨文化交际能力。

3. 图式理论

图式是一种知识的表征和贮存方式，它以某一主题为核心，将大脑中已有的知识、经验、概念以及认知结构等组织起来。图式在人们的认知过程中扮演着至关重要的角色，它有助于人们更有效地理解和解释周围的世界。通过运用图式，可以将复杂的信息进行归类和整理，使其更具条理性和逻辑性。同时，图式还能帮助人们在遇到新情境时，迅速调动相关的知识和经验，做出准确的判断和决策。图式理论的核心观点在于，人们依赖大脑中已有的图式和知识框架，对新事物进行认知、加工和整合，从而实现对新信息的理解和再认识。

根据图式理论，阅读过程实际上是读者在文本的各个层次及其交互中，综合运用自下而上和自上而下两种信息处理模式的过程。这一过程深刻地体现了读者已有知识与文本所传递信息之间的动态互动。读者在解读文本时，会借助自身的语言、文化、现实世界等背景知识来提取和解读文本信息；同时，文本中的信息也会反过来激活并丰富读者脑海中的既有知识网络。在阅读教学中，应用这一理论意味着教师需要积极引导学生激活并运用他们头脑中已有的图式，使之与文本的作者所表达的意义相契合，从而达到对语言材料的精准理解。

当前的外语阅读教学在文化介绍方面显得零散且缺乏系统性和完整性，因此教学效果并不尽如人意。事实上，语言是文化的载体，通过语言能够传递和体验文化。深入了解和掌握文化背景知识对于降低语言学习难度至关重要。图式理论为跨文化外语教学提供了有力的支持，主要通过以下途径实现。

首先，利用综合阅读方法进行阅读教学。多年来，外语阅读教学一直存在一种明显的倾向，那就是过度简化阅读过程，将其视为一个单纯的从单词、短语到句子的机械解码过程。在这种传统的教学模式下，教师常常过于关注新词、词组和句型的逐一解释，却未能充分重视对文本深层次核心思想的深入剖析和讨论。这种只见树木、不见森林的教学方法严重限制了学生阅读能力的提升。为了改善这一状况，根据图式理论，引入了综合阅读方法。通过文化背景介绍、略读、理解测试、篇章分析、讨论与评价、课外阅读以及读书报告写作等多种手段，引导学生参与跨文化语言交际活动，提升他们的阅读能力和跨文化交际技巧。

其次，运用文化背景知识预测阅读信息。文化背景知识预测是一种在阅读活动开始之前，用来评估学生对相关文化背景知识以及阅读材料内容的了解程度的有效方法。这种预测旨在通过了解学生的已有知识，提升他们对阅读材料内容的感知力和理解深度。预测活动可以采取多项选择题和是非判断题的形式进行，这种简洁的方式不会过多占用课堂时间。通过文化背景知识的预测，可以激发学生的好奇心和阅读期待，帮助他们预先了解阅读材料的部分内容，从而激发阅读的欲望。这种方式能够有效地激活学生原有的背景知识，激发他们的思维活力，为后续的深入阅读打下良好的基础。

最后，充分利用现代媒体传播外语文化信息。根据图式阅读理论和教学实践研究，学生的背景知识和经验在阅读过程中发挥着至关重要的作用。在当下这个信息爆炸的时代，知识信息的传播媒介日趋多样化和现代化，知识更新的速度更是日新月异。因此，阅读教学这一融合知识与语言技能的教学活动，必须紧跟时代的步伐，避免被固定教材所束缚。外语教师应当充分利用现代教学媒体和传播媒体所呈现的丰富外语语言资源和外国文化信息，根据不同的知识背景和文化框架，精心策划并分层补充和完善阅读教学材料和教学计划。更为关键的是，要紧密结合学生的个人兴趣及其对社会的关注度，将规定性教学与兴趣导向型教学有机融合，从而丰富阅读教学内容，激发学生的学习动力，并提升他们的阅读体验。

三、跨文化外语教学的基本内容

跨文化外语教学的基本内容包括三个方面，即言语文化、非言语交际和交际文化。这既适用于研究不同语言的文化，也适用于同一文化不同层面的研究。在教学过程中，要有针对性地将不同文化进行对比研究，这样做可以让学生的认识更加深刻，理解更加透彻。

（一）言语文化

1. 与语音相关的文化内容

语音是语言学习的重要内容。即使是同一种语言在不同的国家或地区其语音也会有差别，我们可以据此判断出说话人的文化背景。因此，语音所体现的文化，也是跨文化外语教学中的重要组成部分。例如，美国人讲话时习惯于慢吞吞地拖出声音，或者多带明显的鼻音，而英国人则没有这一特点。英国英语与美国英语在读音上也有很多细微差别，以元音为例，美国英语中没有英国英语中的双元音 /ɪə/、/ʊə/、/eə/，相对应的是在前面的元音后加 /r/ 音。这种发 /r/ 音的语音特征就成为美国英语的语言特点，暗示出说话人的美国文化特征。

说话人的语音不仅能显露其区域特征，而且能反映其社会地位特征。例如，英国的皇家贵族、上层人士，无论在什么地区都把标准发音当成自己社会身份的象征，因为这种发音在历史上有国王英语、女王英语、牛津英语之称，而普通大众则大都喜欢讲地方方言。如果一个普通百姓讲标准英语，则会被人笑话。因此，中国学生有必要学习英美的语音文化，学会通过语音识别一个人的文化背景，从而有助于跨文化交际的顺利进行。

2. 与词汇相关的文化内容

在语言构成的各要素中，词汇与文化的关系最为密切。存在于不同文化环境中的词汇都承载着丰富的文化内涵。研究词汇蕴含的文化内涵对语言学习具有重要的意义。对于具有文化内涵的词语，教师应着重介绍或补充与之相关的文化背景知识，在必要时还可以将其与汉语文化进行比较，使学生不但知道它们的表层词义，更能了解其文化内涵，并能得体地加以使用。

3. 与语法相关的文化内容

语法能够揭示一种语言连字成词、组词成句、句合成篇的基本规律。文化背景不同，语言的表达方式也各异。因此，教师在跨文化外语教学中应该注重挖掘语法所承载的文化，引导学生通过语法学习，理解外国文化。与汉语句子的连接手段不同，外语句子常用各种形式手段连接词语、分句或从句，注重显性接应以及句子的形式和完整度。因此，外语句子结构较为紧凑严密。汉语句子则很少甚至不用形式连接手段，较为注重逻辑事理顺序，注重隐性连贯、功能和意义，以及以神统形，且结构简练明快。

（二）非言语交际

非言语交际既包括手势、表情等，还包括不同文化对时间、空间、色彩的不同看法以及在听觉、嗅觉、视觉、触觉等感官方面的不同感知特点。

1. 体态语

体态语是一种通过表情和动作传递信息的非言语交际方式。在学习和使用体态语时，由于不同文化背景下的动作习惯存在差异，学生需要特别留意并深刻理解这一点。熟练掌握体态语对于成功进行跨文化交际至关重要。尽管中外在体态语方面存在共通之处，但也有很多不同之处。总体来说，非言语交际中的体态行为可以概括为面部表情、手势和姿势这三个主要方面。

（1）面部表情

在言语交际中，无声的体态行为与有声的言语行为共同构成了完整的交际过程，二者相辅相成，互为补充。人们在交谈时，不仅会通过言语表达思想和情感，还会借助面部表情、姿势和动作等体态行为来增强表达效果。面部表情作为体态语的重要组成部分，是人们传递情感、分析他人情感的主要渠道之一。在影视作品中，特写镜头经常被用来捕捉角色的面部表情，以突出表达角色的情感状态，这也是因为面部表情在情感传递中具有独特的作用。此外，面部表情还是交际过程中加强或削弱谈话内容的重要手段。一个恰当的面部表情能够增强言语的说服力，使对方更加容易理解和接受谈话内容；而一个不恰当的面部表情则可能削弱言语的表达效果，甚至导致误解和沟通障碍。

（2）手势

相同的手势在不同语言中可能代表不同的含义。同样，在表达相同的含义时，中国和其他国家也可能使用不同的手势。这就体现出非言语交际符号与其代表含义之间的任意性。例如，同样要表示"叫别人过来"的时候，中国人习惯把手伸向被叫人，手心向下，几个手指同时弯曲几次；而美国人则会把手伸向被叫人，手心向上，握拳，食指弯曲几次。

（3）姿势

姿势是人体传达信息的一个主要方式，通过不同的姿势，可以解读出不同的潜在信息。例如，一个人双肩低垂可能暗示着他正在承受压力或负担；而双肩高耸则可能表示他自信满满或正在受到他人的重视。对于美国人来说，双肩平放是一种展现力量的体态。然而，体态行为与其所表达的意义之间的联系并非固定不变的，其中有些是约定俗成的，有些则是相对随意的。以跺脚为例，这一动作在不同语言中可能传达出完全不同的含义。在外语中，它可能表示不耐烦；而在汉语中，它则可能代表气愤、恼怒、灰心、悔恨等情绪。

从跨文化交际的实践来看，体态行为中最敏感的是身姿语、手势语和表情语。这些领域是言语行为学研究最多的，也是跨文化交际中特别要注意的。在学习的过程中，要有针对性地强调中外体态语不同的地方，让学生能更深刻地进行理解。

2. 副语言

副语言也称为辅助语言，是指在言语交流过程中伴随话语出现并对话语产生影响的有声现象。这些有声现象超出了语言本身的特征范畴，包括说话时的音高、语调、音质等附加因素。副语言在交际过程中往往具有一定的含义。副语言行为属于有声的非言语行为。语言学家将这类现象分成三种情况：作为言语基础的声调、作为言语伴随的音质、浊音化现象。声调涵盖了声音的高低、长短、响度及力度等多维度特征，既反映了语音系统的规则性，也包含了人为的特质。音质则是指音调、节奏、语速、发声共鸣等语音特性，如尖叫、鼻音、孩子气的声音或节奏感等，这些特性在情感传达上起到了关键作用。浊音化主要指的是那些非表意性的自然声音，如笑声、哭声、啜泣声、喷嚏声或呼噜声等。例如，将某个字音拉得很长表示强调或暗示，说话口气尖酸表示冷嘲热讽，整句话带鼻音可能表示对方生气了，压低嗓音表示谈话内容较为机密，说话结巴则暗示对方在说谎或紧张等。

副语言在不同文化中的含义可能有所不同。例如，沉默是一种典型的副语言现象，同时也是非言语的交际方式。副语言行为在表达情感时往往与面部表情和动作有密切联系。表示气愤的声音特征是声大、音高、音质粗哑、发音短促、音调和节奏不规则；表示爱慕、温柔的声音特征为柔软、慢速、音低、均衡而略向上升的声调、有规则的节奏及含糊的发音。最有趣的现象是在说话时若逐渐把声音放低，头也会随着低下来；反之，若逐渐把声音提高，那么头就会慢慢地抬起来。常识表明，一般情况下，运用表示气愤的声音特征是表达不出爱心来的，而用缓慢而柔和的声调也是表达不出气愤来的。表情与声音是互相配合的，仔细观察一下配音演员的工作过程，便可以体会到人类语言同表情、动作的密切关系。由此可知，所有这些副语言都是伴随话语而发生的，对话语有一定的影响，或者自身具有某种意义。从这个角度来说，学习并掌握语言之外的副语言能使我们更好地理解说话者的意图。

3. 近体距离

近体距离指的是人们在交际过程中与他人保持的空间距离，以及人们对家、办公室、社会团体里的空间的组织方式。根据交际种类和性质的不同，可将其分为私密距离、个人距离、社会距离、公众距离四种类型。

私密距离是指从接触点到人之间 46 厘米以内的距离。私密距离的范围很小，身体接触十分常见。在进行跨文化外语教学时，教师要告诉学生，在这样的近体距离下要注意，不能久久地盯着他人看，否则会带来不愉快的后果，异性之间尤其要注意。

个人距离的范围是 46~120 厘米。个人距离是人们之间保持的最为自然的距离。在这个距离内，人们同样可以进行日常的非语言交际行为，如握手或牵手等。

在进行跨文化外语教学时，教师要告诉学生，这样的空间表明这是一般人际关系的间隔，是保护个人隐私的空间范围，所以人们都应自觉遵守，不能逾越。

社会距离的范围是 120～360 厘米。一般情况下，社会距离保持在离他人一臂之遥的地方，一般私人事务就在近距离社交空间中。例如，与客户谈生意，接见来访者，或与同事谈论公务。在单位里，上司通常也用这种间隔来与下属人员保持距离。社交空间的远距状态在 2 米至 4 米之间，它适合于正式的公务活动、商业活动或社交活动。

公众距离的范围是 360 厘米以外，是以上所有距离中最为安全的一种。在这一距离内，人们通常不会发生谈论或是交流，因为这样的空间距离往往是程式化的。

在不同的文化中，近体距离的要求也不尽相同。例如，在英美国家，人们在并肩同行时，通常会保持三四英寸（1 英寸 ≈2.54 厘米）的距离。在中国，异性同行时通常也会保持类似距离，但是同性之间则会更为亲近，近体距离也会更短。

此外，教师在非言语交际文化的教学中应该注意以下几种情况。首先，相同含义在不同的文化中行为不同。中国人在初次见面时，往往会用微笑或是点头的方式表达友好；而许多西方人则习惯于握手或是互贴面颊以示友好。其次，同一行为在不同文化中所表示的含义不同。例如，在中国有人用食指在其太阳穴处旋转几下，这一动作通常被理解为"你要动动脑子，思考一下"；在美国可能被理解为"这个人简直疯了或太古怪了"。最后，有的动作是某一文化中特有的。例如，在日本文化中，人们在进门之前脱鞋，并将鞋子整齐地摆放好，这是出于对室内卫生和礼仪的重视。在一些欧美国家，脱鞋并非必须，进门时穿鞋进入室内是普遍的做法，这在日本人看来可能会有些不习惯。这种差异反映了不同文化背景下人们对礼仪和卫生习惯的不同理解。

（三）交际文化

交际文化主要包括称谓、问候与告别、道谢与答谢、恭维与赞美、委婉语等几个方面。下面介绍其中的两个。

1. 称谓

在中国文化中，人们倾向于通过称呼语来体现某种关系，这主要体现在"头衔"和"敬辞"的广泛应用上。无论是口头交流还是书面表达，礼貌的称谓都是不可或缺的。汉语中的称呼自成体系，"他称"和"对称"范畴的表达形式最富于变化，而"自称"方式也种类繁多、别具一格。而在西方社会中，人们在称呼对方时常常是直呼其名，以此来表示说话人试图建立平等关系的愿望。外语中不分职务、职业和年龄的称谓语有 Sir、Madam、Lady、Mr、Mrs、Miss、Ms。以Sir（先生、阁下）和 Madam（夫人、女士、太太、小姐）为例，Sir 和 Madam是一组对应的敬称语，它们泛称社会上的男女人士，一般不与姓氏连用，它们表达的人际关系不亲密。Lady（女士）是另一个用于女士的称谓语。

2. 问候与告别

问候语是交际双方见面时打招呼使用的程式化语言。各种文化有自身的一套问候语系统，主要功能是通过相互问候来联络感情，维系人际关系。中国人的问候一般很具体，英美人的问候不那么具体，他们不会问对方"吃了吗？""到哪里去？"等问题。他们一般只是简单地说"Hello.""Hi.""How are you doing?"。教师要提醒学生注意各个民族之间问候习惯的不同，在进行语言交际时，避免误会。

当西方国家的人结束交谈或访问并准备告辞时，他们通常会提出自己因某种原因而不得不离开的理由。这并不意味着他们本人想要终止交谈或访问，而是由于其他安排或情况而被迫这样做。因此，他们总会给出一个不得不离开的理由，并向对方表示歉意，以表达他们不愿意离开但又不得不这样做的遗憾。此外，外语国家的人道别时主要是对双方接触的评价，以表达愉快相会的心情。

汉语的告别语一般比外语的告别语更为复杂，这主要是社会文化的差异所致。例如，具有东西方不同文化背景的客人在别人家做客，在聚餐结束后，告别时所用的礼貌语方面存在着很大的区别。西方人会说："Thank you so much for a wonderful evening."（非常感谢今晚的款待）。而中国人会说："实在抱歉，给您添了不少麻烦。"西方人使用感谢语来道别，而中国人则使用道歉语来道别。仅此一例就可见东西方礼貌行为差异之大。

四、跨文化外语教学的实施方法

（一）以教师语言为桥梁的方法

1. 说明法

在中国，学生一直浸润在母语环境中，周围的外语环境较为缺乏，因此学生对很多文化背景知识可能是不太了解的。当学习材料中的文化背景知识影响学生对学习材料的理解时，教师可以做一些说明介绍。教师的说明介绍最好安排在讲解学习材料之前的一段时间进行，以便为学生理解学习材料做铺垫。要想做好说明介绍工作，教师需要提前在课外时间做好准备工作，搜集一些与教学内容相关的典型文化知识，并通过自己的消化理解将其恰当地应用到课堂之中。通常情况下，教学材料中的作者、内容和事件发生的时代可能都蕴含着一定的文化内涵，学生必须广泛学习这些背景知识，否则就难以准确理解所学材料。例如，当学生读到 Cloning：Good Science or Bad Idea?（克隆：好科学还是坏主意？）中的"Faster than you can say Frankenstein, these accomplishments, triggered a worldwide debate.（不等你说出弗兰肯斯坦，这些成果就已经引发了世界范围的大辩论。）"这句话时，可能不明白 Frankenstein 的含义，也不明白整句话的意义。在这种情况下，教师需要介绍以下三点与理解该材料有关的背景知识。

①英国女作家玛丽·雪莱（Mary Shelley）写了一部科幻小说，并以主人公弗兰肯斯坦的名字为这部科幻小说命名，而这部小说描写了弗兰肯斯坦创造了一个怪物，但最终这个怪物失控，并导致了他的死亡。

②在外语中，有个习语为 before you can say Jack Robinson（转眼间，突然）就是根据 Faster than you can say Frankenstein 这个习语创造出来的。

③文章中的人物是在一定的社会背景下出现的，当时克隆技术风头正盛，作者极度担心克隆技术会对人类社会造成重创。这一担心又得到了世界上已经掀起的大辩论的证明，因此人们就将克隆技术与小说情节联系起来。

2. 比较法

有比较就有结果。只有在比较中，事物的特性才会体现得更加明显。经过了不同的历史轨迹，很多国家都在长时间的历史积淀中形成了不同的文化。因此，在跨文化外语教学中，教师可以通过母语文化和目的语文化的比较，让学生更加深刻地认识母语文化和目的语文化，提高自身的文化敏感性，更加重视文化对于交际的影响，从而减少甚至避免文化差异引起的交际冲突。

（二）以外教资源为桥梁的方法

客观条件优越的学校可以适当聘请一些外籍教师授课。外教对跨文化外语教学的作用体现在以下两个方面。

1. 外教作用于学生

外教在提升学生学习外语的兴趣以及促进跨文化交际能力的提高方面发挥着

重要作用。外教的异域文化背景能够引发学生的好奇心，在与外教的日常互动中，学生不仅能学到课堂外的社会文化背景知识，还能提高对目的语文化的敏感度。此外，学校应定期利用外教资源组织外语角活动，为学生提供真实的外语环境，从而助力学生听力和口语能力的提升，最终提高其跨文化交际能力。

2. 外教作用于教师

在我国，部分外语教师因缺乏口语实践机会，口语表达能力仍有待提高。然而，当外教进入学校后，这些外语教师因教学工作需求，获得了与外教直接交流的宝贵机会。外教不仅能帮助他们纠正语音错误，还因其在不同文化背景下成长和学习的经历，为外语教师提供了新颖、生动的教学模式。我国外语教师可以从中汲取优势，进一步提升自身的教学水平。

当教师的跨文化交际能力和外语教学水平提升以后，直接的受益者就是学生。教师的跨文化交际能力提升了，就能在和学生的交际中更有效地提升学生的跨文化交际能力，也能使教师的跨文化外语教学取得更好的效果。如果外教的学校教学工作让他们获得了良好的感受，外教往往会把国外教育行业的朋友或者机构等介绍给学校，这样学校就可以通过夏令营、冬令营等形式和国外的教育行业进行互访、互相学习和交流，从而提高学生的跨文化交际能力。

（三）以媒体为桥梁的方法

当今时代的信息技术十分发达，学生对于各种媒体唾手可得，如手机、互联网、广播和报刊等。学生借助这些媒体，可以观看许多国外的电影、电视剧以及欣赏外语歌曲等，这就为学生学习文化知识提供了极大的便利。艺术源于生活，又高于生活。影视剧的创作也是基于导演对现实生活的思考，反映了本民族的社会文化。因此，学生在观看、欣赏和思考影视资料的过程中，尤其是那些以社会变迁和发展为主题的纪录电影，能增长文化知识，对国外的生活方式、风俗人情有着更多的认识。观看影视剧，也是让人放松心情的一种手段，不会遭到学生的排斥，并且通过画面的视觉冲击，学生能够获得更直观、更深刻的印象。因此，学生在放松的同时，也学习了外国文化知识，可谓一举两得。教师利用耳熟能详的歌曲进行跨文化教育，不仅可以提高学生学习的兴趣，而且为学生创造了轻松愉悦的学习氛围，在这种情况下，跨文化外语教学的效果就会更好。

（四）以师生互动为桥梁的方法

教师应该通过积极与学生的互动来实施跨文化教育。教学的本质决定了其应当是一种双向交流的过程，而非单向的知识传递。所以，跨文化外语教学应回归其本质，加强师生间的互动。首先，教师需要培养学生的文化平等心态，教导他们公正对待各种文化。其次，为了鼓励学生积极倾听与表达，教师应营造一个平等、自由、开放的互动环境。在这样的氛围中，学生和教师可以扮演不同文化中的角色，从而促进学生对外来文化的深入理解。这样的互动过程有助于提高学生的跨文化交流能力。

（五）以附加形式为桥梁的方法

以附加形式实施跨文化外语教学，就相当于一碟开胃菜，形式可以多样化。例如，在教材中设立文化专栏，在课外组织参观文化展览，举办外语文化主题讲座或组织文化表演等。教师也可以将优秀的但传播度不高的外语书籍介绍给学生，并以书中的文化知识为主题开展讨论、戏剧表演、知识竞赛等活动。这些活动都需要在教师的指导和监督下进行，以便活动真正实现跨文化教育的目的。以戏剧表演为例，微型剧包括三到五幕，每一幕包含一两个文化事件，学生在参与戏剧表演的过程中，可能会出现一些文化误读的现象，通过反思、调查之后，就能找出文化误读的根源，从而学习了此类文化知识。

第三节　跨文化外语教学的研究现状

一、国外跨文化外语教学的研究现状

（一）观点层面

国外学者弗雷斯（Fries）认为，在外语教学中，进行跨文化教学是必须的，通过跨文化教学，学生可以提升自身的跨文化理解能力。这就是说，在外语教学中，文化起着非常重要的作用，如果对文化不了解，那么就很难学好外语，很难与外语本族人进行有效交流与对话。弗雷斯还认为，在外语教学中，重视文化差异性也是非常重要的，通过对比来更深层次地了解目的语文化，可以预测不同文化差异造成的学习难点，从而在跨文化外语教学中予以预防。在外语学习中，学生往往认为与自身母语要素不同的要素是较难理解的，只有相同的要素才是简单的。这就需要教师通过对比找出二者的差异，从而理解学生学习外语的难点。

随着跨文化交际的日益发展，越来越多的学者开始从跨文化交际的视角审视跨文化外语教学，深入探索文化在外语教学中的重要作用。他们强调，外语教育不应仅仅局限于语言知识的传授，更应注重培养学生对其他国家文化的理解和尊重，以及提高他们的跨文化交际能力。

美国作家布鲁克斯（Brooks）阐明了外语教学与跨文化教学之间的关系，认为跨文化外语教学贯穿教学的整个过程，主要涉及如下三个阶段。

第一阶段：学生要理解与掌握母语与目的语之间的表层文化差异。

第二阶段：学生对深层的文化问题进行探索。

第三阶段：通过跨文化外语教学，分析与阅读经典作品，了解目的语精神文化的内涵，培养学生的洞察力与群体意识。

国外学者诺斯特朗德（Nostrand）提出了新兴的跨文化分析模式，指出跨文化外语教学的内容与分类应该基于此模式进行确定，并且认为文化包含社会、文化、个人、生态四个子系统以及 32 个小项。

经过分析，上述内容主要是几位学者对表层文化的研究和讨论，而深层文化则鲜有涉及。随着跨文化交际的日益加深和多元化带来的现实挑战，学生不仅需要学习目的语的文化知识，还需不断提升自身的跨文化能力。在新时代，对复合型人才的要求中，培养跨文化能力和交际能力显得尤为重要。所以，外语教学研究应致力于帮助学生深入了解目的语文化，使他们可以有效地与目的语国家的人们进行交际，避免因文化差异而引发误解和冲突。

（二）目标层面

跨文化外语教学的核心目标在于帮助学生理解在交际环境中语言所承载的深层意义。与传统的知识传授不同，它不是简单地向学生灌输文化知识，而是引导他们深入探究目的语国家人们如何使用语言与文化进行交流。在推进跨文化外语教学时，单纯介绍文化事实并不足以有效提升学生的跨文化能力。因为文化背景的差异，人们对世界的看法各不相同。为了实现真正的跨文化理解，学生需要站在一个第三者的角度，构建一个全新的视野。这意味着他们需要从一个跨文化人的身份出发，对比并理解母语文化与目的语文化之间的差异，从而形成独特的第三视角。这正是跨文化外语教学的终极目标。

跨文化外语教学有以下七大目标。

①让学生明确目的语文化影响和制约着人们的行为。

②让学生明确性别、阶级、年龄等都属于社会的各种因素。

③让学生明确目的语文化中形成的行为方式。

④让学生理解目的语词组文化。

⑤让学生明确目的语文化的评价方式。

⑥让学生提升自身搜寻与组织目的语文化的能力，掌握具体的研究技巧与方法。

⑦激发学生学习目的语文化的好奇心，鼓励他们从情感上产生共鸣。

跨文化外语教学目标指出了跨文化能力所具备的知识、意识、态度、技巧等层面。其中①②属于跨文化意识，③④属于跨文化知识，⑤⑥属于跨文化技能，⑦属于跨文化态度。

二、国内跨文化外语教学的研究现状

在跨文化外语教学研究的理论层面，国内学术界的讨论围绕几个核心概念展开，包括语言、文化、语言和文化的关系、文化教学、跨文化交际能力、跨文化能力。随着学术界对文化概念的结构主义和本质主义定义向建构主义和后现代主义定义转变，跨文化交际能力、跨文化能力的含义也由侧重文化知识向侧重批判性文化意识转变。相应地，跨文化外语教学更多地关注个体、本土文化、动态和意义建构。对于跨文化外语教学的目的、原则与方法，学术界的认识也实现了飞跃。最初，跨文化外语教学的目的是了解对象国的文化知识，以便更好地掌握外语和适应对象国的文化。此时，文化被理解为高雅文化或日常文化。跨文化外语教学遵循的是理解和习得原则，通过讲授和识记的方法得以实现。经过半个多世纪的教学实践与研究，跨文化外语教学的目的提升到"跨文化人"的培养或文化身份的重构。跨文化外语教学遵循建构主义原则，倡导体验式学习、田野调查、思辨式对话、基于文本和符号的话语分析与意义协商等灵活多样的教学方法。

跨文化外语教学研究具有明显的跨学科性质，与教育学、人类学、社会学、语言学、心理学等学科密切相关，其研究范式不拘一格，包括人文社会科学的几种典型研究范式，如实证主义范式、后实证主义范式、建构主义、阐释主义范式、混合方法研究范式。随着该领域的逐步发展，相关研究已超越经验反思阶段，采用了越来越多样和规范的研究方法，如民族志、行动研究方法、准实验设计、关键事件法及混合研究方法。

教师是教学的主体，跨文化外语教学理念在外语教学中的实现与否取决于外语教师是否具备从事跨文化教学的素质、知识与能力。在此背景下，对跨文化外语教师本身的研究便构成了一个重要的研究领域。该领域的研究主要关注外语教师对跨文化教学的信念与态度、跨文化外语教师的身份认同、提高外语教师跨文化能力的途径等。现有研究发现，外语教师对跨文化外语教学理论和方法的了解还十分有限，他们对跨文化教学的信念与态度尚有待强化，应该从外语师范教育和外语教师在职发展两个环节同时加强跨文化外语教学理论与方法方面的研修。

随着企业跨国经营活动日益频繁，针对企业管理者和员工的跨文化培训在西方已成为一个相当热门的行业。该领域的许多培训师同时也是跨文化研究领域的学者。很多跨文化能力理论模型及测评工具都是为适应跨文化培训的需要发展而成的，对于跨文化外语教学具有借鉴意义，但并不能简单地移植到外语课堂教学中去。如何针对外语教师开展跨文化外语教学方法培训是一个有待开拓的跨文化研究领域。

学习者是二语习得研究和外语教学研究中的重要研究对象。在跨文化外语教学研究中，对学习者的研究还比较薄弱。该领域的研究主要聚焦学习过程中学习者的心理特征、外语能力和跨文化能力，以及新的教学工具和方法等主题。现有的研究尚未能深入了解跨文化外语学习者的需求、动机以及初始能力。学习者文化背景的差异如何影响他们的跨文化外语学习过程与结果还有待研究。跨文化外语学习者的课堂表现与他们在现实社会中的跨文化实践表现之间的关系，也是颇有发展潜力的新研究领域。

跨文化能力研究是跨文化研究领域中相对比较成熟的领域，学者提出了一系列理论模型来解释跨文化能力的构成、结构和发展路径。相应地，学术界也构建了一系列跨文化能力测评工具。这两方面的研究都为跨文化外语教学研究奠定了基础。目前，外语教学背景下的跨文化能力测评研究都还处在起步阶段。跨文化外语教学过程与跨文化培训过程大不相同，两者的对象也有很大差异。现有的跨文化能力理论模型与测评工具基本上都是基于跨文化培训经验提炼出来的，还需要在跨文化外语教学的具体情形中得到进一步检验和修正，以便跨文化外语教学测评能有效促进跨文化外语教学的不断改进。

跨文化外语教材研究是一个方兴未艾的领域。传统的外语教材研究聚焦于从外语教学或二语习得理论视角对教材的课文和练习设计进行评价，而跨文化外语教学理念为外语教材研究提供了新视角。国内相关研究更多地聚焦教材中的文化内容构成，部分学者重视从意识形态、价值观和身份视角剖析教材内容，这些无疑都是有意义的探索。同样重要的研究视角是教材如何通过活动设计来实现跨文化外语教学的目的，但这方面的研究尚有待展开。

第四节　跨文化外语教学取得的成绩

改革开放以来，我国的外语教学无论从办学规模上还是办学水平上都较以前有了长足的进步。总体来说，改革开放以来我国跨文化外语教学呈现出"持续升温，飞速发展，成就巨大"的态势，具体体现在以下几个方面。

一、师资水平的提高

近年来，我国外语教师的学历层次较以前有了显著的提高，绝大多数高校要求新进外语教师具有硕士学位，很多"211工程"院校要求新进外语教师具有博士学位。这就意味着，我国外语教师的科研水平也上了一个层次，部分教师身兼两种角色：外语教师与外语教育研究者。他们能够做到理论与实践相结合，能从外语教学法的理论高度来解决课堂教学实践的问题。

二、教学大纲日趋完整

教学大纲不仅仅是对课堂教学的规范，也是教学法的直接体现。现行的教学大纲对课程教学目的、培养目标、教学的具体内容和顺序、教学方法和评估方式等方面都做了充分的阐述。这促使我们对语言及其教学的本质有了更深入的理解，促使语言教学方法得到持续拓展，并在课堂实践中不断创新和变革。

三、"本土教材"与"原版引进教材"相结合

经过多年的发展，我国外语教材建设呈现出"一纲多本"的特点。也就是说，基于一个大纲的教材种类繁多，如翻译、文学、综合英语、泛读、听力等都有各种各样的教材，各院校能根据各自学生的特点选择合适的教材。此外，我国外语教材建设还体现出"本土教材"与"原版引进教材"相结合的特点。考虑到"本土教材"的教学适应性与"原版引进教材"的语言纯正性之后，我国的基础语言学习教材主要由国内专家编写，遵循独特的编写体系。同时，为丰富教材内容、拓宽学生的国际视野，特邀母语者撰写篇章，旨在引导学生了解西方国家的历史、地理、文化，进而拓展其人文素养以提升跨文化交流能力。

四、教学方法的推陈出新

我国的跨文化外语教学，由于受语言学理论的影响，教学方法也经历了很大的转变。由最初重"语言知识"的"语法—翻译法"到后来的重"语言运用"的"交际法"，而最近又出现了"语言形式准确性和语言交际目的性"并重的"结构—功能法"。

五、教育手段日益丰富

我国传统的教学模式侧重于教师的"教"，强调通过教师的最佳教法获得最佳教学效果。但是，随着"计算机辅助语言教学（Computer Assisted Language Learning，CALL）"的出现，学生开始借助计算机来学习语言，通过教学内容、教学过程和计算机辅助的有机结合，求得最佳学习效果。但是，该模式在"教学环境的真实性、自然性"和"教学材料的局限性"等方面存在明显的缺陷。因此，业内学者普遍认为，"CALL"虽是外语教学今后发展的方向，但无论在任何时候、任何情况下，教师的作用仍然是不可替代的。

第五节　跨文化外语教学存在的问题

一、教学层面

（一）母语文化教学的缺失

1.大纲对母语文化的忽视

跨文化外语教学的内容不仅涵盖语言知识和语言技能，也重视人文情感、人文素养和人文理想的培育。这种转变体现为从单纯将外语视为工具的学习，到将外语作为素质教育不可或缺的一部分。但是，跨文化外语教学目标中对文化的定义默认为是目的语文化，没有提到母语文化。

英国文化研究之父斯图亚特·霍尔（Stuart Hall）经过深入研究坚信，跨文化外语教学真正的工作并非理解外国文化，而是深入理解本国文化。

对外国文化的研究，通常只能触及表面的认知，但其根本目的在于通过对比与反思，深化对自身文化运作机制的理解。了解外国文化的真正价值，在于它能够激发一种活力感与意识感，这种感知往往只有在深刻体验到不同文化间的鲜明对比和差异时才会被触动，进而点燃我们对生活的热情和好奇心。通过关注那些展现我们之间差异的生活细节，得以站在一个全新的视角审视自己的文化，进而更深入地认识和理解自己。所以跨文化外语教学仅仅关注以目的语为母语的国家的文化是不足够的，文化学习必须同样重视学习者的母语文化。这是因为语言深深植根于人类本质之中，同时，语言与人的民族起源建立了真实而实质的联系。因此，为了全面理解和欣赏不同的文化，必须将学习延伸到学习者的母语文化。

母语不仅是一种交流的工具，更是一种情感的纽带，连接着每一个个体与他们的文化根源。强调对目的语文化的重视，并非意味着沦为其附庸，而是基于对文化的尊重与理解。放弃自身的母语文化并非明智之举，这反而暴露出对文化多样性的无知与漠视。社会真正渴求的是那些具备双语乃至多语能力，同时深谙双文化乃至多元文化精髓的人才。相较于只会说一种语言的外国人，这些人更能深入理解目的语文化；相较于只会说一种语言的中国人，他们则更能深刻领会母语文化（即中华文化）的精髓。

为了真正培养学生对目的语文化的洞察力，必须首先帮助他们深入了解母语文化的传统、演变以及多种表现形式。母语文化在外语教学中充当着重要的角色，它可以作为与目的语文化进行对比的工具。通过这种对比，学生能够更加深刻地揭示目的语文化的主要特征，并在这一过程中深化学生对母语文化本质特征的理解。

2.教材对母语文化的忽视

在跨文化外语教学中，人们常常过分聚焦于母语文化与目的语文化之间的差异，并试图通过让学生完全沉浸在外语环境中来削弱母语文化的影响。然而，事实上，这种做法并不利于学生的全面发展。教材内容应该包容并蓄，包括：①目的语文化材料，即以目的语为母语的地方的文化；②源文化材料，即学习者自身的文化。

教师应牢记，在进行文化教学时关键是要增强学生对自己文化的自我意识。母语文化不仅是与目的语文化进行比较的基石，而且通过比较，可以凸显目的语文化的主要特色，并加深学生对母语文化和目的语文化精髓的深层理解。这种理解是获得跨文化交际能力所必需的，它能够培养学生的宽容心态和敏感度，使他们在跨文化交流中更加得心应手。外语教师在向学生传授目的语及其文化知识的同时，亦应着重培养他们的母语文化意识，以确保学生能够运用所学语言精准且高效地表达母语文化的精髓。

只有在对本国优秀传统文化有了深刻的理解和充足的修养之后，学生才能真正理解他国文化，进而拓展自己的跨文化心理空间。这种对文化多元性的理解和尊重，将使学生展现出一种开放、包容和宏大的气度。

在跨文化交际中，中华文化的失语现象引发了人们的深思。中国大学生在尝试用外语表达母语文化时，面临着诸多挑战。例如，一些学生谈及孔子时，可能直接称呼他为"Kongzi"，他们可能不清楚孔子的英文表述应为"Confucius"。对于《三国演义》《水浒传》等中国文学经典，以及"端午节""清明节"等传统节日，有些学生往往难以找到合适的外语表达方式。此外，当面对外籍人士时，也难以向他们全面介绍中国的文学、朝代、建筑、艺术等丰富多样的文化内容。这种现象反映出在跨文化外语教学中，对母语文化的传授被忽视，导致大学生对母语文化的表述感到困惑和不理解。这种忽视使得学生在跨文化交际中难以有效地传播母语文化，反而容易盲目接受目的语文化的规范，从而与自己的文化传统渐行渐远。

3. 教学过程中对母语文化的忽视

迁移是外语学习中的普遍现象，众多研究表明，外语学习者在无意识中往往会将母语的语言特性融入外语学习的过程中。语言作为文化的承载工具，其背后蕴含着深厚的文化内涵。因此，长期在母语文化熏陶下形成的独特思维方式和表达习惯，不可避免地会在外语使用中不自觉地迁移，这种现象被称为"文化迁移"。

目的语文化与以前习得的其他文化之间的相同和差异产生文化迁移。文化迁移也分为正文化迁移和负文化迁移，当母语文化规则与目的语文化规则相似时，就产生正文化迁移；当规则不同时，就产生负文化迁移。两种文化越相似，迁移就越少。两种文化的差异越多，迁移也越多。负文化迁移常常导致误解和交际障碍，所以学者更加关注母语对目的语学习的负迁移。负文化迁移指由文化差异产生的文化干扰，它表明人们无意识地使用自己的文化规则和价值观指导自己的行为和思维，去判断别人，特别是来自不同文化的人的行为和思维。我国的跨文化外语教学注意力长期主要集中在语言形式的教学上，以语法、翻译法、听说法的教学方法为主。大学生学习外语时，自身已经有了一套母语规则，形成了母语思维习惯。已有的母语知识会对目的语学习产生影响，当母语和目的语规则相同时，会促进目的语的学习，产生正迁移；当母语和目的语规则的表现形式不同时，就会产生负迁移，负迁移常常会导致错误。母语的负迁移会在语音、语义、句型、语法等各个方面形成干扰，使学习者在学习目的语时很难摆脱母语的影响，如出现中式外语。母语的文化迁移也会使学习者用母语的文化规则去套用目的语的文化规则，出现文化方面的错误。母语是学习者的第一语言系统，外语是大学生在母语系统之后第二语言系统，学习者是在母语文化的背景中习得母语以及母语的文化规则，而忽视了目的语的文化背景。在外语学习中，学生不可避免地会借助母语的规则和母语知识，将母语文化规则、模式套用到目的语上，出现文化干扰。由于汉语与外语在时间观念、思维方式以及篇章结构等方面存在显著差异，学好外语存在一定的难度。因此，国内的大学外语界已经意识到，在教学中应避免以"己文化"去揣测和解读"他文化"，以免造成文化"负迁移"的现象。为此，他们强调为学生营造一个良好的外语教学语境，课堂上要求全外文授课。在跨文化外语教学中，他们有意识地回避母语和母语文化的教学，而是专注于目的语和目的语文化的教学，以提高学生的外语水平和跨文化交际能力，最终导致了教学过程中对母语文化的忽视。

母语对于学习者来说始终如影随形，使得学生在课堂上完全沉浸在目的语文化中，仅使用外语进行交流，课后又回归母语文化环境成为一种挑战。尽管如此，我国学生依然能够成功掌握外语。这是因为，尽管不同语言的基本符号系统各异，但在表达方式的构建模式上，即语法结构上，它们之间存在共通之处。这种共通性为人们在短期内理解和掌握另一种语言提供了可能。然而，当涉及言语层面时，由于各种语言背后蕴含着独特的文化内涵，这些文化内涵在母语的形成和发展中起到了关键作用。在人为创造的语言学习环境中，由于缺乏形成母语所需的各种背景条件以及言语实践的持续性，学习者往往难以摆脱从母语到目的语的思维过程，他们的学习往往局限于书本知识。所以，在跨文化外语教学中，教师应该充分利用母语的正迁移作用来提升学生的外语能力。过度担忧母语的负迁移影响可能会降低学习效率。为了更有效地融合母语学习与外语学习，应特别强调在跨文化外语教学中加入对母语文化的教学。外语和汉语并非仅仅是字、词、句的简单组合，而是各自构成了一个庞大且复杂的语言体系。在这个体系中，语言的内部因素之间相互关联、紧密相连，形成了一个有机的整体。母语文化不完全是负迁移，不应杜绝母语。在跨文化外语教学中，更应该强调具备母语文化和目的语文化的知识。若学生能够全面认识目的语，并对其背后的文化因素有深刻的理解，这种跨文化意识将在外语学习过程中产生积极的影响，即正迁移。这种正迁移有助于学生全面理解所学的字、词、句以及文章的内容，提高语言运用能力和跨文化交际能力。相反，如果学生对目的语中的文化概念和交际规则理解不准确或片面，可能会导致在跨文化交际中出现障碍，影响语言的理解和表达。培养大学生的跨文化交际能力，在跨文化外语教学中应重视母语文化的英语表述。对两种文化的互相尊重是成功跨文化交际的必要条件，一个人如果不能首先理解自己的文化，是不能够理解第二种文化的。

（二）目的语文化内容的缺失

跨文化外语教学中对学生进行跨文化交际能力的培养，有意识地输入目的语文化，要有大文化的视野，但在实际的教学实践中，处理文化元素的方式却是任意和缺乏计划的，学生也只根据他们自己的兴趣来选择。如果在文化输入的过程中，仅仅聚焦于其中的某一点或某一面，那么就可能会破坏整个文化链条的完整性和连贯性。这种片面的文化理解反映在学生身上，就可能导致他们对相关文化现象的理解变得片面、一知半解，甚至产生误解和混淆。

从宏观角度来看，在大文化观这一整体框架下，将目的语文化发展和演变的时间设定为 Z 轴，将目的语国家的共性与差异设定为 X 轴，将对目的语文化的整体认识设定为 Y 轴，可得出一个图式，如图 2-1 所示。

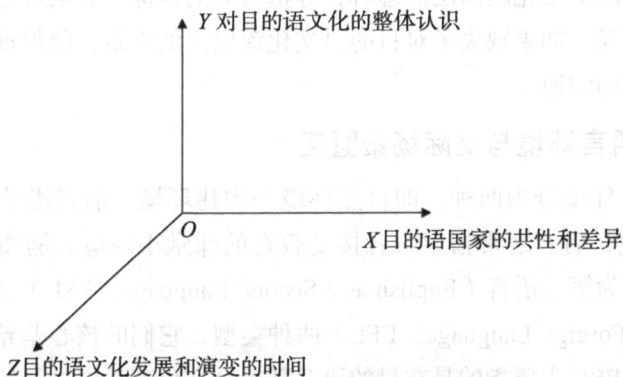

图 2-1　宏观角度大文化观的图式

1. 从横坐标（ X 轴）来看

以跨文化英语教学为例：在横向维度上，针对非英语专业大学生的目的语文化输入，应全面考虑英语为母语的国家。这些国家的文化背景虽然都以英语为共同语言，但在历史、传统、价值观和社会习俗等方面存在显著的共性和差异。从目前全国重点高校主流的、使用最广的两套大学英语教材来看，其中的课文大部分是选自美国的作品或是美国人的作品。教材中介绍其他英语国家文化的篇幅较少，容易造成学生对英语国家文化上的误解。

2.从纵坐标（Y轴）来看

在当前的跨文化交际教学中，目的语文化输入偏向于对西方国家的文化介绍。然而，为了全面培养学生的跨文化交际能力，需要从更广阔的时间和空间框架下来进行教学和研究。这意味着需要树立大文化的概念，不仅要关注英美等西方文化，还要涵盖其他文化，以培养学生对文化共性和差异的整体认识。

大学外语教材中缺少对目的语文化中深层文化、文化的历史与关联的介绍，使得学生容易将从国外影视作品和其他传媒获得的信息当成目的语文化的主流价值观，或者简单地把国外影视作品中讲述的人物形象和日常生活当成该国人的生活常态，但实际上这可能与该国的主流价值观有着很大差距。由于忽略了文化的深层结构学习，学生难以区分该国的主流文化与非主流文化，进而在辨识和选择文化现象时面临困难。

大学生学习外语的目的是和其他国家的人进行交际，吸取他国的先进科学、文化精华，更好地进行跨文化交际。这就要求在教学中要弥补教材的不足，引导学生建立对目的语文化的深层次理解，尊重对方的信仰，并从对方的文化中吸取精华以丰富自我。如果缺失了对目的语文化深层次的理解，就很难与目的语国家的人进行良好的沟通。

（三）语言环境与交际场景匮乏

文化学习环境分为两种，即自然环境和构建环境。前者指学习者目前所处的社会大环境，后者通常指学习者接受教育的课堂小环境。例如，英语教学通常分为以英语为第二语言（English as a Second Language，ESL）和以英语为外语（English as a Foreign Language，EFL）两种类型，它们的核心差异在于所处的语言环境不同。ESL 主要指的是在目的语及其社会文化背景中进行的外语学习，如亚非地区的移民在美国学习英语。这些学习者身处英语母语者的环境之中，除了课堂内的语言学习，还可以通过新闻媒体、官方文件、广告等多种渠道频繁接触并沉浸在英语的语言和文化氛围里。相较之下，EFL 学习者一般不具备这样的语言环境优势。他们主要依赖课堂教学来学习外语，缺乏在真实语境中频繁使用和实践的机会。这两种不同的社会文化环境对学习者接收的语言和文化输入量以及他们的学习动机产生了显著的影响。

首先，在 ESL 和 EFL 这两种不同的社会文化环境中，学习者接触到的语言和文化输入量存在显著差异。这种输入量的多少直接决定了他们在文化学习上的效果。在 ESL 环境中，学习者身处目的语文化的浸润之中，能够获得大量真实的文化体验和实践机会。这种环境有利于他们从情感上接纳和适应文化差异，从目的语文化的价值观出发去理解和解读其行为方式。所以，ESL 学习者在认知、情感和行为等各个层面都可以得到全面的发展，自然而然形成对目的语文化的深入理解和应用能力。相对来讲，EFL 学习者则缺乏这样的环境优势。他们主要依赖课堂教学和有限的模拟情境来接触目的语文化，如通过角色扮演、案例分析等方式来增强跨文化敏感性。这种学习方式的深度和广度都相对有限，难以让学习者全面而深入地理解和体验目的语文化。其次，两种社会文化环境对学习者的学习动机也产生不同的影响。在 ESL 环境中，学习者为了更好地适应主流文化、与人建立良好关系并融入主流社会，会积极寻求各种机会来学习和了解目的语文化。这种强烈的内在动机促使他们更加投入地学习和实践，从而取得显著的学习效果。而在 EFL 环境中，由于学习者缺乏实际运用目的语的机会和环境，他们的学习动力可能相对不足。尽管他们可能意识到学习目的语文化的重要性，但由于缺乏实践机会和实际应用场景，他们的学习效果可能会受到限制。

教室环境在文化学习方面存在诸多局限性，这主要源于其缺乏真实性和自然性。作为一个人为构建的社区场所，教室的学习活动往往局限于认知和推理层面，难以触及文化知识的核心和精髓。虽然这样的环境对于语言规则的学习有所帮助，但对真正的语言和文化习得的作用略显不足。为了有效弥补这一缺陷，可以借助多媒体和网络技术，打造一个更加接近真实生活的虚拟环境。在这种网络环境下，学习者能够更加积极地参与文化学习，实现网络资源和传统课堂教学的有机融合。通过引入新闻报道、电影、录像等真实素材，可以将目的语国家的文化生动地呈现在语言教室中，从而增强教室环境的交互性和真实性。这种方法不仅能够有效激活学生大脑中的知识图式，整合他们已有的多种技能，还能促进他们对所学文化知识的深度理解和意义建构。

语言环境在外语学习的过程中扮演着至关重要的角色，是影响外语学习效果的关键因素之一。外语学习并非孤立进行的过程，而是人们在特定语境下，通过口语或书面语进行相互交流的过程。这一过程发生在特定的言语使用区域内，与周围的语言环境紧密相连。

语言的掌握离不开适当的语言环境，只有在实际的语境中频繁、熟练地运用，语言才能真正被掌握。没有一个恰当、合适的语言环境，语言学习者难以将所学知识与实际交际场景相结合，从而难以达到流利的语言水平。我国的跨文化外语教学面临的挑战之一是教师和学生往往身处一个缺乏真实外语语境的环境。教师并非外语母语者，课堂内外师生共享的文化和语言背景相似，导致使用外语的机会十分有限。除了课堂教学，学生很难在其他场合感受到外语学习的氛围。学校和教师也面临着在汉语环境下创造良好外语学习环境的挑战。这种语言环境的缺乏使得学生的学习兴趣难以被充分激发，影响了学习效果。

二、教师层面

（一）教学目标模糊

在一些学校中，外语教学未能与学校的人才培养规格和要求紧密结合，而是被视为独立于人才培养体系之外的任务。这导致学校无法对外语教学进行准确定位，缺乏明确的教学目标和理念。一些外语教师对于课程标准的要求了解不够清晰，往往只能以教材内容作为教学的主要目标。因此，一部分教师在进行跨文化外语教学时处于盲目状态，教学理念和目的不明确。有的教师甚至将四、六级考试作为教学目标。从这个角度来看，一些高校在外语教学上的定位显得较为模糊，未能充分重视跨文化交际能力的培养。尽管多数外语教师能够初步分析跨文化交际能力的概念，但在具体内容上，往往仅限于对文化习俗、风土人情等表面层次的探讨，而未能深入剖析其内在含义和重要性。因此，在实际教学中，跨文化交际能力的培养并未被明确列为外语教学的核心目标，这在一定程度上影响了学生全面而深入地掌握外语知识和应用能力。

（二）教师的教学观念和教学方法存在问题

从外语教师的视角来看，当前的教学观念和教学方法仍有待进一步提升和优化。受到我国传统教学和考试制度的影响，不少外语教师习惯于将教学重点放在词汇、语法等语言基础知识的传授上，相对忽视了跨文化外语教学的重要性。同时，以教师主导的讲授和学生机械的记忆为主的教学方法仍然在一些课堂中占据主导地位。

这种局面的形成主要受两方面因素的影响。主观上，外语教师通常肩负着繁重的教学任务，且教学内容相对固定，长此以往可能导致职业倦怠，使教师不愿意对教材、教学方法和教学思路进行调整。客观上，外语教师的知识结构和综合文化素养也存在一定不足。由于部分外语教师的学习背景集中在语言学或文学领域，他们可能对跨文化交际、外语教学理论、教学法、学习策略等领域了解不足。因此，加强外语教师的终身学习理念至关重要。只有当外语教师具备跨学科的知识体系和开放创新的教学理念时，他们才能有计划地培养学生的文化意识和文化能力。

（三）文化教学缺乏目的性与系统性

我国的传统外语教学主要聚焦于词汇、语法等语言基础知识，而相对忽视了外语作为语言符号所承载的文化意义。受这种教学理念的影响，文化教学往往缺乏明确的目的性和系统性规划。部分教师在教学过程中，只是随机地引入一些文化点，而未进行整体的文化教学规划。这种无序的文化教学方式无疑对跨外语文化教学产生了负面影响，限制了学生全面理解和运用外语能力的发展。

三、学生层面

（一）学生文化学习概念不清

一些学生对于文化学习的概念模糊不清，这成为阻碍跨文化外语教学效果提升的关键问题。由于外语文化内容一般不被纳入考试范围，学生往往只是被动地接受外语文化教育，主要目的是通过等级考试或结业。这种缺乏主观能动性的学习态度导致学生在跨文化外语教学中的学习效果并不显著。

（二）学生学习动机存在问题

从学生的视角来看，外语学习动机成为亟待解决的问题，部分大学生的外语学习兴趣较低。一方面，单纯依赖孤立的词语、句型学习和语法操练无法满足大学生的学习需求，单调的教学形式和沉闷的课堂气氛抑制了学生的学习积极性和创造力。另一方面，一些学生将外语课堂视为考试的模拟场所和训练营地，对跨文化教学内容产生主观上的轻视甚至抵触情绪，更不用说主动通过视听、阅读、写作等多种手段来拓宽文化视野。这些问题限制了外语学习的深度和广度，进而影响了学生的语用能力和跨文化交际能力的提高。

（三）学生实践少，缺少亲身体验

由于课堂时间的局限性，大部分时间都被用于传授语言基础知识，使得课堂讨论等互动形式变得相当有限。课前的小演讲有时沦为形式化的例行公事，学生主要依赖于机械性的背诵，难以展开真正意义上的互动交流。在这种教学模式下，学生缺乏充足的语言实践机会，难以真正体验到学习外语并应用于跨文化交流的乐趣。此外，当前的教育体制尚未实现产、学、研的紧密结合，导致学校教育与社会用人单位之间的沟通和联系显得尤为薄弱。这导致学生缺乏社会实践的机会，不清楚学习外语的真正价值和用途。

第三章 外语教学中的批判性思维

在经济全球化日益深入的今天，外语教学已不再是单纯的语言知识传授，而是更多地融入了跨文化交流、批判性思维等多元能力的培养。特别是在信息化社会中，我们每天都会接触到海量的信息，如何从中筛选、分析、评价并做出合理的决策，已成为现代人才必备的技能。批判性思维作为这种能力的核心，其在外语教学中的重要性日渐凸显。在外语教学中，培养学生的批判性思维能力意味着帮助他们理解和运用语言，以及在跨文化交流中保持独立思考和判断能力。本章围绕批判性思维的基本理论、批判性思维的研究现状、批判性思维能力培养路径与关键因素、基于批判性思维能力培养的跨文化外语教学体系等内容展开研究。

第一节 批判性思维的基本理论

一、批判性思维的相关概念

（一）什么是思维

1. 思维的概念

思维科学将思维定义为人类接收、储存、加工并输出信息的完整过程，这一过程也是对客观现实的一种概括性反映。而心理学则进一步阐释，思维是人脑对客观事物进行间接且概括性的反映，它构成了人类认识能力的核心。在思维的过程中，人们会对相关事物进行一系列复杂的操作，包括分析、综合、比较、分类、抽象、概括、具体化和系统化，从而实现对信息的深入理解和有效运用。

2. 思维的特点

辩证唯物主义认识论告诉我们，人类的认识是一个从感性认识到理性认识的不断深化的过程。其中感性认识是认识的低级阶段，它包括感觉、知觉和表象；理性认识是认识的高级阶段，包括概念、判断和推理。所谓思维指的就是人的理性认识阶段。

思维具有以下特点。

（1）概括性

所谓概括性是指思维能反映一类事物共有的本质属性。例如，"商品"这一概念就舍去了具体商品的颜色、形态、功能和用途等多种属性，而只反映"用于交换的劳动产品"这一共同属性。

（2）抽象性

所谓抽象性是指思维能够透过表面现象深入事物的本质，获得关于本质和规律的知识。例如，马克思（Marx）提出的"生产力决定生产关系"的规律，就是在总结整个人类社会发展史的基础上得出来的。

（3）以语言为载体

思维以语言为载体，语言是思维的表达形式。例如，概念、判断等思维形式都有自己的语言载体。概念的语言载体是语词，判断的语言载体是语句。但是，语言与思维又不是完全统一的。如"人"这个概念在英语、日语和汉语中的表达形式都不同。而同一个词有时表示褒义，有时表示贬义。

（4）内容和形式的统一

思维的内容是指思维所反映的特定对象及其属性，也就是客观世界及其规律。思维形式是人对客观世界的反映形式。例如，当我们断定"人是能思维的动物"时，客观世界中人和动物的实在关系就是思维的内容，而"所有的 S 都是 P"（即所有人都是能思维的动物）则是表现这一内容的思维形式。

（二）什么是批判性思维

《礼记·中庸》指出："博学之，审问之，慎思之，明辨之，笃行之。"这里就包含了批判性思维的要求。

批判性思维定义的核心要义是它是一种理性且深入的思维方式，旨在辅助人们做出合理决定。具体来说，批判性思维是一种在面对各种选择时，能够运用逻辑规则和理性分析，以解决难题、进行推论、评估可能性并最终做出决策的思维能力。这种思维方式具有鲜明的目的性，涵盖了分析性思维的各种要素，包括分析、批评、判断、评价、比较和对照等。不同于创造性思维和实用性思维，批判性思维强调理性思考的核心地位，更注重对已有观点和信息的审视与反思，以求得出更为合理和准确的结论。从定义中可以清晰地看到，批判性思维是一种追求"理性"或"合理性"的思维模式，它鼓励人们在面对问题时，不盲从、不武断，而是运用理性的力量去探寻真相、评估价值，并做出明智的决策。

那么，理性究竟是什么呢？通常，理性被理解为人类所具备的一种运用理智的能力。具体地说，它主要指向逻辑理性，即一种基于严密逻辑推理的思维方式。由此可见，批判性思维正是以这种强调严密逻辑推理为基础或根本的，它要求人们在面对问题时，能够运用理性分析，做出合理判断。

在深入探究批判性思维的历史渊源时，不可避免地要回溯到一些杰出哲学家关于逻辑方法的论述。这些论述不仅为批判性思维提供了理论基础，而且在实际应用中发挥了重要作用。例如，苏格拉底（Socrates）的"精神接生术"就是一种极具影响力的逻辑方法。这种方法实质上是通过构建概念来推动思维的发展，在苏格拉底的标志性"诘问式"对话中得到了淋漓尽致的体现。在"诘问式"对话中，苏格拉底运用精湛的提问技巧，逐步引导对话者深入思考问题，并揭示其论证或学说中潜藏的逻辑矛盾。通过这种方式，他不仅削弱了对方论证的稳固性，而且促进了对话者对自身观点的重新审视和修正。

值得注意的是，苏格拉底的"精神接生术"并非凭空产生，而是在深受爱利亚学派逻辑推理和芝诺（Zeno）反证法影响的基础上逐渐发展完善的。这一方法不仅继承了前人的智慧，更在苏格拉底的创新思考中焕发出新的生机。到了中世纪，托马斯·阿奎那（Thomas Aquinas）的学说进一步强调了系统推理的重要性，使得逻辑思维在哲学和宗教领域得到更广泛的应用。随着文艺复兴的到来，弗兰西斯·培根（Francis Bacon）开始深入探索实验科学的方法，特别是科学的归纳法，这为批判性思维的发展注入了新的活力。而在十七、十八世纪，笛卡尔（Descartes）和牛顿（Newton）等杰出科学家提出的演绎方法，进一步丰富了批判性思维的内涵。这些方法不仅强调逻辑推理的严密性，更注重从一般原理推导出个别结论的过程，使得批判性思维更加系统和完整。因此，从历史的源头追溯，不难发现批判性思维的核心正是严格或严密的逻辑思维。所以，批判性思维可以被视为一个遵循逻辑推理的严谨过程或能力，它涉及在决定相信什么或做什么时做出合理决策。这一过程强调严格的逻辑分析，从而与日常思维中的非逻辑或非系统性思考形成鲜明对比。

此外，必须明确，批判性思维不是否定性思维，不是一味攻击人们的观点以显示自己有多聪明，也不是利用我们自己的能力去捍卫我们自知是不真实的信念或不正确的决定。批判性思维旨在明智、正直、诚实地探索真相。

（三）与批判性思维相关的概念

笛卡尔说："我思故我在。"因此，人之所以为万物之灵，关键在于人能够思维。思维是人脑对客观事物本质属性和事物内在规律性的概括与间接反映。下面主要讨论批判性思维与逻辑思维、辩证思维、创新思维的关系。

1. 批判性思维与逻辑思维

（1）逻辑思维

逻辑思维是人类在认知过程中，通过运用概念、判断和推理等思维工具，能动地理解和反映现实世界的思维过程。作为逻辑学的主要研究对象，逻辑思维涵盖了普通逻辑和辩证逻辑等多个分支领域，从而衍生出普通逻辑思维和辩证逻辑思维等多样化的逻辑形态，而这些逻辑形态的全体便构成人们通常理解的广义的逻辑思维。狭义的逻辑思维通常指的是普通逻辑思维，常被简称为逻辑思维，它的本质是一种形式逻辑思维。这种形式逻辑思维与辩证逻辑思维的不同之处主要表现在以下两个方面。一方面，两者的逻辑结构不同。辩证逻辑思维展现了一种与辩证法的形式、规律、方法紧密对应的逻辑结构，而普通逻辑思维则体现了在相对静止状态下思维的形式化逻辑结构。另一方面，两种思维方式所反映的客观事物规律也存在差异。辩证逻辑思维专注于揭示客观事物的辩证法及其背后的客观世界辩证法规律，而普通逻辑思维则主要关注客观事物的相对稳定性、质的规定性以及事物的因果条件规律。这两种逻辑思维方式各有侧重，共同构成了人类思维的多元性和丰富性。

（2）批判性思维与普通逻辑思维

普通逻辑思维是一种遵循严格规则的思维方式，这些规则包括同一律（即在同一思维过程中，每个词项或命题都保持其内在的一致性）、矛盾律（即在同一思维过程中，一个命题与其否定不能同时为真，至少有一个必须是假的）以及排中律（即在同一个思维过程中，两个相互矛盾的命题中，至少有一个必须是真的）。通过这种思维方式，人们运用概念、判断和推理等手段来有序、确定且形式化地反映客观现实。普通逻辑思维强调逻辑的一致性和准确性，是人们在日常生活中理解和分析问题的重要工具。

普通逻辑思维的过程主要通过概念、判断和推理这三种思维形式来解决问题并深化人们的认识。其中，概念是思维的基石，它反映了事物的独特或本质属性。通过运用比较、分析、综合和概括等方法，能够揭示对象的独特属性并形成概念。在普通逻辑思维中，需要准确地把握概念的内涵和外延，这有助于避免混淆概念和偷换概念的问题；判断是人们对事物性质、关系等的肯定或否定评价，它可以是真实的，也可以是虚假的。在普通逻辑思维中，通过使用不同的判断分类，如简单判断和复合判断，来深入理解对象的特性；推理则是一个由前提推导出结论的过程，它是普通逻辑思维中不可或缺的部分，演绎和归纳是两种主要的推理形式。概念、判断和推理在批判性思维过程中也起着至关重要的作用。所以，从思维过程的角度来看，普通逻辑思维贯穿了批判性思维的整个过程，为批判性思维提供了基础和支持。

普通逻辑思维的恰当运用对于区分真理与谬误、揭露诡辩、驳斥错误观念有着重要作用，这归功于其内在的形式系统。然而，这种形式化系统也在一定程度上限制了人们的认知能力。这种限制主要体现在两个方面：首先，有效的演绎推理的结论往往局限于前提所提供的信息，缺乏创新性和新颖性；其次，形式系统过于抽象，与现实生活中丰富多变的具体内容脱节，且忽视了人类感觉经验的重要性。正如爱因斯坦（Einstein）所强调的，纯粹的逻辑思维无法为我们提供关于经验世界的实质性知识。

批判性思维在遵循同一律、矛盾律、排中律等基本逻辑规律的前提下，恰好弥补了普通逻辑思维的不足。它运用日常语言，鼓励人们对日常生活经验和信念进行深入的分析、判断与评估。此外，批判性思维强调保持思想的开放性和包容性，不仅要容忍他人的观点，还要审视和反思自己可能持有的偏见。通过这种全面的思考过程，人们能够做出更加合理和明智的决策。

综上所述，不可将批判性思维与普通逻辑思维混同。尽管普通逻辑思维在批判性思维的整体过程中起到了基础和支撑作用，其规律、方法和精神特质也在批判性思维中有所体现，但这种体现更多是在方法论层面。批判性思维作为一种注重实践应用与现实能力的理性思维方式，其独特之处在于浸润于日常生活中的批判精神。这种精神使批判性思维能够超越普通逻辑思维，对现实问题进行深入分析和评估。当然，不能否认批判性思维在日常思维能力提升方面的作用，这正是建立在普通逻辑思维基础之上的。

2. 批判性思维与辩证思维

随着人类的不断进化和社会的不断发展，人类思维交流的手段逐渐由手势进化为更为抽象和形式化的语言。在这个过程中，辩证思维作为人类思维的高级阶段，是对客观事物辩证发展过程及其规律的深刻反映。与形而上学的孤立、静止和片面的观点不同，辩证思维以联系、发展和全面的视角来审视问题。

辩证思维过程历经开始、进展和目的三个环节。辩证思维的起点并非基于零散的资料或主观的臆想，而是需要对所研究的领域进行全面、客观的考察，以掌握其基础性和原始性的关系，并深入挖掘问题或发展的根源。换句话说，这是一个寻找矛盾的过程。辩证思维会对矛盾的双方进行深入分析和综合考量，探讨它们之间如何相互作用、相互转化，这构成了辩证思维中的"进展"环节。辩证思维的终极目标是"实现人的目的"，这一目标的实现依赖于运用所掌握的规律性知识来指导我们的行动。通过把握矛盾运动，可以促成事物的转化，从而解决矛盾。在整个过程中，从把握问题到考察矛盾，再到最终解决矛盾，辩证思维都依赖于概念、判断、推理这三种思维工具。这三种工具在辩证思维过程中紧密相连、相互依赖，但它们在地位和作用上并非完全等同。具体概念是辩证思维的基本形式。其首先是科学发展到高级阶段的产物，是把握具体真理的思维形式；其次是对客观对象本质和规律性认识成果的凝结。

在辩证法、认识论和逻辑学的相互融合中，辩证逻辑作为认识史的总结，体现了人类通过概念来把握世界的方式。由于世界中的事物持续发展和变化，描述这些事物的概念也相应地演变，且这些概念之间存在的有机联系推动了判断与推理的动态过程。判断是概念内在矛盾分化和展开的思维形式，它反映了客观事物固有的对立统一关系。在判断中，概念内部的矛盾——主、谓项间的同一与差异、原因与结果、必然性与偶然性等——得以展开，进而形成了推理。因此，辩证思维的核心在于理解和把握概念、判断及推理这三种思维形式的内在矛盾。

综上所述，辩证思维以具体概念为基础，体现了形式与内容的和谐统一，逻辑与历史的紧密相连。因此，辩证逻辑不仅满足于抽象的形式层面，而且力求深入实际事物的运作与发展之中。这种深入探究的特性，使得辩证逻辑无法固化为一成不变的推理体系，从而给人以注重"悟性"的深刻印象。与辩证思维相比，批判性思维在解决问题时更加基础、具体，更加聚焦于日常生活的微观层面。两种思维方式虽然角度不同，但各有其独特价值，共同构成了人类思维的丰富多样性。在某种程度上，批判性思维和通常所说的辩证思维各自承载着不同历史渊源和精神特质的辩证法要素。具体来讲，批判性思维深受古希腊，尤其是苏格拉底式古典辩证法的影响，体现出其理性思维对现实生活的质疑、怀疑和探索的精神气质和方法论要素。而所谓辩证思维，则更多地源于黑格尔（Hegel）式的德国观念论传统，倾向于在抽象概念的层面上构建总体世界与现实生活本身的联系。

3. 批判性思维与创新思维

（1）什么是创新思维

创新思维是指不受常规思路的约束，以新颖、独创的方法解决问题的思维。创新思维能够帮助我们跨越常规思维的边界，以超越常规甚至颠覆传统的思维方式和角度，深入探索问题本质。它促使我们提出别出心裁的解决方案，从而诞生出独特而富有社会价值的思维成果。正如我们常说："思路决定出路，格局决定结局。"创新思维正是实现创新的关键前提，它为我们开辟了新的道路，引领我们走向更加广阔的未来。

创新思维是在客观需求的驱动下，依托于新获取的信息与既有的知识储备，灵活而综合地运用多种思维模式和形态，打破思维惯性的束缚。这一过程涉及对各类信息与知识的精心匹配与组合，旨在寻找解决问题的最佳方案，或是对其进行系统的整合。同时，创新思维也依赖于类比、直觉和灵感等机制，从而创造出全新的方法、概念、形象和观点。通过这种思维活动，能够在认识和实践层面取得突破性的进展。

创新思维能力是创新力的精髓，其诞生源自人脑左右两半球的高效协同与默契配合。创新思维，如同创新本身，是一个既广泛又深刻的概念，其内涵丰富，外延宽广。从思维方式、思维结果、思维类型，乃至思维特征等多个维度去定义，都无法全面捕捉其完整意义。创新思维，犹如头脑中的灵光一闪，是对事物本质的一种深刻探寻，是从已知向未知领域的勇敢迈进。尽管人们对创新思维有着各式各样的解读，但其核心本质始终在于创新，在于打破常规、突破形式逻辑的限制。正因如此，非逻辑思维形式更能凸显创新思维的本质特征，展现其独特魅力。

创新思维是人类思维的最高表现形式。在思维的多元领域中，与常规性思维形成鲜明对比的是创新思维。这种思维方式以其新颖性和独创性为特点，致力于通过别具一格的方法来解决问题。创新思维不仅具备深入揭示客观事物本质及其规律的能力，更在推动人类物质文明和精神文明方面发挥着举足轻重的作用。然而，要构建创新思维理念并付诸实践，首先必须对自己有正确的认识和评估，这是激发创新行为不可或缺的前提。

（2）批判性思维与创新思维的关系

国内学者对于批判性思维与创新思维之间的关系进行了广泛的讨论。多数研究者从问题解决的角度出发，认为创新思维离不开批判性思维，或者说批判性思维是创新思维得以开展的基本前提。创新思维是问题解决的最高形式，而问题解决过程需要对问题进行理解、设计与执行解题计划，这些都离不开批判性思维的介入、引领和评价。

实际上，批判性思维与创新思维的最大不同是目标。创新思维的核心在于"创新"，这意味着需要打破常规、激发灵感并展开丰富的想象。历史上的重大发现，如大陆漂移说、阿基米德（Archmedes）原理和万有引力定律，都与直觉、灵感和想象紧密相连。这些要素对于创新思维产生新成果至关重要，但它们并不构成批判性思维的核心要素。批判性思维的主要目标是做出合理客观的判断，更紧密地与人们的日常生活相联系。与创新思维不同，批判性思维在运作时并不依赖直觉、灵感或顿悟等因素。此外，新成果的产生往往受限于外在环境和个体智力等因素，而批判性思维作为一种思维方式，则可以在任何环境下灵活应用，不受此类因素限制。

虽然两种思维的目标不同，但它们都很重要。在激烈的国际竞争中，唯创新者进，唯创新者强，唯创新者胜。在大数据时代，批判性思维显得尤为重要。它能够帮助我们识别信息的真伪，引导我们摆脱盲目跟从，勇于质疑，并进行有理有据的论证。因此，批判性思维的重要性不言而喻，它是我们在海量信息中保持清醒和理性的关键。

批判性思维是创新思维的前提。批判性思维过程对于激发创新思维具有重要作用。批判性思维所需的澄清、分析和推理等技能是进行创新思维的基石，这种思维方式所倡导的开放和怀疑精神有助于消除旧有观念的束缚，为创新思维开辟道路。同时，批判性思维所强调的公正和好奇心态度也为创新思维提供了无限的可能性。创新思维以独特、新颖的方式解决问题，而批判性思维则以开放、怀疑和反思的态度审视问题，并通过规则进行检验。尽管创新思维以创造新颖为目标，批判性思维着重于知识增长和合理判断，但两者在人类思维发展中都占据重要地位。因此，应注重平衡发展这两种思维方式，避免过度强调任何一种。

二、批判性思维的基本特点

批判性思维相对于其他思维，具有鲜明的特征，其特点体现为以下六个方面。

（一）独立性

独立性是批判性思维的核心特质，它倡导人们在审视事物时保持客观和中立，同时在形成观点和做出决策时需持谨慎态度。这意味着不拘泥于书本知识，不盲目遵从权威，而是坚持以事实为依据，排除一切外部干扰，独立自主地思考问题。独立性不仅是批判性思维的出发点，更是其得以深入发展的基石。

（二）主动性

主动性是批判性思维不可或缺的核心特质。不管面对何种认知对象，个体都应积极调动自身的主观能动性，进行深入思考。在任何情境中，真正的积极思考都需要人们保持强烈的好奇心，并具备一种追根究底的精神。只有那些能够主动、严谨地提出问题的人，才能不断地激发自身的创造性思考，从而推动认识的深化与拓展。

（三）反思性

批判性思维要求人们具备自我反思的精神，这种思维被形象地称为"思维的再思考"。当个体已经形成了某些观点和看法时，他必须具备自我审视和自我批评的勇气。此外，他还需要核实自己的观点是否与事实相符，其依据是否可靠，以及思考如何改进和完善。通过这样的反思过程，批判性思维能够帮助人们澄清困惑，进而促进更全面、更客观的理解和推理，从而做出明智的决策。

（四）综合性

批判性思维强调对事物全面、综合地评估，因此，它要求人们在思考时必须具备多元的视角，避免局限于片面或单一的维度。在进行批判性思考时，人们应当摒弃中庸之道，勇于挑战和质疑偏见，应当学会从正反两个方面全面分析问题，这样才能避免困惑，更加准确地把握事物的本质和真相。

（五）合理性

批判性思维应避免走向极端，既不应沦为基于个人情感和偏见的评论，也不应盲目否定一切，成为否定主义的化身。相反，它应当秉持开放、宽容和尊重他人的态度。批判性思维在决策时，既依赖于感性知识，也依赖于深入的分析和理性思考。它致力于在全面获取信息和充分掌握证据的基础上做出综合判断。因此，批判性思维的结论往往具备科学性，能够令人信服。

（六）创新性

批判性思维鼓励人们突破传统的思维定式，不畏权威，勇于质疑和否定。这种创新性思维体现在对自我、他人、信仰和理论的质疑、否定与超越上。通过不断地挑战和反思，能够挖掘出更深层次的真理，实现思维的飞跃和进步。

三、批判性思维的品质特征

批判性思维的品质特征，其实质是指个体在进行批判性思维活动时所具备的独特个性特征。这些特征涵盖了意愿、态度、倾向等多个层面，共同构成了批判性思维的基础。其中，求真、独立、公正、开放等品质相互关联，共同作用于批判性思维的全过程。

（一）求真

求真是批判性思维不可或缺的核心要素。一个理想的批判性思维者，始终怀揣着对真相的执着追求，致力于探寻真知、挖掘真理。他们勇于抒发真情实感，勇于表达真知灼见，对于任何虚伪和谬误都保持着高度的警觉，并会毫不犹豫地予以反击。在这个信息爆炸的网络时代，人们每天都面临着海量的信息。然而，并非所有的信息都是真实可靠的。时常会有错误信息、虚假信息充斥其中，试图误导人们的判断。如果不加以辨别地接受这些信息，就很容易受到误导，甚至被欺骗。这不仅会影响人们的决策质量，还可能导致人们做出错误的选择，带来不必要的损失。对于自媒体信息、商业宣传，尤其要细心甄别，去伪存真，对于权威言论，也不可盲目相信。

求真，这一过程需要坚守实事求是的原则，怀揣对知识的渴望与探索的热情，以严谨的态度去审视每一个观点，以勇于担责的勇气去挑战那些习以为常的固有看法。在求真的道路上，必须全面而深入地了解事物，认真推究其本质，耐心查证每一个细节，细心辨别真假，深思熟虑后谨慎得出结论。这样，才能真实地了解自己和周围的世界。在求真的过程中，养成追问的习惯至关重要。面对纷繁复杂的信息，不能轻易接受表面的结论，要深入考察信息源的可靠性，分析叙述的可信度以及样本的代表性。在这一方面，可以借鉴著名批判性思维教育专家董毓提出的"考察信息来源"的五条标准：信息能否核实？来源是否可靠？证据如何获得？来源是否存在偏见可能？来源的专业性如何？同时，还需要运用"衡量信息质量"的五条标准：信息的相关性和重要性如何？记录是否细致、准确、完整？信息是否客观全面？与其他记录和常识知识是否一致？信息的时间性如何？面对林林总总的观点，不妨多听听不同的声音，分析各方立论的立场，挖掘其隐含假设，评估论证的质量。

（二）独立

独立，作为人类固有的基本权利，是每个个体走向成熟的显著标志。精神层面的独立尤为关键，它不仅是实现自我价值的核心途径，更是追求思想自由的基石。只有通过深入的独立思考，个体才能形成真正属于自己的独特思想，进而构建起坚不可摧的精神家园。

独立思考需要建立自信，坚守自己的正确观点，并以理性的态度去质疑他人的意见。同时，保持谦逊是必不可少的，虚心听取不同的声音，积极接受他人的合理建议。独立思考并不等同于盲目自大或固执己见，而是在尊重他人的基础上，通过积极的沟通与交流，做出明智的判断和选择。在这个过程中，需要不断提升自我，不断反思与成长。此外，独立思考也要求我们真诚地融入集体，与他人友好协商，主动分享自己的见解，在求同存异中共同进步。在独处时，还可以设置虚拟的论敌来检验自己的观点，从不同的角度思考问题，从而使自己的思考更加合理和完善。

（三）公正

公正是伦理学领域中的一项基本范畴，其核心要义在于公平正直，杜绝一切偏私之念。对于执掌权力者而言，其公正与否往往直接关系到他人的命运轨迹；而对于大众来说，是否秉持公正的态度则深刻地影响着社会舆论的走向及整体的社会风气。从思维层面来看，公正意味着在形成任何结论时，都必须经过全面而深入的思考与审视。这一过程要求人们有足够的理据作为支撑，并辅以严谨的论证来确保结论的合理性。在评价事物时，应运用统一、客观的标准，以确保评价结果的公平与合理。若思考和评判缺乏公正性，不仅可能损害他人的利益，更会导致自身陷入思维的局限与蒙蔽之中。

在思考的过程中，要始终保持求实、负责、谦逊的态度，全面收集信息，了解事实真相，辩证地分析和评价，做到思考和表达清晰、一致、具体，努力追求思考的公正性。为此，应积极拓宽视野，放宽心胸，努力超越个人情感与偏好的束缚，摒弃固有的偏见与成见，克服自身的局限性。在评判事物和观点时，应基于客观事实和严谨逻辑，确保公正无私。既不盲目跟风追捧，也不因个人好恶而忽略有价值的意见。要学会倾听不同的声音，充分权衡各方利弊，经过深思熟虑后再做出公正的判断。

（四）开放

开放，主要指心态。国外学者保罗（Paul）指出，"强势批判性思维"与"弱势批判性思维"之间的根本区别在于是否拥有"开放心态"。"开放心态"指的是在自我与他人思考之间保持公平、平等的交流，是一种"对话性交流"。这种心态的核心在于不断地重建和发展新的自我、新的社会，从而推动个人和社会的进步。拥有开放心态的人，能够更好地接受和理解不同的观点，更富有创造性和创新性，因此也更容易成为强势批判性思考者。

在当下这个信息爆炸的时代，获取各种信息变得异常便捷。然而，也需要警惕"信息茧房"现象的出现。人们往往倾向于相信那些符合自己意愿的信息，而在自由选择的过程中，又更容易被自己的兴趣所引导。此外，由于所学专业、成长经历、个人风格等种种限制因素的存在，人们很容易陷入自我遮蔽的境地。这种自我遮蔽可能导致人们陷入封闭的圈子，视界变得狭隘，观念逐渐固化，甚至产生自负的心态。这样的状态会让我们距离真理越来越远，难以看到更广阔的世界和更深入的事实。

所以，应当坚定信念，相信理智的力量，并勇于突破自我设定的束缚。应抱以开放的心态，积极接纳新知识、新事物和新观点，不断丰富自己的内心世界。将自己视为外部世界的一部分，与他人建立良性的互动关系，通过交往和交流来更新自我认知。在这个过程中，应不断吸纳合理的知识和观点，重构自己的知识体系和信念体系。同时，也要努力克服"自我中心"的局限，勇敢地走出自己的认知舒适圈，丰富兴趣爱好，增加生活阅历。通过与他人的交流，互相学习，取长补短，不断完善自我。

四、批判性思维的能力要素

在教学实践中，为了有效培养学生的批判性思维能力，首先需要深入解析其关键能力要素。按照国内外的研究成果，批判性思维能力主要包括洞察力、分析力、判断力和自省力等多个方面。

（一）洞察力

洞察力是一种卓越的能力，它要求人们在纷繁复杂的情境中，积极调动各种感官，全面细致地观察事物。具备洞察力的人能够敏锐地发现问题，透过表面现象洞察事物的本质，把握事物发展的规律，并预见其未来的发展动态。具体来说，在阅读文本时，拥有洞察力的人能够深入理解作者的创作意图，挖掘出文本背后的深层意蕴；在倾听他人意见时，他们能够准确捕捉对方的真实意图和言外之意，从而做出恰当的回应；在观察生活时，他们则能够明辨真伪，分清是非，迅速抓住主要矛盾，把握问题的实质，进而提出切实可行的解决方案。"世事洞明皆学问"，洞察力不仅能够帮助人们免受蒙蔽和欺骗，更能让人们在看似寻常的事物中发现趣味，把握工作和生活的主动权。

观察是洞察力的基石。要运用多角度、全方位的细致观察，来全面了解事物的整体面貌，并特别关注那些关键性的细节。然而，仅仅停留在表面观察是远远不够的，还需要进一步深入挖掘，由表及里，透过现象看本质。在这个过程中，分析和判断的能力显得尤为重要。要运用逻辑思维对观察到的信息进行筛选、整理、归纳和演绎，以便快速、准确地把握问题的核心。因此，洞察力其实是一种融合了观察、分析和判断的综合能力，它使人们能够更深入地理解事物，更准确地把握问题的本质。

（二）分析力

分析力是一种深入剖析事物与问题的综合能力，它要求人们将复杂的现象或问题拆解为多个组成部分，并提取其关键构成因素。在此基础上，要进一步辨析这些部分与因素之间的内在联系，同时结合它们所处的背景环境，具体探讨其产生的原因、利弊得失、潜在影响以及可行的解决措施等。在实际应用中，分析力体现在多个方面。例如，在事实分析中，需要辨别信息的真伪，确定其所属类型，区分主要和次要因素，厘清各种利弊得失，并梳理事情发展的来龙去脉。此外，还需要深入分析事物各要素之间的关系以及它们与相关事物的联系，从而明确解决问题的优先次序和策略。价值分析则是分析力的另一重要体现。在进行价值分析时，要辨明事物的善恶属性，把握其本质特征，并深入剖析其对于个体和社会的重要意义。要关注事物可能产生的直接影响和长远影响，以便在复杂的情境中做出正确的选择和判断。

（三）判断力

判断力是一种核心能力，它涉及对是非真假、善恶美丑、价值大小、优势劣势以及合理性进行评估和判定。在判断过程中，还需要评估断言及其论证过程的可信度，以确保结论具有可靠性。正确的判断是采取恰当行动的基础，因此提升判断力至关重要。那么，如何培养好的判断力呢？首先，要保持谨慎的态度。虽然判断过程难免会受到主观因素的影响，但应该努力使判断更加客观、公正和科学，避免感情用事，警惕经验主义和教条主义的陷阱。其次，要仔细观察和深入思考。通过深入分析问题，审慎地权衡各种因素，减少犯错的可能性。此外，主动寻找和审视证据也是提升判断力的关键。应该基于事实与逻辑进行理智判断，而不是仅凭个人喜好或偏见。最后，得出合理的结论是人们判断过程的最终目标。在得出结论时，应该确保结论与所依据的证据和逻辑相符合，以确保判断具有可信度和可靠性。

除了谨慎的态度，足够的知识（包括生活常识和专业知识）、经验和能力也是必备基础。生活中的事物有时黑白分明，容易判断。但若情况错综复杂，就较为考验判断力了，此时必须全面考察，仔细权衡，调动智慧，做出合适的判断。

（四）自省力

自省是一个深刻而必要的过程，它要求人们摒弃自以为是、自我满足、自高自大、自欺欺人的心态。在这一过程中，人们要正视自身的局限性，清晰地认识到自己的不足之处，甚至勇敢地承认自己的无知。同时，也要保持谦逊的态度，意识到自己的观念和行为可能存在错误，并愿意换个角度去看待问题。为了更全面地认识自己，还应心平气和地倾听反对者的声音，从中汲取有益的建议和批评。通过深入的思辨和验证，可以逐渐去除心中的遮蔽，让理性之光照亮前行的道路。

自省，其实是自信的一种表现。自卑的人总是看到自己的问题，而自负的人看不到自己的问题，自信的人则既肯定自己的优点及自己付出的努力，也不害怕面对存在的问题，听得进逆耳的批评。自省，不等于盲目自责，陷入消极悲观，也不意味着纠结迟疑。自省应当是建设性的，指向改进和优化。人们通过自省得出合理的意见，同时积极寻求解决办法，自我激励，自我完善。

自省不是简单的自我批评和检讨，而是挖掘深层次的问题，科学评估自己的思维，并适时修正，反思非理性言行，察觉并走出思维定式。有些人在归因时简单片面，看问题角度单一，充斥着成见、偏见，小有成就时沾沾自喜，处于逆境时怨天尤人，这其实是缺乏反省力的表现。自省作为理念容易被接受，但真正坚持深度自省是困难的。认识自我，在自省中前行，是长期的过程。人们要在忙碌和喧嚣中沉静下来，养成自省习惯，在持续的自省中提升自省力。

五、批判性思维的重要性

批判性思维是 21 世纪所要求的关键技能之一，是教育的目标之一，是社会生活和个人生活的基本工具，对社会发展具有重要意义。

（一）批判性思维：21 世纪的关键技能

当代社会的特征基本可以用三个关键词来概括：信息社会、国际化和可持续发展。以上特征都与批判性思维有密不可分的联系。

信息技术日益成为人类各种活动的基础，特别是对经济发展和知识获取起到关键作用。批判性思维是信息与通信技术能力框架中强调的多项关键技能之一。

在传统的教育体系中，批判性思维模式的培养往往被忽视，但这又是极其重要的。全体学习者应该在课程学习中注重问题导向，培养创新能力，同时加强交流与合作意识。教育者则应在课程设计中明确方向，积极推动教学创新和改革。美国心理学家里奇·B.舒尔茨（Rich B. Schultz）认为，批判性思维是一种健康的怀疑论，是信息素养的必要元素。他对未来地球科学家的忠告是：学会批判性思考，保持健康怀疑，熟悉信誉好的信息源。

（二）批判性思维在教育中的地位

批判性思维不仅是现代教育的核心目标之一，也是培养全面发展的个体的关键。教育的本质在于引导学生独立思考、全面分析和创新求知，而批判性思维正是这一过程的核心工具。通过批判性思维能力的培养，学生能够更好地应对复杂多变的社会环境，具备解决实际问题的能力。

在课堂教学中，教师应通过多种教学策略激发学生的批判性思维能力。例如，通过提出开放性问题，引导学生深入思考；通过合作学习，促进学生之间的交流和观点碰撞；通过案例分析，培养学生的分析和判断能力。同时，教师还应注重学生批判性思维习惯的养成，鼓励他们质疑、探讨和反思，逐步形成独立自主的思维方式。

（三）批判性思维对社会发展的意义

批判性思维不仅对个体发展具有重要意义，对社会整体进步也有着深远的影响。在信息爆炸的时代，社会成员能够理性地对待各种信息，辨别真伪，做出明智的决策，是推动社会进步的重要力量。通过培养全民的批判性思维能力，可以提高社会整体的理性水平，减少盲从和偏见，促进社会公平与正义的实现。

此外，批判性思维还可以推动科学技术的发展和创新。科学研究本质上是一种批判性思维的实践过程，通过不断质疑、验证和推翻旧有的理论，才能不断取得新的突破。因而，批判性思维不仅是科学家的基本素质，也是社会创新的重要驱动力。

（四）批判性思维：社会生活和个人生活的基本工具

思维的质量决定行动的质量，行动的质量决定生活的质量。如何更好地利用思维来改变社会，如何使批判性思维与创造性思维相互交织、渗透，从而更好地回馈社会，更好地创造价值，是目前摆在我们面前的重要课题之一。

批判性思维是学习的基本工具。在学习时如果能够很好地思考和探索，就能很好地习得内容；反之，如果学习时不善于思考，就只能盲目跟从，缺乏创新，且容易忘记。要想学什么就能学到其精华，就要不断地思考和反思，而批判性思维的学习就是其基础。没有批判性思维引导的学习过程会变成死记硬背的过程，这样的学习缺少自我内化的观念，结果往往是没学多少就忘记了。因此，要习得内容，就必须对内容进行分析和思考，并且要更积极地进行评价性思考。批判性思维为内化内容和评价这种内化的质量提供工具，它能帮助我们在自己的头脑中构建知识系统，使知识内化，从而使我们能够运用知识进行实际问题和议题的推理。

个人的生活既是理智的生活又是情感的生活。在社会生活和个人生活中如何用批判性思维控制自己的情感生活显得尤为重要。要在生活中找到控制情感的思维根源，用积极有效的方式和行为来替代原有的思维方法是关键。正如美国批判性思维专家彼得·范西昂（Peter Facione）所说的，批判性思维是一种普遍的人类现象，人类被描述成能够有效运用他们的批判性思维技能的生物，被描绘成普遍倾向于把批判性思维当作解决我们该相信什么和做什么的问题之实践手段的物种。

第二节　批判性思维的研究现状

21世纪最显著的时代特征便是知识的迅速膨胀和信息的广泛传播。随着各种信息的广泛传播，人们越来越认识到信息的价值。然而，与此同时，鉴别信息真伪的难度也在不断加大。不仅如此，各类学科知识也在持续更新，如外语课程中的阅读与写作技能，以及数学计算知识在各个领域中的广泛应用，都在快速变化中。在这样的时代背景下，批判性思维对于学习者来说变得至关重要。它不仅是独立思考、分析和解决问题的关键，更是推动社会发展和人类创新的核心力量。近年来，批判性思维的研究呈现出多元化的趋势，各种观点和理论层出不穷，共同推动着这一领域的发展。

一、国外批判性思维相关研究

（一）国外批判性思维研究的兴起

批判性思维并非人类与生俱来的思维模式，而是随着社会、文化及历史背景的演变逐渐形成的。具体而言，现代西方的批判性思维理论是在其独特的社会条件下发展起来的。尽管形式逻辑在科学和哲学领域得到了广泛应用，但其局限性也逐渐暴露出来。

人们在应对日趋复杂的社会生活和认知中遇到的各种非形式问题时，需要用一种新的非形式化思维方法来解决。20世纪下半叶，非形式逻辑在西方学术界兴起，尤其在美国和加拿大广泛发展。作为一场以倡导"批判性思维"为核心的学术运动，非形式逻辑迅速展现了其在教育和实际推理中的重要性，推动了人们对批判性思维的研究和应用，使其逐渐成为人们关注的焦点。这一运动的兴起标志着批判性思维的重要性得到了广泛认可，并为批判性思维在各个领域的发展和应用奠定了坚实的基础。

批判性思维，这一概念自其兴起、发展至成熟，已跨越了哲学、心理学和教育学等多个领域。在哲学领域，批判性思维的兴起可追溯到20世纪初，美国教育家约翰·杜威（John Dewey）提出的"反思性思维"。作为批判性思维的哲学先驱者之一，杜威的理论贡献对批判性思维研究的发展产生了深远影响，为其奠定了坚实的理论基础。在心理学领域，批判性思维的兴起、研究和发展与认知心理学密切相关，著名的认知心理学家威廉·佩里（William Perry）的研究工作对批判性思维的发展起着重要的推动作用。另外，1941年美国哥伦比亚大学实验心理学家爱德华·格拉泽（Edward Glaser）撰写了最早的一本关于批判性思维的心理学著作《批判性思维发展的实验研究》。随后，社会的不断进步和发展使得批判性思维研究逐渐吸引了众多研究者的目光。在教育学领域中，虽然杜威在其教育理念中并未直接且正式地使用"批判性思维"这一术语，但他所倡导的"反省性思维"概念与批判性思维在核心内涵上却展现出了高度的相似性，甚至可以说，它是批判性思维的早期理论雏形。杜威从教育社会学的视角出发，对传统教育中对于"原发性和创造性思想"的轻视和贬低进行了深刻的批判，他认为这些思想被误认为是社会的威胁和隐患。他强调，在现代教育中应更加关注和培养那些作为"社会民主理智的载体"的个体，并将"训练反省思维"作为现代教育至关重要的目标之一。

近几十年来，教育家深入探讨了批判性思维的价值，不仅关注其学术性意义，也重视其在实际生活中的应用价值。到了20世纪80年代，教育工作者开始更加积极地探索批判性思维在教学中的实践应用，并取得了一系列重要的成果。1987年，美国哲学协会（American Philosophical Association）发起了一项具有重要意义的研究项目，邀请了美国和加拿大的多位专家共同合作，深入探究思辨能力的双维结构模型。这一模型的构建，不仅为批判性思维在教学中的实践应用提供了坚实的理论基础，也为后续的研究和实践提供了有力的指导。进入 20 世纪 90 年代，西方国家更加重视批判性思维研究。在教育领域，无论是在基础教育阶段还是高等教育阶段，都普遍注重培养学生的批判性思维能力。尤其是在高等教育阶段，批判性思维被视为一项不可或缺的核心能力，被广泛地融入各类课程和教学中。《2000 年目标：美国教育法》提出了一系列教育改革目标，强调通过系统性教育改革提升学生的综合能力，包括批判性思维、交流与解决问题的能力等，这些能力在现代教育中占据重要地位。

（二）国外批判性思维研究的现状

近些年，西方国家对大学生批判性思维能力的重视日益增强。美国政府每年都会举办批判性思维国际研讨会，邀请世界各地的专家共同探讨学术领域的研究动态和批判性思维教育的发展动态。通过整理和分析国外关于批判性思维的研究资料可以发现，其研究现状主要集中在以下几个方面。

1. 理论研究较为系统化、成熟化和科学化

早期的理论探讨主要聚焦于批判性思维概念的界定和对其性质及内涵的深入挖掘。随后，研究者着手开发批判性思维的评估工具，并对其信度和效度进行严格的检验。经过数十年的持续探索与研究，已经初步构建了一套相对完善的研究方案，使得对批判性思维的测量与评价更加合理和科学。近年来，国外的研究者对批判性思维的影响因素和培养途径进行了深入的研究，并探讨了其与各学科之间的紧密联系，逐渐形成了系统化的理论框架，为批判性思维的培养和应用提供了有力的理论支撑。

2. 实证研究较为丰富

西方国家高度重视以教学实验为基础的实证研究，其研究范畴广泛涵盖哲学、教育学、逻辑学及心理学等多个领域。众多学者通过深入教学一线，收集并分析第一手资料，从而得出具有实际价值的研究成果。

3. 研究对象非常广泛

西方国家在批判性思维研究方面表现出广泛而均衡的关注的特点。他们不仅聚焦于学生群体，还积极对社会各行各业的从业人员展开深入调查与研究。这种全面的研究策略确保了各个群体在研究中都能得到适当的代表，从而提供了更为全面和均衡的数据与见解。

二、国内批判性思维相关研究

（一）我国批判性思维研究的兴起

我国对批判性思维的研究起步较晚，尚未形成较为成熟的理论体系。受西方国家影响，我国学者在 20 世纪 80 年代开始对批判性思维做相关论述，中国现代心理学的奠基人之一朱智贤和北京师范大学心理学院博士生导师、教授林崇德指出，思维的批判性是思维的一种极为重要的品质，因此，开展对批判性思维的研究是非常重要的。

在 20 世纪 90 年代中后期，我国学者开始逐渐认识到批判性思维的重要性。北京师范大学的刘儒德教授在批判性思维领域做出了杰出贡献，他率先对批判性思维的本质、意义以及培养方法进行了深入而全面的探讨。与此同时，我国著名英语教育家黄源深教授也敏锐地发现了外语专业学生中存在的"思辨缺席症"现象，并指出这一问题的严重性。这一问题推动了以外语教学为平台、以批判性思维为导向的教学改革，以提升学生的思辨能力。在批判性思维培养的研究中，罗清旭教授也发挥了重要作用。他与其他学者紧密合作，修订并完善了加利福尼亚批判性思维倾向量表（CCTDI），使其更加适应我国学生的实际情况，为批判性思维的测量和评估提供了有力的工具。

在近几十年的研究中，批判性思维逐渐融入了各个学科的教学中。延安大学政法学院教授武宏志把逻辑学和批判性思维结合起来进行了有益的探索和研究，北京外国语大学教授文秋芳带领其科研团队开始对我国外语专业学生批判性思维培养及测量工具的信度和效度进行研究。可见，在我国，批判性思维教育不仅得到了重视，而且已经逐渐步入跨学科研究领域。

国内学者在致力于培养国内学生批判性思维能力的同时，也积极翻译并推介国外的批判性思维理论与成果。其中，具有代表性的译作包括《批判性思维——带你走出思维的误区》《批判性思维教程》《批判性思维原理和方法》等。这些译作不仅具有深厚的学术价值，而且极大地拓宽了国内学者的视野，为他们在批判性思维领域的研究提供了宝贵的参考与启示。批判性思维在学术领域受到重视之后，我国教育部门也越来越重视大学生的批判性思维和创新思维能力的培养与发展。2010 年《国家中长期教育改革和发展规划纲要（2010—2020）》出台，标志着培养创新型人才、进行创新教育被提到日程上来，创新思维和批判性思维的培养得到极大重视。随后，教育部在 2012 年 4 月印发《高等教育专题规划》主要任务书、国家基础学科拔尖人才培养计划、党的二十大报告等重要文件中均指出培养创新人才的重要性。因此，大批国内学者投入到批判性思维的相关研究中。研究的内容和方向主要集中在：第一，批判性思维的内涵、意义及培养途径；第二，研究方法多以分析论证为主，测量法的使用呈逐渐增多的趋势；第三，理论研究较多，实证研究较少；第四，研究对象涵盖儿童至成年人，但是关于大学生的研究占比较大。

（二）我国批判性思维研究的现状

下面从批判性思维的研究分类和研究内容两个维度进行深入分析。

1. 研究分类

经过梳理国内批判性思维相关文献数据发现，我国对批判性思维的研究主要分为三大类。

（1）理论研究

第一类是理论研究。在 20 世纪 80 年代，朱智贤和林崇德等学者首次将批判性思维的概念引入中国，随即引发了一批中国学者对批判性思维的深入研究。这些研究涵盖了批判性思维的内涵、意义、作用，以及它与其他思维类型之间的关系。学者不仅探讨了批判性思维的培养途径，还对其测量方法进行了理论层面的研究。这一时期的研究成果显著，出现了大量将国外理论与我国实际相结合的批判性思维类文章，为批判性思维在我国的发展奠定了坚实的基础。批判性思维研究在其发展过程中逐步涉及心理学、教育学、逻辑学等领域，如心理学领域的李小平、窦东徽、刘肖岑等，教育学领域的林崇德、黄源深、罗清旭、钟启泉、文秋芳等，逻辑学领域的武宏志、刘春杰等。部分学者在借鉴国外研究的基础上提出了自己的理论，如文秋芳的批判性思维层级理论。

（2）实证研究

第二类是结合具体的学科教学或教学环节所开展的实证研究。其研究范围涉及的学科有医学、教育学、心理学、哲学和逻辑学等。教育心理学界率先认识到批判性思维的重要性及其深远影响，该领域的研究重点之一便是探索批判性思维与各具体学科之间的联系。此外，医学领域，尤其是医学护理方面的研究，也占据了相当大的比重，相关论文数量呈现出迅猛增长的态势。近年来，我国批判性思维的实证研究虽然取得了显著的成绩，但也必须正视其中的不足。目前，研究范围仍相对有限，研究对象也较为单一，这在一定程度上限制了研究的深度和广度。与国外的实证研究相比，仍存在一定的差距。相较于国外系统、科学、全面的批判性思维研究体系，国内的研究更多地侧重于理论层面，实证研究尚显薄弱和零散。此外，教育实践活动在这一领域也显得相对不足，这与当前社会和科技的快速发展与进步并不适应。

（3）大学生群体研究

第三类主要是针对大学生群体的研究。在我国教育领域中，批判性思维的培养最初主要集中在高等教育领域，尤其是大学各门课程教学与批判性思维的相关研究数量占据了主要地位。近几年，高中各学科教学中关于批判性思维培养的研究数量逐渐呈现出上升的趋势。相对而言，中小学阶段对批判性思维的培养涉及较少，这一状况亟待改善。

2. 研究内容

随着我国教育改革的持续推进，教育部门对学生批判性思维的培养给予了前所未有的重视。在这一背景下，越来越多的学者积极投身到批判性思维的研究中，研究内容日益丰富多样。

（1）对批判性思维培养现状的调查研究

为了深入探究学生批判性思维能力不足的原因，众多学者纷纷展开对当前批判性思维培养现状的调查研究。这些调查涵盖了初中、高中、大学等多个教育阶段的学生，以及相应的教师群体。研究范围广泛，涉及医学、物理、化学、生物、英语等多个学科领域。经过仔细分析，调查结果显示，无论是在哪个群体或哪个领域，我国学生的批判性思维水平均有待提升。

（2）对批判性思维影响因素的研究

对批判性思维影响因素的研究通常采用问卷调查的方式，护理专业是较早采用这种方法的领域之一。影响我国学生批判性思维发展的因素多种多样。外部因素主要有环境氛围、社会文化、教学模式等。内部因素包括学生的思想观念、受教育程度、个人习惯爱好、批判性动机、知识储备、学习和思维风格及人格特质等。在众多影响因素中，教学模式被视为较关键的因素之一，它直接关系到学生批判性思维的培养和发展。

（3）对批判性思维培养策略的研究

学者多数把教学模式放在首位来研究。例如，对话式教学法、内容依托式教学法、项目式教学法等。"苏格拉底问答法"是一种广受赞誉的教学方法，它同时也是培养批判性思维的有效途径。在讲授概念时，教师并不直接告诉学生答案，而是首先向学生提出问题。如果学生的回答不正确，教师并不会立即纠正，而是通过连续的提问，引导学生逐步发现正确的结论。

（4）对批判性思维测量工具的研究

关于批判性思维的测量工具，国际上广泛使用的是加利福尼亚批判性思维倾向量表。为了使其适应我国文化和教育环境，我国学者结合国情对该工具进行了多次修订。在修订过程中，通过因素分析、信度和效度检验等手段，使量表的信度和效度得到了提升。然而，在具体的学科领域中，针对批判性思维的测评工具并不多见。

外语界学者文秋芳对我国外语专业学生思辨能力量具进行编制和修订，并进行了信度和效度检验研究；华东师范大学化学专业的殷莉莉效仿心理学领域测验编制的方法，研究并编制了化学批判性思维测评工具，从批判性思维倾向和技能两个方面进行测试，并进行了信度和效度的检验。

第三节　批判性思维能力培养路径与关键因素

批判性思维涉及的因素较多，而学科课程与教学也是复杂的系统，二者应该如何融合呢？明确批判性思维培养的路径和关键，有助于提升批判性思维培养的实效。

一、学科化：批判性思维能力培养的主要路径

批判性思维能力与学科教学的融合，主要体现在教学内容、教学方法和教师的角色三个方面。

（一）教学内容

1.基于学科特点

在教学内容上，要基于学科特点，适当融入批判性思维的思维方法。

2.学科间的配合

注意学科间的配合，注重学以致用。不同学科的知识和方法可以相互补充和强化，通过跨学科的学习，学生能够更全面地理解和运用批判性思维。

（二）教学方法

1.转变教学观念

教师需要转变教学观念，重建课堂教学范式。教学不应仅仅是知识的传递，

更应是思维能力的培养。

2. 营造情境

通过营造情境，激发学生的学习兴趣。例如，可以通过案例分析、模拟情境等方式，让学生在具体情境中进行思考和讨论。

3. 设计任务和问题

设计具有挑战性的任务和问题，引导学生进行深入思考。任务和问题的设计要具有开放性和探索性，能够激发学生的好奇心和求知欲。

4. 提供资源和搭设支架

为学生提供丰富的学习资源和适当的支架，帮助他们在探索过程中获得必要的支持。教师可以推荐相关书籍、文章或网站，并提供必要的指导。

5. 恰当评价

通过恰当的评价手段，激励学生进行自主、理性、深入的思考。评价不仅应关注学生的答案，还应重视他们的思维过程和思维方法。

（三）教师的角色

1. 提高自身的素养和批判性思维能力

教师自身具备的批判性思维能力是关键。教师要不断提升自己的综合素养，掌握批判性思维的知识和技能，并在课堂上加以示范。

2. 成为运用批判性思维的典范

教师不仅要传授批判性思维的知识和技能，更要以身作则，展现出理性、开放和包容的态度。通过自身的行为和案例，生动地展示批判性思维在实际生活中的应用。

3. 引导和激励学生

教师要积极引导和激励学生，帮助他们培养独立思考、分析问题和解决问题的能力。要通过多种方式激发学生对批判性思维的兴趣和热情，使他们成为具有批判性思维的终身学习者。

二、突破点：批判性思维能力培养的关键因素

批判性思维能力蕴含求真、独立、公正、开放等品质特征和洞察力、分析力、判断力、自省力等能力要素。在教学实践中，这些品质特征与能力要素紧密关联，

无法一项项割裂开来。适宜的培养策略要基于具体的教学内容和学情实际，既全面观照，又有所侧重，重点关注，以寻求突破。

（一）理解与质疑

人们通过感官感知外在事物、知识、资讯、作品等，信息在进入大脑后，会经历一个复杂的加工过程。在这个过程中，各种新信息与个体既有的认知结构发生交互作用，从而形成对外来信息的不同理解。这些理解可能深浅不一，也可能正确或存在偏差。当面对这些信息时，如果个体发现自己有不明白的地方或察觉到其中存在的问题，自然会产生疑问。这种疑问的产生，实际上是基于对信息的初步理解。因此，可以说，理解是质疑的基石，在质疑之前，先要理解别人说的究竟是什么。批判性思维倡导的质疑，其目的在于求真。

1. 理解

理解的对象不限于文本，也包括图片、音频、视频，乃至鲜活的人、广阔的生活。批判性阅读首先需要实现对阅读对象的准确理解。从阅读的角度看，首先深入理解文本（或其他信息载体）的真实含义和主要内容是关键所在。在此基础上，应进一步由表及里地探索文本深层次的意蕴和旨趣，进而挖掘作者的创作意图。这一理解过程不仅要求人们具备扎实的语言文字基础、丰富的文体知识以及必要的生活常识，还离不开各种思维活动的积极参与。要整体感知文本的韵味，同时也需进行细致的分析综合、鉴赏评价以及质疑探究。在阅读过程中，深度理解是高阶思维的具体体现，它能够帮助人们更全面、更深入地把握文本的内涵和价值。

正确的、深层次的理解是主动建构的结果。深层次理解强调尊重文本，深入文本，全面把握，深刻剖析，从多个角度审视文本。通过辨识、分析、比较、归纳、概括、阐释等一系列思维活动，学生能在理解文本的过程中获得多方面的收益。

理解是否正确、深入取决于阅读者的素养，也取决于阅读过程中的思维和情感活动的质量。对于具备一定阅读能力的阅读者，把握文本的字面意思并不是难事，阅读的困难往往在于对背景知识的关联整合和对隐含意义、深层意蕴的领会。作品的字面意义有时和作者的真实思想并不完全一致，需要阅读者审慎分析文本的思维路径与行文措辞，发现文本的言外之意。理解既需要直觉思维，也需要合理的推断，尽管阅读者有时并没有清楚地意识到这个过程。保持客观、冷静、求真、开放的阅读心态，是产生好的理解的前提。对于内容复杂深奥、阅读难度大的文本，暂时不理解或产生误读并不可怕，真正值得警惕的是一知半解却自以为是。

2. 质疑

理解文本并不是阅读的最终目标。阅读者不应被文本局限，而要在走进文本之后又走出文本，超越文本。对于文本和他人见解，应独立思考、审慎判断。在阅读中及与他人的交流中，甚至在日常生活中，要善于发现问题，敢于提出问题。

质疑是在深入理解的基础上提出问题，它聚焦于矛盾、破绽、不足和弊病等方面。质疑是一种理性的审视，而非对一切的全面否定。在进行质疑时，应摒弃盲目遵从书本、教师和权威的态度，不盲从、不自傲。要大胆怀疑，不设禁区，用自己的头脑去辨别、思考、怀疑和评判文本及他人的解读，即便是经典之作和权威意见也不例外。不应迷信权威，也不应浅尝辄止，发现问题后要深入探究，不轻易放过。很多时候，学生之所以提不出问题，往往是因为缺乏深入思考和严谨治学的态度。因此，教师应该善于"逼"学生提问，通过互相启发和尝试解答的方式，或者抛出一些有价值的问题，来引导学生提出更多的问题，从而培养他们的批判性思维能力。

从更高的标准来看，不仅要关注质疑的数量，更要注重质疑的质量。质疑并非无端的猜疑，而是需要建立在充分理由的基础上。应当聚焦于有价值的问题进行质疑，避免在琐碎细节上过于纠缠。一旦发现问题，就需要对其进行深入的分析，这包括构建合理的假说、寻找确凿的证据、推导出可靠的结论，以及预测可能的后果。质疑不应仅仅停留在怀疑和否定的层面，更应通过求证和改进来不断完善，这可以通过个人独立求解或与他人合作解决来实现。在质疑和求证的过程中，要积极构建自己的观点和思想。此外，质疑的表达方式也至关重要，应避免使用过于咄咄逼人或居高临下的语气，因为这不仅不能解决问题，反而可能引发新的矛盾。在质疑他人的同时，也应接受他人的"反质疑"，通过真诚的交流或激烈的辩论，最终得出相对合理的结论。还可以通过提出疑问、深入探究，并将这些思考付诸笔端，积极开展争鸣性和商榷性的写作，以进一步推动知识的深化和理解的提升。

（二）关联与整合

孤立地看问题往往会得出偏狭的见解，因此要开拓思维广度，联系有关文本、事件、背景信息，倾听不同的声音，经过求同、求异、找关联，生成更合理的认知，同时识别并修正谬误。在关联以促进广度、厚度的基础上，还要加以整合，去伪存真，去粗取精。关联、比较、权衡、整合，先发散后聚合，由少到多，由多到精，系统思考。

1. 关联

在阅读某一文本、审视某一事物或分析某一问题时，应尽可能将其置于更广阔的关联网络中，与其他相关文本、事物或问题进行横向（如不同领域、地域等）和纵向（如不同时间、阶段、层面等）的深入思考。这种关联思考不仅有助于人们全面理解所探讨的对象，更能激发人们的创新思维，实现举一反三的效果。更为重要的是，不应局限于既定的边界和框架，而应勇敢地跨越文体、媒介、学科和时空的限制，将不同的知识和观点相互融合，从而形成更为丰富和深入的认识。

关联也包含比较：比较立场、比较观点、比较正误、比较优劣等，通过多重比较，对事物的理解会更全面、更透彻，思维也更加开阔。

外语写作中重视关联与比较，有利于分析事物异同，挖掘问题根源，由小及大，由此及彼，使文章内容更丰富和通透。

2. 整合

当下，"整合"一词在多个领域使用，意义有所不同。从思维培养的角度来看，整合主要聚焦于信息、知识和方法的全面统整。这一过程要敢于突破固有的限制，不断拓宽内容的广度与深度。然而，仅仅增加内容并不够，还需要在纷繁复杂的信息中提炼出核心要素，以简洁的方式展示繁杂的内容。最终，通过整合，使知识体系更加结构化、系统化，条理清晰，从而培养深入、全面且富有逻辑性的思维能力。从生命成长的角度来看，个体在感知世界、体验生活的过程中需积累与整合各种信息、知识、经验，不断生成智慧，促进精神成长。

信息的整合是一个系统性过程，它始于明确的目标设定，随后通过搜集和筛选相关信息来构建信息库。在此基础上，进一步将信息进行合并、分类、排序和重组，从而实现信息从繁杂到简明、从零散到集中、从混乱到清晰的转变。在整合过程中，准确性、全面性至关重要，需确保重要信息不被遗漏，同时避免无中生有、添枝加叶的情况，以确保最终整合的信息真实可靠且富有价值。

知识的整合是一个复杂的过程，它要求人们打破学科之间的界限，强化它们之间的联系，并从多个视角进行审视。通过触类旁通、融会贯通的方式，能够更全面地理解知识的本质和内在逻辑。整合并不意味着简单地将知识相加，而是需要深入挖掘各要素之间的内在联系，把握其中的关键点，分清主次，进而将各部分内容有机地结合起来，形成一个既丰富又简明的认知体系。从教学实践来看，不同的知识要采用不同的整合教学策略。

方法的整合旨在根据既定目标和现实条件，精心挑选并融合多种合适的方法。这一过程中，各种方法可以相互支持、协同工作，通过积极的尝试和灵活的运用，力求提升整体效率并达到最优化的效果。在解决具体问题时，方法的整合显得尤为重要。它要求人们全面考虑各种制约因素，积极调动各方资源，并发挥不同主体的优势。同时，还需要结合相关信息和知识，提出多种假设和可行方案。经过深入的论证和不断的实践优化，运用多种方法和策略，最终高效地解决问题，实现预定目标。

绘制思维导图，可以让思维活动显性化、条理化。常见的思维导图包括圆图、鱼骨图、泡泡图、树图、括号图、流程图等类型，可以手绘，也可以使用一些便捷的软件。运用思维导图，将单调的信息转换成色彩丰富和高度组织化的图式，有助于形象具体地表现事物之间的内在联系，有步骤、有逻辑地表现知识的生成过程。

（三）论证与评估

论证，即基于逻辑，运用论据证明和阐释论点的过程。在学习、工作和生活中，人们经常会通过论证让他人知晓并认同自己的观点，或者针对他人的观点和论证做出相信与否的决定。而自己或他人的论证是否恰当、说服力如何、有无缺漏错误、怎样改进，都需要进行评估。经过理性评估之后，对于信什么、做什么才更有把握。

1. 论证

论证是在求真、独立等理性精神引导下，灵活运用知识和方法来分析、说理的过程。论证技能是批判性思维的核心元素，事实与逻辑则是论证的两大基石。观点正确与否，要用证据来说话。事实胜于雄辩，论证应该从事实出发，遵守基本的逻辑规则。好的论证，首先体现的是论证者的理性态度和思维能力。要站在培育现代社会理性公民的高度，重新认识论证的价值，高度重视论证训练。

有效的论证离不开论证者自身正确且清晰的思想认识，这是其根基所在。论证者必须先将问题想清楚，才能将观点表达得明白透彻。在此过程中，必须警惕将论证降格为单纯的论辩术，甚至只是追求表面的说理技巧。生活中的论证往往是针对问题具体分析，深入探究，由列举的理由得出相应结论，而不是先下结论，再强行证明。有的问题争议较大，或者人们的认识尚不明晰，不妨先搁置结论。论证讲求以理服人，而不是以势压人，不讲道理则违背了论证的初衷。把个人想法转化为公共理论，尤其需要独立审慎思考，严肃认真对待，秉持公正立场，加强论证意识。能得到有效证明的主张，才会赢得他人的认同。

论证可分为简略论证和详细论证。口头论证，如课堂发言、与同学讨论交流、日常发表看法，多为简略论证。但即使是短论、微论，也要遵循论证的基本规则。

如果从更高的标准来审视论证，还应追求论证的价值性、发现性和说服性的完美融合。价值性主要体现在选题的重要性上，而立论与说理的过程同样需要关注其价值内涵；发现性则侧重于立论的独创新颖，选题与说理同样需要展现独特的发现视角；而说服性则更多地体现在说理的逻辑性和说服力上，选题与立论也需考虑如何更有效地说服听众。价值性需要通过发现性和说服性得以体现和实现；发现性则需要将价值性和说服性作为其坚实的基础和保障；而说服性则要以价值性和发现性为前提，构建出具有说服力的论证体系。

2. 评估

广义的评估涵盖了诸多方面，从多角度的评估来看，不仅需要审视观点和论证的合理性，还要对事物和信息的真实性、品质、道德性、利弊关系以及优劣程度进行评判。此外，对个体能力和价值的评估也是不可或缺的一环。在这些多样化的评估领域中，此处特别聚焦于对论证评估的深入探讨。论证评估的关键在于对论证的有效性进行细致而全面的评估。提出一个观点并进行论证，并不意味着该观点就一定是正确的。为了确保观点的正确性，需要对论证进行深入的分析和评估，以判断其论证质量的高低。实际上，论证与论证评估是紧密相连的。在写作过程中，主要关注的是如何构建有效的论证；而在阅读时，则更多地侧重于如何对论证进行评估。然而，要确保论证的有效性，必须进行自我评估。同样地，在阅读和评估过程中形成自己的观点和思想后，还需要进行论证和再评估，以不断完善和深化我们的理解和思考。

评估要依靠理性分析，经过阐释、关联、比较、整合、推论等一系列思维活动得出恰切的评估结论。和论证一样，评估也需要言之有据。但评估过程中，主观色彩的存在是不可避免的，因此，评估者必须保持清醒的认识。不同的评估任务对时间和深度的要求也有所不同。有些评估，特别是非正式评估，可能需要在较短时间内迅速完成。然而，对于更为复杂和正式的评估，评估者则需要花费更多时间搜集相关信息，依据既定的评估标准逐项进行细致入微的评判，并可能需要提交给各方进行讨论。在评估过程中，即使面对针锋相对的观点，也应努力寻求基本共识。平等且理性的交流对于评估的顺利推进至关重要。应允许对方提出反驳意见，并按照这些意见进行进一步的阐述和补充。最后，评估者需要再次审视并判断是否需要调整先前的评估意见。

论证是否合理，不能仅凭经验评判，更不能被自己的成见和立场局限，而要通过严谨细致的评估来确认。评估的具体对象需与论证所包含的各要素相对应。首先要弄明白他人的观点是什么，然后分析论证者是如何论证的，隐含的前提是什么，反映了怎样的思想、观念、态度，论证有无说服力等。

评估应当严谨、客观、公正和开放。调整好心态，仔细阅读或倾听，进入特定情境，又适当拉开距离，尝试转换视角，尽量克服主观好恶和成见偏见，少受外部因素影响，综合考虑不同的观点，最终得出结论。在评估过程中，注意自我监控、自我校正，不望文生义，不断章取义，不主观臆测。

（四）反思与创生

批判性思维的"批判"，不仅指向他人，也指向自己。没有自我反思与调整，对事物和观点的评判很可能就会出现问题，正确的决策和行动也就没有根基。

创生，是一个涵盖创造、创新以及生成、生长的多维度概念。在个体内部层面，它意味着不断生成新的见解和思想，推动精神和心灵的成长与蜕变，让人们成为更加完善的自我。而在社会外部层面，创生则体现为产生新的产品、作品、技术、方法以及独特的观点和言论。这些创新的成果不仅丰富了社会的物质和精神财富，也为解决现实问题提供了新颖的思路和方案。人们贡献自己的智慧和力量，共同推动社会的进步和发展。

自我反思和创造生成难以分割。自我反思，让自己的观念和行动朝着正确的方向发展，也就是自我生长。经常自我反思，善于自我反思，本身就是精神和心灵成熟的重要标志。可以说，反思是创生的基础，创生是反思的结果。

1.反思

反思，指回过头思考、反过来思考的意思。人贵有自知之明，善于反思，对为人处世大有益处。从认知和行动的角度出发，反思是一个系统性的过程。它首先要求人们回顾整个认知和行动的历程，深入分析实际结果与预期目标之间的差距。在这一过程中，要仔细汲取之前的经验教训，发现其中存在的问题，并深入挖掘这些问题背后的原因。在找出问题的原因后，才能有针对性地制定相应的对策，以期在未来的认知和行动中避免类似问题的再次出现。而从思维层面来看，反思的重要性不言而喻。它是确保思维方向正确、得出正确结论的关键环节。通过反思，可以不断审视和调整自己的思维方式，提高思维的敏锐度和深度。同时，反思也是提升思维能力、改善思维品质的重要途径。

批判性思维的全过程，即理解、质疑、关联、整合、论证、评估，都离不开反思。反思并非脱离其他认知、思维、行动的抽象化思考，而是和具体内容、活动紧密结合的具体化思考。就普遍意义而言，个人总是有局限性的，为了避免各种因素给自己带来的偏见、局限和迷失，我们要培养反思意识和习惯，让反思自觉化、常态化。写反思笔记，尝试使用任务表格或自我提醒单等，有助于将反思与调控显性化，反复巩固，由量变到质变。

有了反思是否就一定能达成预期效果呢？由于受人生观、世界观、价值观统领，受所处时代、社会和生活环境等的影响，自我反思也可能是偏狭的、扭曲的、不恰当的。这些负面的反思可能让人陷入消极悲观。因此，既要看到自己的不足，也要看到自己的优点，更要看到自己的进步，以理性的反思行为促进后续的思考和行动。自我反思不是自我检讨，外部不利因素在短期内难以改变，那就要发挥自己的主观能动性，沿着正确的方向一点点前进，积跬步而功成。长时间的自我反思有时反而会导致自我封闭，难有根本性改变。个体需要通过学习、体验、历练来打破原有认知结构，使自身能在突破瓶颈后跃升到新的阶段，进而实现新的反思。另外，坐而思不如起而行。光有反思，没有行动，反思的效果就会大打折扣。有了基于反思的自我调控、自我改变、自我完善和积极的社会参与，反思才能对个体生命产生积极的、持续的作用。

自我反思是一个深入探寻内心、勇于面对真实自我的过程。自我否定，尽管有时会带来痛苦，但却是对自我的必要洗礼，这需要我们拥有足够的勇气和韧性。从审视自身的言行举止到剖析深层的信念和潜在的思维障碍，反思者必须敢于破旧立新，勇于面对内心的矛盾与冲突，从而重建内心的平衡与和谐。有价值的反思并非一蹴而就的，它需要我们具备长远的目光，能够看到自我成长的潜力和空间；需要我们有奋发向上的激情，能够驱使自己不断前进；需要我们有自我改造的勇气，敢于面对自己的不足并寻求改变；需要我们有求真开放的理智，能够客观地看待自我和外界；需要我们有脚踏实地的行动，能够将反思的成果付诸实践；更需要我们有锲而不舍的意志，能够在困难面前不屈不挠，持续反思，不断进步。

自我反思，自我对话，还可以构建"反思场"，与他人积极沟通交流，站在对立面思考问题，吸纳他人的合理意见，相互启发，相互监督。思考产生对话，对话也能产生思考。倾听不同的声音，有利于触发反思、推动反思，提升反思的质量，进而步入反思、交流与行动之间的良性互动阶段。

2. 创生

创造、创新、生成、生长，是批判性思维培养的最终目标，也是批判性思维培养的必然结果。培养批判性思维，不仅要质疑、否定，还要建设、创生。

教师要树立创生的信心，还要明确创生的策略和方法。在个体产生创生的强烈愿望之后，运用批判性思维可以更好地实现建构。而通过成功建构，也就必然同时发展了批判性思维。具体说来，运用批判性思维能扫除创生障碍，为创生奠定坚实的基础。善于发现问题、分析问题、解决问题，合理看待既有观点、方案，广泛吸纳合理意见，在创生过程中自我反思，确保思考和行动合理，能突破思维定式，形成新思想、新观念、新方案、新产品，同时也可改善固有认知，拓宽眼界和胸怀，培养良好习惯，实现洞察力、分析力、判断力和自省力的提升。

从教育教学的角度来看，"授人以鱼不如授人以渔"。教师激发学生的兴趣，教给学生知识和方法，学生自能读书、自能写作、自能思考、自能解决问题，走上良性循环的创生之路。学生要重视培养创新意识，尝试新领域，运用新方法，追求观点的独到、思维的创新、表达的创意。因此，教师要转变教学观念，真正落实自主、合作、探究学习。例如，讨论交流，不是简单的各抒己见、见仁见智，也不是非要说服谁，而应在尊重不同意见的前提下，辨别谁的意见更有道理，各自有何不足，在交流中不断修正自己，从不同意见中吸纳合理成分。平等、开放的观点交锋和思想碰撞，可能激发出思想的火花，形成有价值的共识，或者在质疑和反思的基础上建构新的判断。在这一过程中，教师要始终倡导学生自主建构、自我反思，以思维唤醒思维，以发现催生发现。教师在创造创新方面的示范，在教育教学中顺应学生天性的作为，将激发学生创造的热情，滋养学生主动探索的精神，对促进学生的创生起到重要作用。

第四节　基于批判性思维能力培养的跨文化外语教学体系

一、基于批判性思维能力培养的跨文化外语教学方法

许多研究人员曾尝试将各式各样的跨文化外语教学方法应用到基于批判性思维能力培养的跨文化外语教学中。有的研究者认为应该直接教授学习者批判性思维。而有的研究者则运用一定的方法，让学习者在特定的学科情境中培养批判性

思维能力，而不是直接教授技巧。所以，值得注意的是，教授批判性思维的技能并不是争论的中心，而是如何教授批判性思维，以及运用什么样的教学方法能够使学习者具有在新的问题情境中证明他们具备批判性思维的能力。

（一）混合式教学法

混合式教学法是一种融合传统课堂面授与互联网技术支持的在线学习的新型教育模式。在这种模式下，学生作为学习的主体被置于核心地位，而教师则扮演着引导者和主导者的角色，共同推动着学习进程的发展。该教学法巧妙地结合了多种教学方法，有效整合了多元化的技术媒体与学习环境，使得教学不再局限于单一的形式和空间。近年来，随着信息技术的快速发展和普及，混合式教学法在高等教育领域得到了广泛的应用和推广。越来越多的高等教育工作者开始关注并深入研究这一教学模式，探索其在提升教学质量、培养创新人才等方面的潜力和优势。

随着互联网技术的不断革新与发展，学习环境发生了翻天覆地的变化。如今，学习的媒介不再局限于传统的书籍、报纸等印刷制品，而是拓展至计算机、手机等现代化的学习工具，这些现代化的工具为学生提供了更加便捷、多元的学习途径。在这一时代背景下，高等教育必须与时俱进，紧跟时代的步伐。特别是在开展跨文化外语教学时，既要重视传统的课堂环境，充分发挥其优势，又要积极探索网络环境的应用，以适应时代的需要。为了实现这一目标，可以将慕课、微课、翻转课堂以及微信公众号等新型教学方式巧妙地融入传统的课堂教学中。这种混合教学模式不仅可以充分利用网络资源，拓宽学生的学习视野，还可以激发学生的学习兴趣和积极性，提高教学效果。

（二）沉浸式教学法

1.沉浸式教学的概念

随着我国高等教育改革的不断深入，众多创新性的教学方法如雨后春笋般涌现，其中沉浸式教学凭借其独特魅力备受关注。沉浸式教学，其核心在于构建一个真实且富有沉浸感的语言学习环境，使学生在熟悉的母语背景下，以母语为桥梁，轻松探索并掌握第二语言。这种教学方法强调通过情境创设，让学生在模拟的、仿真的第二语言交际环境中进行实践学习。虽然母语在此过程中发挥着重要的支撑和引导作用，但真正的沉浸式教学应当更加注重模拟真实的第二语言交流场景，使学生能够在实际应用中提高语言技能。在沉浸式课堂中，学生可以借助母语的辅助，激发对第二语言学习的兴趣与好奇心。随后，他们便可以全身心地投入第二语言的学习情境中，通过实践、体验和交流，不断提升自己的语言水平。对于跨文化外语教学来讲，怎样巧妙地设计并构建这样的沉浸式情境，使学生能够在轻松愉快的氛围中沉浸于外语学习的乐趣之中，同时激发他们的学习热情与内在动力，这无疑是教师需要深入研究和探讨的重要课题。

2. 沉浸式教学法在跨文化外语教学中的应用策略

（1）合理运用沉浸式教学工具

首先，教师需要精心挑选并在适当的时机运用教学工具。随着沉浸式教学法受到越来越多的关注，众多先进的教学工具已经为构建沉浸式外语课堂提供了无限可能。教师应敏锐地抓住这些机遇，灵活选择并应用这些工具。然而，在选择和运用工具时，教师也需审慎行事，确保工具的运用与教学内容和学生特点相契合。在构建沉浸式外语情境时，教师应确保情境的设置恰到好处，既能激发学生的学习兴趣，又不会偏离教学目标。当运用多媒体设备来营造情境时，教师应根据具体的教学内容以及学生的学习特点来决定是否使用工具，以及如何使用这些工具。例如，当学生在某一语法或句型上遇到困难时，教师可以利用多媒体音频、视频等创建沉浸式的讲解内容，帮助学生更好地理解。然而，一旦学生理解了相关内容，教师就应及时停止使用工具，以免因过度使用工具而分散学生的注意力。

其次，工具的使用要结合虚拟现实技术。"沉浸"是沉浸式教学的精髓，而虚拟现实技术则可以为我们带来一种身临其境的虚拟仿真环境。在这种环境中，学生可以如临其境地感受各种场景，释放自己的情感，并勇敢地表达自己的想法。在教学过程中，可以将虚拟现实技术与教学媒体、教学设备等工具进行有机结合，为学生呈现出丰富多彩、趣味盎然的课堂内容。这样的教学方式不仅能给予学生强烈的视听冲击，更能激发他们的学习兴趣和积极性，使学习效果得到显著提升。

（2）加大对沉浸式教学方法的革新

首先，将沉浸式教学与角色扮演、项目化学习进行融合。沉浸式教学法的初衷是构建一个身临其境的学习环境，鼓励学生积极参与，并通过这种方式，持续地维持学生的学习热情，最终促进他们外语语言的习得。为了达成这一目标，教师需要巧妙地结合角色扮演和项目化学习来推动沉浸式课堂的构建。例如，通过巧妙运用多媒体工具和先进的虚拟现实技术，教师可以成功构建一个高度逼真的沉浸式学习情境。在这个充满奇幻的仿真虚拟空间里，学生被邀请选择自己心仪的角色进行扮演，体验不一样的语言学习之旅。一旦选定角色，学生便需全身心投入其中，忘却自我，完全沉浸在角色的世界中。他们需以角色的语气和情感为基准，细致入微地演绎外语对话，仿佛真的置身于那个遥远的国度，与当地人交流互动。这个仿真、虚拟的环境为学生提供了一个极佳的锻炼平台，即使是平时不敢轻易表达、略显害羞的学生，也能在这里鼓起勇气，展现自我。他们充分运用自己的掌握的外语，可以将角色演绎得生动逼真。

其次，组织丰富的课外外语实践活动。沉浸式教学理念的核心在于营造一个贴近自然、真实逼真的语言交际环境，使学生在不知不觉中自如地运用外语进行互动、沟通与表达。通过这种潜移默化的方式，学生能够循序渐进地掌握语言技能，提升语言运用能力。在理论上，沉浸式外语交际环境的构建不应局限于教室的四壁之内，而应拓展至校园内外，乃至更广阔的社会空间。因此，教师应当积极探索并策划丰富多彩的课外外语实践活动，将沉浸式语言交际体验从课堂延伸到课外，融入学生的日常生活之中。

（3）完善沉浸式外语教学评价

首先，优化评价内容。评价在语言教学中不仅是检验学生学习成效的标尺，更是衡量和反映教师教学水平的重要窗口。对于许多教师来讲，沉浸式教学作为一种创新的教学模式，在课程设计、教学方法运用以及内容组织等方面可能尚存待完善之处。在沉浸式教学结束后，教师可以积极邀请学生参与到课堂建设情况的评价中来，鼓励学生坦诚地指出课程设计、内容组织等方面的优点和不足，从而帮助教师更全面地了解教学效果，进而进行有针对性的改进和优化。同时，邀请专家听课并给出中肯的教学建议，也是提升教学质量的有效途径。在评价学生时，教师需秉持全面、中肯的原则，既要关注学生知识掌握的情况和能力提升的程度，也要重视学生的学习态度、学习习惯和学习方法。通过深入剖析学生在各个方面的表现，教师可以给出更加具体、更有针对性的改进建议，帮助学生更好地认识自己、发展自己。

其次，灵活采用评价方法。在沉浸式教学中，课堂的生命力往往源于灵活而富有活力的评价。为了激发课堂的活力，教师需要将多样化的评价方法引入课堂，包括教师评价、学生互评和学生自评等。这些评价方式能够为学生提供全面、客观、深入的学习反馈，从而帮助他们更好地认识自己的学习情况和提升方向。在教学结束后，教师可以给学生留出两分钟的时间，让他们对自己在沉浸式外语课堂中的表现进行自评。自评过程不仅是对自己学习成果的反思，也是对自己学习策略的审视。自评结束后，可以开展学生之间的互评活动。互评过程中，学生之间可能会产生争议或矛盾，这时教师的作用至关重要。教师需要扮演好"评判官"

的角色，公平合理地处理学生之间的矛盾和问题，确保评价过程的顺利进行。通过这样的评价方式，不仅可以培养学生的批判性思维能力，还能让他们学会如何在争议和矛盾中寻找共识和解决方案。

最后，进行全面而综合的评价。评价过程中，可以重点关注学生的发音是否准确规范、表演是否贴近实际场景、表达是否流畅自然等方面，以确保评价结果的客观性和公正性。

（三）任务型教学法

任务型教学可以让学生最大限度地参与到教学活动中，在学习者的语言掌握过程中，他们是在积极参与各类活动和完成任务的同时，通过交际性和有目标的互动来逐步习得语言的。与此同时，当学习者投入这些任务中时，他们会收集到各式各样的资料，然后对这些资料的可信度进行筛选和评估，进而形成自己的观点。在这个过程中，学习者不仅会重新审视和巩固已有的知识，而且还会不断探索和发现新的知识领域。

如何在跨文化外语教学中实施任务型教学呢？教师可以将学生划分为多个小组，并为每个小组分配独特的任务。小组成员需各自承担责任，搜集与任务相关的资料。之后，他们将所搜集的资料整合起来，共同研讨并设计任务的可行方案。在这一过程中，学生不仅需学会从海量信息中筛选出有价值的内容，还需在观点产生分歧时展开辩论，这对他们批判性思维能力的培养大有裨益。而教师在整个活动中，应始终保持与学生的紧密互动，以文化中介的身份提供适时的建议和指导，确保任务得以顺利推进。

这种教学方法鼓励学生摆脱传统的被动接受知识的模式，使他们能够自主地寻找和整理信息，从多个角度主动地探索知识。这种主动学习的过程不仅极大地提升了学生的自主学习能力，还有助于他们养成独立思考和解决问题的习惯。

（四）启发式研讨式教学法

在跨文化外语教学中，即使是模仿、复述、背诵等传统的机械性语言技能训练，也可以通过启发式教学的方法提升训练效果。为了改善以教师、教材和教室为主导的教学模式，需要将课堂的主动权转移给学生，让他们以更加积极和主动的态度参与到课堂教学中。在这样的教学模式下，学生成为课堂的主角，而教师的角色转变为引导者和参与者，引导学生主动思考、探索和实践，以更好地促进他们的语言学习和发展。

启发式研讨式教学的一大核心在于培养学生的问题意识。问题的发现过程实质上是一个积极思考的过程，也是学习的重要环节。因为发现问题往往需要综合运用理解、综合、归纳、演绎、对比等多种能力，这使得问题的发现往往比问题的解决更具挑战性，也更具价值。通过发现问题，学生的思维能力得到更全面的锻炼，学习效率也得以提升。所以，在课堂上，应当鼓励学生积极提问，对教学内容发表自己的看法，并参与到深入的讨论中。

当学生提出问题时，教师不应立即介入并直接提供详尽的答案，而应巧妙地组织讨论，激发学生的独立思考能力。教师应鼓励学生积极发表自己的见解，引导他们深入参与讨论和争辩，使不同观点得以充分交流和碰撞。讨论过程中，学生的思维能力将得到有效锻炼和提升。教师应努力营造一种由学生提出问题、学生回答问题、学生寻找答案的新型教学模式，彻底改变教师提问、学生被动回答的传统方式。这种转变体现出对学生问题意识的重视，而问题意识正是批判精神的体现。具有强烈问题意识的学生往往也具备较强的批判精神，这种精神对于培养创新型人才和批判性思维能力至关重要。

二、基于批判性思维能力培养的跨文化外语教学评价

（一）跨文化外语教学评价的模式

1.过程性评价模式

跨文化外语教学过程性评价的核心在于全面评估学生对外语知识的掌握程度，同时兼顾他们在学习过程中展现出的情感、态度和学习能力。这种评价旨在激励学生更积极地参与跨文化外语教学活动，通过提升他们的实践技能水平，进而推动其全面发展。同时，有效的过程性评价也是提升跨文化外语教学质量的关键途径。

过程性评价有助于学生在学习过程中不断调整和优化学习态度及方法，使他们体验到成就感，增强学习自信心。这种评价方式能够激发学生积极向上的学习心态，帮助他们从迷茫的学习状态中走出来，树立正确的学习观念。同时，通过过程性评价，学生可以更清晰地认识自己的优点和不足，从而有针对性地改进，提高学习效率。

过程性评价为教师提供了宝贵的实时反馈信息，使他们能够精准把握教学效果，并据此灵活选择合适的教学模式。通过不断优化教学方法，教师可以致力于提升教学质量。在评价过程中，教师对学生的学习过程进行准确评估和判断，从而及时洞悉学生的学习状况，并据此迅速调整教学策略，以确保教学效果的持续提升。

（1）过程性评价的分类

①基于评价主体。过程性评价可以分为三种评价方式：教师评价、学生自我评价和学生互相评价。教师评价是指在学生自我评价和学生互相评价的过程中，对学习过程、学习态度和学习效果做出的指导性评价。

学生自我评价是指学生在课程的每个阶段结束时，自评学习过程、学习方法和学习态度。学生互相评价是指学生之间相互进行学习过程、学习方法和学习态度的评价。过程性评价不是将期末考试的最终成绩作为评价的唯一标准，它更注重多维价值取向，即将多种评价方式结合来做出最后的客观的对于学习结果的评价。

②基于评价的规范度。过程性评价主要由随机性评价和程序性评价两部分构成。其中，随机性评价并不遵循固定的评价标准，而是灵活应用于专业的教学活动中。在这种评价方式下，教师会密切关注学生的听课质量、学习态度、课堂参与度和自主学习能力等多个方面，以全面评估学生的课堂表现。不过，随机性评价并不记录具体的评价内容，因此其形式相对灵活。随机性评价对时间和场地没有严格的限制，也不需要遵循完整的评价程序，这使得它能够在不同的教学环境中灵活应用。虽然随机性评价可能不如程序性评价那样系统和详尽，但它可以作为整体评价的一个参考标准，为教师提供有关学生表现的及时反馈，有助于教师更好地调整教学策略和促进学生发展。

程序性评价与随机性评价有所不同，它指的是教师在某一学习阶段结束时，根据对学生学习过程、学习态度以及学习方法的观察和评估，判定学生的学习成果是否显著。这种评价方式通常在固定的时间和地点进行，并遵循一套完整的评价程序，因此相较于随机性评价，它更具严谨性和客观性。

③基于评价层次。过程性评价可以分为两种评价方法：教师对团队的评价和团队对个人的评价。这两种评价方法一般采用团队合作的方式完成一定的工作内容或团队工作竞赛。教学前，教师确定学生需要完成的项目或者课题，然后将学生进行合理的分组，各组须在规定时间内提交给教师各自的工作内容与课题解决方案。教师以此为基础，参考各组的课堂表现给出综合评分，之后结合期末考核对各组做出综合评价。这也就意味着教师的教学工作量大大增加，但是却简化了教学评价。在评价过程中，教师对小组的成绩做出评价，团队各成员的分数由团队评估，所以，这个评价过程层层紧扣，分工明确。

④依据具体的评价方法。过程性评价可体现在课堂观察、学习笔记、演讲比赛、学期论文等环节，这些评价方法贯穿整个教学活动中。例如，通过查看学生

的学习笔记，能够直接判断学生的学习习惯、学习态度和学习方法；对于布置给学生的学期论文，学生需要自主参阅文献和资料，通过阅读和学习大量的论文和期刊，总结提炼出优秀且新颖的研究方法，并为己所用，从中可以判断学生的自主学习能力和创新能力。

（2）过程性评价的优点

过程性评价在提升教育质量方面发挥着重要作用。通过及时识别教育方法和教育过程中的不足之处，它能够提供宝贵的反馈信息，进而促进教育质量的提升。这种评价方式的核心目标是助力学生实现自我提升，提高学习效率，同时也有助于教师提升教学效率。它并非用于将学生划分为不同等级或鉴定学生的优劣，而是致力于不断优化和完善整个教学活动过程。因此，过程性评价具有积极的导向作用，对于促进教学活动的持续改进和完善具有重要意义。

过程性评价一方面能够促进教师优化教学策略和教学内容，另一方面能够引导学生设定正确且实际的学习目标，帮助学生找准定位，认清自己的水平。过程性评价以其宽广的视野，深入关注学生在学习过程中的每一个细节，对其整体学习经验进行全面而细致的评估。它积极肯定学生所取得的每一个有价值的学习成果，从而有效激发学生的内在动力，调动其学习积极性，促使其不断进步。

为了更深入地了解学生，教师应该通过问卷调查法、课堂观察法、问答法、成果分析法、考试法等走进学生，了解他们的学习兴趣、课堂参与度、学习态度与方法和学习进度，适时给予夸奖和鼓励，而不只是片面地将眼光局限于学习成绩与结果上。这将有利于学生提高学习积极性和课堂参与度，形成适合自己的学习方法，提高学习效率，增加学习经验。

2. 发展性评价模式

在跨文化外语课程教学环节中，教学评估是非常重要的一部分。因此，建立一个准确、科学、客观又全面的教学评估体系有利于实现外语课程教学的目标，从而获得良好的教育效果。随着教学体制的不断变革、深化，跨文化外语课程必须依照大学生自身的实际情况、身心发展状况以及基础工具性学科特点，构建一套符合社会发展需要的现代评价体系。

20世纪80年代，教育领域逐步形成了一种发展性评价思想，它具有多元性评价、过程性评价的特点，强调评价对象和评价过程，注重评价对象的全面健康发展。

发展性评价的提出主要是基于对以分等奖惩机制为核心的终结性评价方式的

深入反思。发展性评价充分尊重每个个体的内在人格，秉持以人为中心的教育理念，致力于构建一种尊重差异、价值多元、主体取向的评价体系。

3.形成性评价模式

形成性评价是一种过程性评价方式，依据特定的测量方法和程序，对学习过程中的各个环节所取得的成就、采用的学习策略以及学生的整体学习进程进行全面评估。终结性评价是在课程教学活动完成之后进行的，主要目的是评价学生在达成教学目标方面的整体进程。

（1）形成性评价的理论依据

形成性评价要求评价者评价学生所掌握的知识内容，并且在此基础上对学习态度、学习成绩、学习策略、学生情感以及学习表现等状况进行评价，使学生能够在外语课程教学过程中提高自己的综合素养。

认知主义学习理论认为，人的认知并非单纯源于外部刺激，而是外部刺激与个体内部心理过程相互交织、协同作用的结晶。学习是一个人基于自身态度、需求和兴趣，依托过往积累的知识与经验，对外界刺激进行信息加工与处理的过程。教师应致力于激发学生的学习热情与内在动机，将教学内容与学生既有的认知结构相融合，助力学生有效建构知识体系。认知主义学习理论的核心在于深入剖析学习者内部的认知机制，通过探究这一机制揭示学习和教学的内在规律与本质。在实际教学中，教师应结合学习主体的认知特点、信息获取和处理过程的独特性，以及外语学科的特殊性质，积极探索并优化适合学生的学习策略。

多元智能理论认为，每个人身上都蕴藏着多种智力，人与人之间的区别主要在于他们展现出的不同智能类型及其独特的组合方式。多元智能理论主张评价应具有发展性导向，评价的目的在于促进学生的各项智能得到全面而均衡的发展。在实施评价时，应采取多元化的评价策略，从多个维度对学生的表现进行综合评价，让学生深刻感受到自己的成长与进步，激发他们的学习热情与自信心。同时，教育评价应是一个双向互动的过程，既需要教师给予学生准确及时的反馈与指导，也需要学生积极参与到评价中来，成为评价的主动发起者和参与者。

（2）形成性评价的作用

形成性评价通过教学反馈信息促进教学方式的变革，它的积极作用体现在以下三个方面：①改进学生的外语学习方法。学生能够基于教师的反馈结果及时认识到自己的缺点，改正错误；②帮助学生明确外语学习进度。教师可以依据学生的学习状况为其制订合适的学习计划；③强化学生的外语学习。形成性评价结果能够强化学生的认识、动机及情感等，提升自信心和学习积极性。

（二）批判性思维能力培养下的跨文化外语教学评价策略

1.通过合理评价，推动学生思考质疑

受应试教育观念的影响，教师常常以学生的考试成绩作为主要的评价标准，这种单一的评价方式导致学生往往只关注考试应对，而缺乏主动发现问题和提出问题的能力。因此，为了培养学生的批判性思维，教师需要对外语教学的评价标准进行适当调整。教师不应仅依赖考试成绩来评判学生，而应构建更为全面、多元的评价体系。这包括对学习态度、学习方法、学习过程以及思维发展程度等多个方面的综合评价。这样的评价方式能够更准确地反映学生的真实能力和潜力，有助于他们全面发展。同时，教师需要向学生传达一个明确的观念：评价一个学生的好坏并非仅基于考试成绩。通过强调评价的多维性，教师可以引导学生关注自身在各个方面的发展，激发他们的学习兴趣和积极性。这将有助于培养学生的综合素质，使他们的思维更加发散和活跃。

2.健全教学评价机制，渗透批判性思维

完善教学评价机制，着重强调语言技能的核心地位，并巧妙地将批判性思维内容融入评价过程中。当前，跨文化外语教学的考核方式正逐渐整合过程性评价与终结性评价两种方式，以形成更为全面、科学的评价体系。过程性评价旨在全面反映学生的日常学习状态与表现，具体涵盖出勤率、作业完成情况以及课堂互动参与度等多个方面。特别值得一提的是，该评价方式还格外关注学生在听力和口语等实用语言技能方面的表现。而终结性评价则侧重于对学生基础语言技能的深入考核，如写作、翻译、阅读理解以及词汇应用等方面。

这种综合性的评价方式有助于引导学生在日常学习中注重知识积累和技能训练，避免过分依赖考试成绩来评价学习成果。同时，通过融入批判性思维内容，可以进一步提升学生的思辨能力和综合素质，为他们的全面发展打下坚实基础。

近年来，随着信息技术的迅猛发展，线上自主学习在考核体系中的比重日益上升。教师可以对学生的线上作业完成时间、学习时长以及学习进度进行实时跟踪记录，以便更全面地评估学生的学习成果。为了有效锻炼学生的批判性思维能力，教师在设定考核范围时，应特别重视小组合作任务中的多个关键环节，如项目汇报、课文深入解析、情境模拟表演以及调查报告等，并为这些环节分配合理的分数权重。这种考核方式不仅有助于提升学生对学习任务的重视程度，使他们

更加深刻地理解付出与回报之间的紧密联系，而且能够显著增强学生的自信心和自我效能感。通过实施这种综合评价体系，教师可以更加全面地评估学生的能力发展，特别是他们在批判性思维方面的成长与进步。

3. 注重跨文化外语教学评价方式的多元化

（1）测验式评价方式

通过测验式评价这种传统教学评价中的经典方式，学生的学习成效和质量得以有效地量化评估，这种测验形式在当前教育教学的新背景下依然占有举足轻重的地位，并被广泛视作重要的评价手段和依据。测验的形式丰富多样，主要包括诊断性测验、阶段性测验以及终结性测验等多种类型，每种测验都各有侧重，共同构成了全面而系统的评价体系。

诊断性测验可以在每节课或每单元教学之前进行，旨在检测学生的基础知识和认知水平。教师可以通过发放调查问卷、利用在线平台或组织试卷测试等方式来实施这一测验。在收集到相关数据后，教师可以从全局出发，精准地设计和调整教学进度与难度，以确保教学内容能够满足不同水平学生的学习需求。

阶段性测验在教学评价中贯穿于各个教学阶段，为教师提供了宝贵的反馈信息。通过综合运用考核、问答、试卷、访谈等多种测评形式，教师可以全方位、多角度地了解和掌握学生的学习状况。这些测验结果不仅能够帮助教师及时了解学生对所学知识的掌握程度，还能揭示出学生在学习过程中可能存在的薄弱环节和误区。基于这些发现，教师可以更加精准地定位学生的学习问题，并据此制订针对性的辅导计划，帮助学生调整学习策略，改进学习方法，从而更有效地提升学习效果。同时，阶段性测验的反馈也为教师完善教学设计提供了宝贵的参考，有助于他们更好地实现教学效果，并达成培养学生批判性思维能力的目标。

在跨文化外语教学中，期末考试作为终结性测验的有效手段，可全面检验学生的语言学习成果。测验内容涵盖单词、短语、语法、篇章阅读、完形填空及写作等多个方面，旨在综合评估学生一学期或一学年的语言基础知识和技能的掌握情况。终结性测验所获取的统计数据，对于教师而言，具有重要的参考价值，可据此确定和调整下一阶段的教学内容与教学方法，以确保教学更具针对性和实效性。

（2）网络平台、学习软件评价方式

随着数字化校园建设的不断深化，网络平台和学习软件以其独特的功能和优势，为教师的教育教学工作注入了新的活力，带来了多样化的教学评价方式。教师可以利用这些先进的平台和软件，对学生进行全面而精准的阶段性评价，从而更加有效地指导学生的学习进程。在实际应用中，教师可以通过教学平台发布调查问卷，便捷地收集学生的反馈意见，了解他们的学习需求和困惑。此外，许多院校还积极研发与自身教学需求和学生水平相适应的教学评价平台，这些平台不仅具有个性化评价功能，还能根据学生的学习特点和进度提供定制化的学习资源和建议。它们突破了传统测评在时间和地点上的限制，使得评价活动可以更加灵活地进行。无论是在课堂内还是课堂外，学生都可以随时随地完成评价任务，极大地提高了评价的便捷性和效率。同时，网络平台或学习软件还可以自动进行分数赋予和数据分析，有助于教师更好地调整教学策略，提升教学效果。

（3）观察评价方式

观察评价方式是一种重要的教学评估手段，它要求学生和教师共同关注被评价者在学习过程中的综合表现，并据此给出评价。在外语学习的过程中，除了可以直观量化的基础知识、理解能力和写作能力等显性指标外，还存在许多难以用数字衡量的抽象方面，如学生的学习态度、习惯养成、课堂参与热情、实时表现、团队协作能力、沟通技巧以及价值观的塑造等。这些方面的评价，要求评价主体深入细致地观察被评价者，以便捕捉真实而全面的评价信息。在批判性思维能力的培养目标指引下，教师在教学过程中除了要重视学生的基础知识传授和专业技能培养，更应特别关注他们劳动精神的激发、实践能力的提升、自信心的建立以及职业素养的养成。因此，观察评价方式在现代教学评价中显得尤为重要。它不仅能够弥补量化评价的不足，还能够更全面地反映学生的学习状况和成长轨迹，为教师提供更为精准的教学反馈，从而进一步优化教学策略，提升教学质量。

第四章　外语教学中的文化思辨能力

文化思辨能力是指学生在外语学习过程中，能够主动思考、分析并评价的能力。它要求学生不仅要掌握外语知识，还要深入理解外语背后的文化内涵，从而能够在跨文化交流中做出恰当的反应和决策。本章主要围绕文化思辨能力的基本内涵、文化思辨能力培养模式构建以及基于文化思辨能力培养的外语教学实践三个部分展开论述，探讨如何在教学实践中有效培养学生的文化思辨能力。

第一节　文化思辨能力的基本内涵

一、文化思辨能力的相关概念

（一）文化的概念

"culture"一词源于拉丁文"cultura"，原意是土地耕耘和作物培育，15世纪以后逐渐引申使用，把对人的品德和能力的培养也称为文化。在西方学者中，英国人类学家爱德华·伯内特·泰勒（Edward Burnett Tylor）在《原始文化：神话、哲学、宗教、语言、艺术和习俗发展之研究》一书中对文化的定义是最精确且涵盖面最广的定义之一，该书指出，文化和文明实际上是一个涵盖了知识、信仰、艺术、道德、法律、习俗等多个层面的综合性概念，它还包括作为社会个体的人所具备的各种能力和习惯。美国文化人类学家阿尔弗雷德·克洛依伯（Alfred Kroeber）和克莱德·克拉克洪（Clyde Kluckhohn）在《文化：概念和定义批判分析》一书中对"文化"一词的意义做了历史性回顾，发现自1871年以来各学科对文化的定义数量超过160个，并从描述性、历史传统与社会传承性、规范性、心理性、结构性、遗传性6个方面对这些定义进行分类。他们对文化的诠释如下：文化乃是一系列习得的行为模式，这些模式既有外显的也有内隐的，它们通过符号进行传播，并构成了人类群体的独特成就。这些成就不单单体现在人类制造的物品上，还体现在传统观念，特别是这些观念所蕴含的价值观中。文化系统既可以被视为行为的产物，也可以被看作决定未来行动的先决条件。

还有其他一些重要的定义。美国人类学家、跨文化传播研究的先行者爱德华·T.霍尔（Edward T. Hall）认为文化就是交际，交际就是文化。文化，作为群体生活方式的总和，尽管表面看来纷繁复杂、难以捉摸，但实则它的内部蕴含着严密的秩序和逻辑。每个人在成长的过程中都会自觉或不自觉地学习和吸纳某种文化，使之成为自己生活的一部分。荷兰学者吉尔特·霍夫斯泰德（Geert Hofstede）在《文化与组织：心理软件的力量》一书中将文化定义为"心理软件"，它指一个人一生中所学习到的思考、感受和行为模式。在中国古籍中，"文"指文字、文章、文采，也指礼乐制度、法律条文等；"化"是教化的意思。在近现代时期，日本学者选择将英文单词"culture"翻译为"文化"，而这一译法后来也被中国采纳沿用。在当代中国的学术语境中，文化这一概念得到了更为细致的界定：广义上，文化是一个宏大的概念，它是人类历史上所有创造出来的物质成果和精神财富的总和；狭义上，文化则更侧重于精神层面的表现，是语言、文学、艺术以及各类意识形态等精神产品的集合。这一界定不仅反映了文化的多元性和复杂性，也为人们深入研究和理解文化现象提供了重要的理论框架。这里所讲的文化指的是外语文化知识。

（二）思辨能力的概念

西方国家围绕"思辨能力"概念进行的研究主要集中于心理学、认知学、哲学等学科。基于研究学科、具体方向和侧重点的不同，各个领域对思辨能力有着不同的认识。国内学术界对思辨能力的研究始于20世纪80年代，自从"思辨能力"一词被引入国内以来，其引起了不同领域研究者的兴趣，其中教育学、心理学、逻辑学、认知科学、哲学与教育等学科对思辨能力的研究关注较多。国内外关于思辨能力有很多不同的定义，在此选取几个有代表性的定义进行介绍。

思辨思维是一个融合了态度、知识与技能的复合体系。一个优秀的思辨者，不仅需要具备勇于质疑的精神，还需要阐释激发深度思考的知识，并且拥有分析、综合和评价各种结果的能力。美国思辨思维运动的先驱者罗伯特·H.恩尼斯（Robert H. Ennis）认为，思辨能力是一种合理而内省的思维，旨在辅助人们做出明智的决策，包括选择相信什么或采取什么样的行动。这种能力既包含认知技能的运用，也涉及情感倾向的引导。在加拿大，思辨能力研究的杰出代表詹森

（Johnson）则将思辨能力定义为一种基于适当标准或规范来评判智力产品的能力，这些产品可以是信念、理论、假说和论证。同样，国际知名思辨能力专家理查德·保罗（Richard Paul）也给出了类似的定义，他认为思辨能力是一种积极且熟练地解析、应用、分析、综合和评估影响人们信念和行为的信息的过程。

鉴于学术界对思辨能力的定义存在"百花齐放，百家争鸣"的局面，美国哲学学会（APA）召集了美国和加拿大46位有声望的哲学家、科学家与教育学专家，经过两年多的严格考证，于1990年发布了关于思辨能力定义的《特尔斐报告》（以下简称《报告》）。《报告》认为思辨能力的定义是：有目的的、自我调控的判断。这种判断能力的展现，主要体现在深入解释、细致分析、全面评价、合理推断，以及对已有的论据、概念、方法、标准或语境的清晰说明。思辨者的气质倾向则体现在他们不懈追求真理的精神，拥有开放而灵活的思维模式，具备出色的分析能力和系统化能力方面，同时，他们也充满自信心和好奇心，始终保持着对知识和真理的探索热情。这一定义后来被学术界广泛接纳。《报告》认为，一个具有独立思辨能力的理想的思考者应该具有灵活应变的能力，在面对学习的时候应该是勤学好问的，并且应该是学识渊博的；是在深思熟虑之后才做出决定的，处理复杂问题时也能保持头脑清醒、井井有条；在搜集信息的时候选择的标准是充分专注于需要的目标的，能循序渐进、坚持不懈地进行研究，使目标尽可能可靠，追求精确的结果。

在我国，思辨能力自古代以来就一直被重视。思辨能力与我国历史悠久的儒家文化相互对应。我国儒家学者的经典著作《礼记·中庸》第二十章有论述，"博学之，审问之，慎思之，明辨之，笃行之"。这指的就是学习的几个递进的过程，其中"明辨之"的"辨"就是明确地辨别，"慎思之"的"思"可以理解为慎重地思考，总结起来就是"思辨"的含义。可见，我国在古代就提出了要培养学生的思辨能力，简单的一句话可谓浓缩了思辨能力的精髓。

20世纪80年代，我国学者通过翻译国外专著，逐渐将思辨能力的概念引入国内。从20世纪90年代起，国内外语教育者和研究者对学生思辨能力这一研究主题的关注度明显提高。目前，国内外语学界已经成立了几支具有代表性的科研团队，如北京外国语大学文秋芳教授团队和华中科技大学董毓教授团队。对于思辨能力的定义，我国其他学者也提出了自己的观点。有学者指出，思辨能力是一种智力特质，它体现在思维活动中对思维材料的审慎评估和对思维过程细致入微的检查。这种能力代表着在思维活动中独立思考与批判性思维的深度，并且是解决问题的不可或缺的要素。有学者指出，思辨能力是自觉地对某种信念和行为进行合理性评判的能力。有学者认为，思辨能力从根本上说是一种逻辑思维能力，不仅注重对信息的理解、识别、分析、综合、比较、判断，还注重推理和论证在其中发挥的重要作用。还有学者从广义和狭义两个方面对思辨能力进行了界定：从广义上讲，思辨能力是指发展和完善人们的世界观并把它高质量地应用在生活各个方面的能力；从狭义上讲，思辨能力是指面对尚待解决的问题时，人们能够做出合理判断并最终形成决定的思维能力。从本质上讲，思辨能力是能够提出恰当问题和做出合理论证的能力。

（三）文化思辨能力的概念

文化思辨能力的概念是基于对以上两个概念的理解而提出的。文化思辨能力是指个体具备在不同文化背景下，深入理解、剖析和评价信息、观点、难题以及场景的能力，并能进行独立、批判性思考的能力。这种能力涵盖了对不同文化、价值观、信仰、习俗、传统和社会背景的敏锐感知，以及对这些因素如何塑造人们的思维方式和行为模式的理解。它是一种认知能力，有助于学生在跨文化交流中更加自信和敏锐，从而更好地理解和评估不同文化之间的差异。

外语教学可以培养学生对文化的高度敏感性以及对文化的深入理解能力。这样不仅能够有效提升学生的外语能力，拓宽他们的文化视野，还可以增强他们的文化交际能力。这里讲述的文化思辨能力主要是外语文化的文化思辨能力。

二、文化思辨能力的基本特征

文化思辨能力具有可迁移性、逻辑性、可测量性、实用性和可培育性等特征。接下来，我们详细探讨可迁移性、逻辑性和可培育性。

（一）可迁移性

迁移现象在社会上普遍存在，学习中的迁移能力指的是学生在学习过程中，将获得的知识、解决问题的能力和素质等应用到新的学习环境中的能力。学生形成的知识迁移能力可以使其更好地理解生命现象的本质，寻找事件变化的规律，促进知识之间的相互贯通和共享，从而灵活而有效地解决问题。

美国著名心理学家威廉·詹姆斯（William James）是最早使用实验方法研究迁移问题的学者。最早把学习迁移作为教育的核心问题提到日程上来的是美国著名心理学家杰罗姆·西摩·布鲁纳（Jerome Seymour Bruner）。在此之后，学习迁移引起了各国教育工作者的广泛关注。按照提出时间的顺序进行分类，迁移理论可以被划分为早期迁移理论和近现代迁移理论。前者主要通过学习活动的形式和在共同要素等方面开展学习迁移的研究，而后者着重从认知结构的重要性和形式出发研究学习迁移，更加注重概念的理解以及文化思辨能力的体现方式。教育心理学中将"迁移"定义为："迁移是指一种学习对另一种学习的影响。"教育部颁发的《基础教育课程改革纲要（试行）》中强调了学生"学会学习"的重要性，其关键之处在于让学生在学习中学会迁移。因此，"为迁移而教"的教学理念逐渐在教育界达成共识。

从国际研究出发，美国哈佛教育研究院的帕金斯（Perkins）等从学习情境的角度提出了将"架桥式策略"和"拥抱式策略"作为有效的迁移策略的观点。法国语言学家安东尼·梅耶（Antoine Meillet）提出在现实学习领域中运用迁移策略的几个必要条件：一是元技能，它是一种元认知过程，是学习者运用先前的相关知识来解决新情境下的现实问题的过程，是实施自我监控、自我调节、自我管理的一种能力；二是技能，即"知识＋技术＋能力"，是运用知识和经验执行一定活动的能力；三是主观能动性，就是自愿主动地去完成某一件事情，这是影响迁移的重要因素。

石进芳通过对比高水平和低水平两组外语学习者的迁移能力、隐喻能力和外语水平之间的关系得出，低水平学习者的迁移能力对外语语言水平的影响较大，而高水平学习者的迁移能力对外语语言水平的影响相对较小[①]。

孙有中教授将思辨能力视作最重要的可迁移能力。他认为，衡量高校人才培养质量的一个重要指标就是思辨能力的培养。[②] 然而，在外语学习的过程中，学生普遍是被动地接受教师所传授的知识。对知识片面地理解与机械式地接受，把知识之间的联系和对知识点的融合性理解与应用割裂开来。不同的知识点之间是依靠特定的逻辑关系进行相互联系的，如果在联系的过程中忽视了知识点之间的趋同性，就会造成学生对问题的片面理解，进而导致学生解决问题的能力大大降低。这就对知识迁移能力的培养提出了紧迫的要求，要求在具体的教育教学实践中重视对学生知识迁移能力的培养和训练。毫无疑问，迁移能力的培养对推动文化思辨能力的提高起着积极的作用。

（二）逻辑性

文化思辨能力是通过思考辨析后对问题做出合理决定的思维能力。通过这种

---

① 石进芳. 母语概念迁移能力、隐喻能力与语言水平的发展关系研究［J］. 外语教学理论与实践，2012（3）：57-63.

② 孙有中. 突出思辨能力培养，将英语专业教学改革引向深入［J］. 中国外语，2011，8（3）：49-58.

能力，人们能对各种信息做出判断，最后做出正确的决策。在这一过程中，推理和评价的能力显得尤为重要，因为遇到问题时，如果不经过合理的推断评价，是不可能做出正确决策的。显然，文化思辨能力不仅要求人们掌握逻辑推理知识，还要求人们熟练运用这些知识。可以说，逻辑性是文化思辨能力的基础，逻辑推理是文化思辨能力的核心组成部分，只有掌握了逻辑推理知识，才能为提升文化思辨能力打下坚实的基础。所以，逻辑思维是思辨思维的精髓，文化思辨能力的逻辑性使之与普通思维有很大的区别。

（三）可培育性

文化思辨能力具有可培育性，能够通过适当的外界训练得到提高和改善。众所周知，思维能力需要后天的培养和训练。我国对思辨能力培养的重视由来已久，中国的传统文化中有很多对学生思辨能力培养的经典论述。但是，目前我国大学生的文化思辨能力没有受到重视。因此，我国的教育要重视文化思辨能力的可培育性。

第二节　文化思辨能力培养模式建构

要想真正培养出语言技能和文化思辨能力俱佳的人才，就要从教学的各个环节入手，根据教学实际，从管理层面、教师层面和学生层面构建文化思辨能力培养模式，全方位、多维度地培养学生的文化思辨能力。

一、管理层面

外语教学应该在课程设置、教学内容、教学方法和评估手段等方面努力为文化思辨能力教学创造条件。下面从图 4-1 所示的五个层面入手，探索管理层面文化思辨能力培养模式。

（一）以情感培养为先导

文化思辨能力的培养，其中尤为关键的便是思辨情感的培养。北京外国语大学知名教授、博士生导师文秋芳曾指出："人的智力特征需与思维能力的提升同步发展，否则，原本高效的思维能力可能蜕变为狭隘和利己主义，最终无法取得实质性的成就。"[1]

---

① 韦晓保.促进外语类大学生思辨能力发展的多维培养模式构建：基于一份调查报告 [J].北京第二外国语学院学报，2012，34（8）：77-86.

在培养文化思辨能力的过程中，要以情感培养为切入点，通过巧妙设问，激发学生的好奇心与探索欲，从而点燃他们对知识的热情。通过这种方式，力求激活学生的求异思维，让他们能够从不同角度看待问题，拓宽思维视野。具体可以从以下几个方面入手。

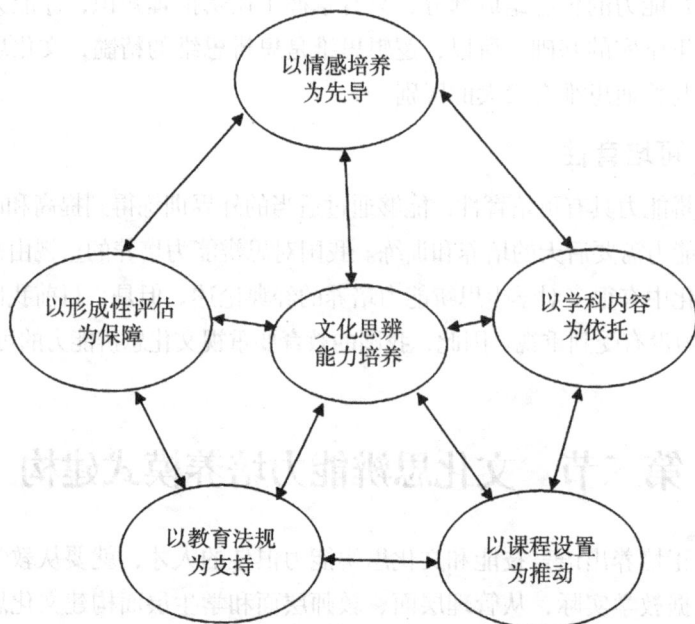

```
                        以情感培养
                          为先导


  以形成性评估         文化思辨              以学科内容
    为保障            能力培养               为依托


      以教育法规                以课程设置
        为支持                    为推动
```

图 4-1　管理层面文化思辨能力培养模式

1. 转变教师观念

教师应积极增进与学生的互动交流，时刻关注学生的个性化需求，从而更有针对性地吸引学生的注意力，并深入洞察他们的思维状态，因材施教。通过沟通，教师可以建立起与学生之间的紧密联系，促进师生之间的平等对话，鼓励学生勇敢地表达自己的观点。这样的教学方法不仅有助于培养学生的评判性思维，还能在师生之间营造出和谐、互动的学习氛围。

2. 优化教材

在编写教材时，应着重强调内容的时代感、趣味性和体验性，并力求与学生的日常生活紧密相连。这样的设计不仅能够激发学生的好奇心，还能提升他们的学习兴趣和学习热情，进一步点燃他们创造的火花。

3. 改进教学方式

在教学过程中，教师应当灵活采取启发式、研讨式和辩论式等多种教学方法。教师通过巧妙构思和精心设计的问题，激发学生的好奇心和求知欲，进而使学生处于一种兴奋和专注的学习状态。

4. 改变评价标准

教师在提供试题答案的过程中，应该努力避免对标准答案的过度依赖，不必过分追求语言表达上的准确无误和流畅自然。相反，更应该侧重于答案内容的丰富多样性以及创新性，适当增强答案的开放性和包容性。这意味着，对于学生那些合理且与标准答案有所不同的答案，教师也应给予充分的接纳和考虑。这种方式可以鼓励多样化的答案表达。

（二）以学科内容为依托

根据思辨能力层级理论，文化思辨能力确实可以通过培训和训练得到提升。针对这一能力的培养，可以采取以下两种教学形式。

第一种教学形式是独立设课式。这种形式的核心在于为文化思辨能力训练设置专门的课程。通过这些专门设置的课程，学生能够系统地接受文化思辨能力的训练。这种教学形式在西方发达国家应用较多。然而，设置专门的课程进行文化思辨能力的培养虽然能够有效提高学生的文化思辨能力，但其实面临诸多挑战。它需要投入大量的专业师资和其他教学资源，这在现实中可能与当前外语教学所面临的课时和学分压缩的困境产生冲突，特别是在资源有限的情况下，难以确保专门设课的有效实施。因此，尽管这种方法在理论上具有吸引力，但在实际操作中可能会遇到诸多困难，难以广泛推行。

第二种教学形式是内容依托式。这种形式依托学科内容开展外语教学，着重于让学生通过语言这一媒介和工具去获取学科知识。同时，通过深入学习学科知识，学生得以提升语言技能和文化思辨能力。相对而言，这种教学形式更加符合当前我国外语教学实际：通过实施内容依托的思辨能力教学策略，将文化思辨能力的培养与学科教学紧密结合；以学科知识为桥梁，将文化思辨能力的要素融入学科教学中，从而有效促进学生独立分析与解决问题能力的提升。内容依托式教学理论坚信：当学生将语言视为获取学科知识和信息的工具，而非单纯的学习目标时，他们的语言学习将会更加成功。若学生感到所获取的信息既有趣又实用，且能助其实现既定目标，那么他们的第二语言或外语学习将会更为高效。教学只有针对学生的需要才能取得最好的学习效果。

（三）以课程设置为推动

在外语课程设置方面，为加强学生文化思辨能力的培养，应减少技能课程在整体教学计划中的占比，同时增加专业知识课程的比重。此外，还应构建跨专业辅修和双学位机制，以拓宽学生的知识视野。利用校级通识教育选修课平台，灵活地设置各种课程。

（四）以教育法规为支持

建立多维的外语文化思辨能力培养模式，需要得到教育政策的支持。教育部门在制定政策时要充分认识当前因缺少文化思辨能力而引起的教育问题，可以有针对性地加入培养学生文化思辨能力的要求。例如，各级教育主管部门应充分利用假期时间，组织各类思辨能力提升课程和研讨班，以强化外语教师的文化思辨能力。同时，应将这种能力的培养、提升与考核纳入教师的职业发展规划之中，形成制度化的培养机制。这些举措通过政策法规的形式得以落实，能够有效推动文化思辨能力的深入发展。

（五）以形成性评估为保障

在传统单一的评估模式下，学生处于被动接受评价的地位，因此参与积极性不高，自身学习的主动性、能动性以及高层次的思维活动也受到限制。

形成性评估可以为文化思辨能力的培养提供保障，它聚焦于过程性评价和即时反馈，通过对学生学习过程的实时跟踪，能够深入了解学生的思维状态和学习进展。这种方式不仅有助于教师及时发现学生在思辨能力发展方面的不足，还能让学生在教师的指导下有针对性地调整学习方法和策略，进行合理假设、逻辑分析、公正评判，有效促进文化思辨能力发展。

二、教师层面

教师在学生外语思辨能力培养模式构建中起着非常重要的作用。这是因为思辨能力不是与生俱来的，需要后天的大力培养，而学校教育便是其中的关键。教师要从教学的各个环节入手，在备课、授课、课后评估中将学生文化思辨能力的培养落到实处，致力于将语言的交际、信息和思维功能紧密地结合在一起，以达成文化思辨能力培养与语言技能训练的双重目标。这种综合性的方法旨在全面推动学生的语言能力和文化思辨能力的发展，使他们能够在多元文化环境中自信地进行交流和思考。

（一）改革教学模式

改革教学模式，有针对性地训练学生的文化思辨能力可以从以下几点着手。

第一，将有意义的语言输入与创造性的语言输出有机结合。有意义的语言输入包括两部分：一部分是教师可理解性的语言输入，另一部分是符合学生认知水平和语言水平的输入材料。基于有意义的输入材料，教师可以激发学生的思考，引导他们进行深入的"批判性"分析、审视和评论，鼓励他们积极发表个人见解，从而实现富有创造性的语言输出。

第二，帮助学生构建知识框架，激活原有的知识储备。教师应该引导学生将新学到的知识与已有的经验和知识体系相融合，通过补充与学科内容紧密相关的背景知识，协助学生构建完整而系统的知识框架和网络。这样有利于学生形成连贯性的思维，在原有材料与现有材料的整合、分析中逐渐提高文化思辨能力。

第三，真正实现课堂教学以学生为中心，引导学生自主学习。

第四，时常督促学生反思自己的学习行为，养成良好的思维习惯。

（二）更新教学方法

传统满堂灌式的教学方法不能从根本上提高学生的文化思辨能力，教师应将文化思辨能力训练作为核心教学目标，针对外语课程的独特性质，精心设计多样化的课堂活动与练习形式，并不断更新教学方法，以便更有效地训练学生的思辨技能，确保他们在学习语言的同时，也能提升文化思辨能力。

三、学生层面

（一）自主学习

英国应用语言学家利特伍德（Littlewood）认为，自主学习的核心在于学习者对学习流程和内容所形成的一种心理层面的关联。这种关联体现为学习者具备的超越常规、敢于批判的思维能力，以及独立做出决策并采取行动的能力。在学习过程中，学习者自主确定学习目的、内容及方法，从而充分展现其作为学习主体的参与意识，并激发内心积极的情感。实践表明，在宽松自主的学习环境中，学生拥有更多的选择空间，能够依据个人的价值观念和兴趣偏好进行有意义的学习与判断，这为其文化思辨能力的提升奠定了坚实的基础。

学生应积极参与合作学习，因为互助合作是促进学生文化思辨能力发展的重要手段。在相互依赖的集体与个人互动中，学生可以获取多样化的信息和情感支持，从而培养他们的发散性思维。这种合作方式鼓励学生多角度、全方位地思考问题，进而提升他们分析问题的综合能力。

（二）主动参与探究式学习活动

在文化思辨能力培养中，探究能力、创新动力和批判精神是相互联系、密不可分的。单纯的课堂知识传授不利于学生文化思辨能力的发展，探究式学习活动可以帮助学生挣脱思想的束缚，完成自我能力的提升。学生在独立进行探索活动时，能够有效提高其探索精神和批判性思维能力，最大限度地激发自身的创新意识和批判精神，对学到的知识进行创造。

（三）形成适合的学习风格

每个学习者所独有的学习模式，既展现了他们与众不同的学习特质，又彰显了他们在思考问题时所达到的思想深度。那些掌握批判性思维技巧的学习者，他们的学习风格与那些缺乏此类技巧的学习者形成鲜明对比。因此，塑造一种融入批判性思辨元素的学习风格，对于培养全面的文化思辨能力而言，是不可或缺的途径。

文化思辨能力作为学习外语的大学生的综合素质的关键组成部分，应当成为外语教学工作者的重点关注和培养对象。文化思辨能力是大学素质教育的本质所在。同时，提高学生的文化思辨能力是一项需要持续投入与不断探索的长期系统性工程。这要求外语教育工作者持之以恒地付出努力，不断进行教学实践与创新。

第三节 基于文化思辨能力培养的外语教学实践

一、基于文化思辨能力培养的外语听力教学实践

（一）存在的问题

1.传统听力教学法忽视文化思辨能力培养

语言交流的核心技能之一是听力，其在日常的语言交际中占据了非常重要的地位。因此，对于外语学习者而言，有效的听力训练是提升他们的跨文化交际能力的重要环节。然而，传统的大学外语听力教学主要侧重于理解能力的培养，通常以播放听力材料并随后完成相关题目为主要教学方式，学生的理解能力通常通

过题目的正确率来评估。尽管这种注重理解的听力教学法在提升学生的听力理解及记忆方面取得了一定效果，但它未能充分锻炼学生的分析、推理和评价能力。同时，该方法也缺乏对学生进行中西方文化差异方面的引导。因此，学生在进行外语听力训练时，难以有效提高自身的文化思辨能力。若学生缺乏足够的文化思辨能力，不仅会妨碍他们在实时语言交流中的表现，还可能制约其听力技能的发展，最终影响他们参与有效的文化交际活动。因此，在大学外语听力教学中，强化文化思辨能力的培养显得尤为重要。

2. 教师对文化思辨能力的认识有待提高

在传统的大学外语听力教学中，由于应试导向的影响，教师往往会将重点放在全国英语四级、六级考试的题型演练和应试技巧上。他们普遍倾向于严格依照听力教材的内容进行教学，以此来强化学生的外语语言基本技能。然而，这种教学方式过分强调了语言技能的训练，而相对忽视了对学生文化思辨能力的培养。另外，学生的学习过程大多局限于教师所提供的指导，师生之间以及学生之间的积极交流和互动十分有限。这样的做法束缚了学生在学习中的主动性与创造性，阻碍了他们的文化思辨能力的提高。

在外语教学的实际操作中，仍有部分教师对文化思辨能力的核心意义缺乏清晰的认识，以致他们在教学活动中难以有效地对学生进行文化思辨能力的培养，难以跳出传统的教学框架，也难以探索出促进学生文化思辨能力发展的外语听力教学改革路径。

因此，为了真正落实并强化外语听力教学中文化思辨能力的培养，教师需要进一步深化对文化思辨能力的认识，并在教学过程中给予充分的关注与重视。

（二）实践策略

1. 强化外语语言知识基础

强化外语语言知识基础，提升感知与理解技能，是培养文化思辨能力不可或缺的部分。在听力训练中，感知技能涵盖了对语音的辨识、对选择性注意力的运用以及对非语言信号的感知；而理解技能涵盖了对语音流的精细划分、对词汇的精准识别以及对话语深层含义的透彻理解。这两项技能的精进，均依赖于对外语语音、词汇以及语法等核心语言知识的全面把握和灵活应用。为了夯实这些基础认知技能，听力教学应当侧重于深入剖析外语语音知识，如语音特点、语调变化、弱读现象、连读技巧以及意群停顿规律等，从而确保学生在多样化的教学实践中不断提升语言理解能力。

2. 开展启发式教学

开展启发式教学方法，让学生具备文化的高级认知技能。文化思辨能力的四大高级认知技能与逻辑思维紧密相连，密不可分。其中，阐释技能囊括了归类、理解深层含义以及澄清模糊概念的能力；分析技能侧重于剖析观点、识别关键论据以及深入探究论证的逻辑过程；评价技能要求评估观点与论据的合理性；推理技能则要求学生质疑证据、提出替代假设并得出合理结论。启发式教学的实施，能够更有效地培养学生的这些高级认知技能，从而提升他们在文化交流中的思辨能力。

在听力教学实践中，为了提升学生的这四项技能，教师首先需要通过细致的讲解和生动的示范，引导学生深入探索听力素材，包括揭示材料内部的逻辑结构，如论证的严密性、因果的连贯性、对比的鲜明性、递进的层次性以及转折的巧妙性。一旦学生对听力素材有了初步的理解，教师就可以通过启发式提问来引导他们进行更深层次的思辨和讨论。通过这种方式，学生不仅能够更加准确地把握听力素材的主题和意图，还能够对其中提出的假设和观点进行逻辑分析，并对相关的论据进行客观的评价。

3. 丰富教学材料，创新教学方式

在培养学生的思辨能力时，文化思辨人格品质至关重要。好奇心、开放态度和自信心等个人特质的塑造与展现，往往受到学习动机与情感动力的深刻影响。因此，教师在听力教学中应格外注重听前准备阶段，要精心挑选那些既具有深刻知识内涵又充满趣味性的导入材料。这些材料不仅可以激发学生对文化背景或话题知识的兴趣，还能帮助他们积累与主题相关的词汇，从而增强学生的自信心。同时，为了进一步激发学生的学习兴趣和动力，促进文化思辨能力的有效形成与提升，教师需要不断创新教学方式，使教学活动既灵活多变又充满创意。通过这些富有创新性的教学活动，学生能够更好地与教师及同学进行交流与沟通。教师及时、准确的评价能让学生在课堂活动中感受到成就感，从而进一步提升他们的自信心。在这样的课堂氛围中，学生不仅能够提升文化思辨能力，还能在积极的互动中不断提升自我。

4. 发挥学生主观能动性

为了增强学生的文化元思辨能力，培养基础认知技能和高级认知技能显得尤为关键。这两种技能的高效运作，都需要元思辨能力作为桥梁和纽带。以外语听

力训练为例，学习者可以借助元认知策略，如制订计划、筛选关注点、自我监督以及自我评估等，实现对语言知识、话题背景以及情感模式的优化管理。这些策略有助于他们更好地应对多样化的听力环境和任务要求。

教师在教学过程中，应鼓励学生发挥自身的主观能动性。教师可以指导学生在完成听力任务前评估自己对于相关主题的了解程度，以及确定听音的重点和难点，从而制订出合适的计划和策略。

同时，教师还可以教授学生如何在听前和听中根据不同的听力任务和情境，选择性地集中注意力，以训练他们的注意策略。此外，教师应致力于协助学生明确外语听力的具体任务和目标。系统地提高学生的自我监控和自我评价能力，可以进一步提升他们的文化思辨能力。

除此之外，听力教学结束后，教师应引导学生进行深入的反思，鼓励他们从词汇运用、语法结构、语音发音、语调把握以及英美文化背景知识等多个维度，全面审视自己在听力表现中的不足之处。这样的反思有助于学生更准确地识别自己的短板，进而有针对性地加以改进。这种有针对性的反思和改进，有助于学生在听力水平上实现更为精准和有效的提高。

5. 推进文化交流实践

深化文化交流实践，拓宽对于文化背景的认知，以增强文化交流中的思辨技巧。文化思辨能力在文化交流中占据核心地位，故而文化思辨能力的培养应包含对多元文化和不同观点的深入理解和尊重，教师应注重培养学生对多元事物和观点的分析能力，同时，还需锻炼学生探究文化差异背后深层次原因的逻辑推理能力。

教师可以通过设置各种课堂活动和实践项目，为学生营造跨文化交流的模拟环境。例如，让学生聆听不同文化的案例分享、观赏富含文化元素的影片，或是扮演不同文化背景下的角色。这样的体验能让学生在实践中感受并学习不同文化的魅力，同时也能增强他们在文化交际中的思维深度和逻辑连贯性。

（三）实践案例

该次课堂活动的设计紧密结合《外贸英语听力》的教学环境，历时两个学时。听力素材取自《新视野大学英语视听说教程3（第三版）》的第六单元，其核心议题为"聆听历史话题，辨别观点与意图"，旨在通过真实的听力训练，提升学生的听力理解能力及观点分析能力。

该次课程设计严格遵循学校制定的专业技术规范，紧密结合《专业人才培养方案》和课程大纲的核心内容，对三维目标体系进行了细致的梳理和深化。在知识方面，特别强调学生对第六单元词汇和语法知识的深入理解和掌握，同时深入了解相关的历史文化背景知识。在技能方面，学生需依据关键信息进行逻辑推理并形成自己的见解。在职业素养方面，致力于提升学生的听力文化素养和批判性思维能力，帮助他们塑造开放包容、自信坚定、团队协作以及坚韧不拔的品质。在教学模式方面，采取线上线下结合的混合式教学策略，目的在于通过灵活多样的引导手段，激发学生的实践热情，并借助任务导向的教学模式来加强他们对所学知识的深入理解和实际应用。

依据"多模态"教学理念，充分利用信息化教学手段，课前利用云班课平台发起调查，发布相关学习资源，并布置具体学习任务，帮助学生明确学习重点，做好课前预习。在课堂上，采用新视野教学平台，将精听与多练相结合，通过针对性的教学技巧点拨，突破教学重点。课后，利用蓝墨云在线教育平台和 iSmart 系统，实施多元化评价，并提供丰富的云资源和任务选项，帮助学生巩固知识，提升学习效果。此外，还特别设计基于"良互动"原则的整体听写法合作任务，鼓励学生自主学习，开展合作探究，以促进学生之间的交流与合作。同时，根据"巧输出"原则，布置包括听写、听读、听说等多种形式的展示任务，以提升学生的综合应用能力。课前准备和课堂实施的具体步骤如下。

1. 课前准备

关注学生的情感，激发学生的学习动机，既要注重知识的传授，也不能忽视教学的趣味性。

第一步，教师应精心挑选教学材料，调查学生对这些材料的熟悉程度，并围绕这些材料设计一系列问题。利用蓝墨云等在线教育平台，可以发起在线问卷，旨在收集学生在听力学习中的难点和反馈。这样，教师可以清晰地确定每次听力训练的具体目标和微技能要点，并根据这些反馈设计更有针对性的听力活动。同时，教师也能够预估学生在听力过程中可能遇到的挑战，从而提前给予指导和建议，帮助他们自主调整学习策略，提高听力水平。

第二步，根据学生的反馈情况，教师可以有针对性地发布三类教学资源。其中，微课视频资源可以帮助学生聚焦于听力材料的核心要点；课件资源则有助于学生提前做好听力学习前的知识铺垫；文化背景图片资源则能够激发学生对听力内容的兴趣，提高他们的学习热情。

第三步，为了增强学生的参与感和提高学生的学习兴趣，教师还可设计几种紧扣时代背景的学习任务，旨在多方面提升学生的学习体验。其中，"名人连连看"游戏能够激发学生兴趣，同时帮助他们识别并了解不同时代的人物；"单词小游戏"则寓教于乐，让学生在轻松愉快的氛围中突破词汇障碍。这些精心设计的任务不仅有助于初步达成知识目标，而且能够鼓励学生积极利用手机学习平台全程参与，从而提升学习效果。

2. 课堂实施

教师在教学过程中要特别关注学生的微技能和策略运用，并致力于提高学生的听力理解质量。在这一过程中，学生将有机会锻炼包括听辨、理解、记忆、分析、评价和推理在内的多种听力理解和思辨技能。为了集中解决听力学习中的重难点，教学实施被分为以下五个关键步骤。

第一步，课堂伊始，通过精心挑选的视频暖场，迅速吸引学生注意力，同时与学生课前完成的任务进行无缝对接。学生有机会展示自己的预习成果，激发他们主动参与课堂的热情。

第二步，进入精听阶段，对于听力材料中的核心内容，采用通关式学习模式以及阶梯式的多元化训练方法，从简单到复杂逐步增加难度，以不断提升学生的听力理解能力。

第三步，在听力技巧指导环节，教师针对听力材料中的核心词汇进行深入剖析，并借助多维度的视角展现微技能。结合课堂具体案例，教师要抓住学生的痛点，有针对性地突破重点，帮助学生更好地掌握听力技巧。

第四步，运用整体听写法进行小组合作探究。遵循语言学习的科学规律，为学生创造一个自我发现与思辨的空间。在同伴间的互动中，鼓励学生积极探寻并确认话语的内在逻辑，培养他们的合作精神与批判性思维。这种互助学习的模式，使学生有机会了解不同的观点和态度，同时也有助于他们攻克听力推断的难点，从而进一步提升他们的听力理解能力。

第五步，通过精心设计的听力思辨任务，引导学生深入探索历史主题，实现知识整合、听力技能提升与文化思辨能力的协同培养。这一环节旨在激发学生的听力学习热情。

第六步，布置与听力拓展材料紧密相关的作业，以优化学生的听力输出表现，并巩固他们在课堂上学到的知识。

思辨能力如同教育的翅膀，为个人和社会的发展注入了强大的动力。在当下的信息时代，培养高素质的应用型职业外语人才显得尤为关键。在这一过程中，文化思辨能力的培养尤为重要。在外语教学过程中培养文化思辨能力，对于塑造思维敏锐、思想活跃、富有创造性的专业人才具有不可或缺的作用。

二、基于文化思辨能力培养的外语口语教学实践

（一）存在的问题

尽管我国的外语口语教学取得了明显进步，但其中存在的问题也是不容忽视的。

1. 教师方面的问题

从教育者的视角出发，高校的一些外语教师依然未改变陈旧的教学观念，过度侧重于语言教学而忽视了内容深度，过于注重模仿而非激发学生的创造力。在传统的课堂教学中，教师通常采用讲授的方式，学生则忙于倾听和记录，很少有时间进行深入的思考。此外，有些外语教师将课堂教学与等级考试紧密结合，过度重视"听"的训练，忽视与考试关系不大但同样重要的"说"的能力的培养。这种教学方式导致学生只能掌握一些基础的语言知识和技能，缺乏足够的思维训练机会，更难以培养他们的文化思辨能力。

2. 学生方面的问题

从学生的视角出发，学生长期受应试教育体制的束缚，以及在升学考试中不考核口语的现实，导致部分学生在中学时期对口语的训练不足。这种训练的缺失使得他们在练习口语时信心不足、焦虑感加剧。即便在回应教师的提问时，他们往往也只能提供简单的答案，无法进一步深入阐述自己的观点。

在参与同学间的讨论时，他们往往感到无话可说，无法形成独到的见解，语言表达杂乱无章、逻辑性不强。这反映出他们在分析、综合、判断、推理、思考和辨析等文化思辨能力方面的欠缺。

3. 教材方面的问题

从教材的视角来看，其独特性导致了编写与出版流程的复杂、耗时，使得整个周期冗长。这也间接影响了教材内容更新的频率，往往更新相对迟缓。因此，部分教材的内容话题已经显得陈旧过时，难以引起当代学生的学习兴趣。在教材设计层面，尽管大部分口语活动致力于提升学生的语言技能，但部分问题的设定过于单一，缺乏挑战性，难以有效锻炼学生的发散性思维能力。另外，部分练习环节过于依赖传统的范例教学，要求学生仅仅是重复、模仿典型对话，缺乏足够

的创新性和深度。还有一些练习仅仅是对原有材料的简单回顾和陈述，这样的口语练习主要停留在记忆、理解和基础应用等较浅层次的思维活动上，未能有效激发学生进行深入的思考和讨论，也未能引导学生充分利用分析、推理和评价等高级认知技能来清晰、有逻辑地表达个人观点。

总结上述分析，不难发现，在外语口语教学实践中，学生的文化思辨能力未能得到充分的挖掘与锻炼，这使得他们的外语文化思辨水平偏低。这种情况不仅限制了学生口语能力的深入发展，也在深层次上阻碍了其创造力、研究能力和问题解决能力的全面提升。文化思辨能力的缺失，实际上是对学生整体素质的一种潜在制约。因此，作为课堂教学的引领者，教师必须转变传统的教育观念，以创新的视角来使用教材，并通过多元化的教学方法和手段来培养学生的文化思辨能力，从而促进他们口语能力的全面发展。

（二）实践策略

当前的外语口语教学应当着重强调培养学生的文化思辨能力，这是一项既复杂又持久的任务。为了达成这一目标，广大教师需要不断创造并探索更多富有创新性的途径和方法。常见的方法有合作学习法、情境教学法、问题引导法、演讲辩论法等，这些方法对于提升学生的文化思辨能力大有裨益。下面介绍合作学习法和情境教学法。

1. 合作学习法

合作学习的核心在于小组的组织形式。小组成员间通过相互协助，推动个人与团队的进步，并达到共同设定的学习目标。这种学习方法不仅充分展示了学生的主动性和创新性，还鼓励他们在教师的指导下，自主规划学习路径、选择学习资料、分配学习任务并掌控学习进度。在合作学习的环境中，学生间的沟通与交流成为提升个人能力的关键，他们可以通过合作了解并改善自身的不足，从而对自己的学习行为承担更多责任。同时，这种学习方法要求学生具备一定的自我管理能力，以确保在团队学习中能够高效、出色地完成各项任务。

在合作学习的过程中，学生会积极追踪学习计划的进度，并在课堂外自觉寻求锻炼口语的机会。他们在完成学习任务的过程中，不仅会复习和更新已有知识，还会努力克服那些可能阻碍外语学习的情感障碍，以提高文化思辨能力。同时，教师也有责任帮助学生认清自己的学习风格，理解各种学习风格的优点和缺点，从而促进学生发展出多样化的学习风格，以适应不同学习任务的要求。

2.情境教学法

在缺乏语言交际的环境中学习一门外语是很难保证良好的学习效果的，因此必须设法给学生提供外语口语训练的交际环境。学生如果能够置身于真实的语言情境中，那么他们的学习效果将会更好，思维能力也能得到提升。这是因为学习从本质上而言是一种真实情境的体验活动，学习环境越具体和真实，学习效果也就越好。为此，教师应该在课堂教学过程中尽量使用真实的语言场景，将教学过程具体化，减少抽象性，如此一来就可以大幅提升学生学习的积极性，提高他们的口语水平和文化思辨能力。具体而言，可以采用以下两种方法。

（1）通过配音教学

配音是一种典型的情境教学方法，这种方法可以激发学生学习外语的兴趣，有效增强他们的自信心和成就感。配音可以激发学生的主动性和积极性，有助于他们掌握语音、语调。具体而言，教师在口语教学过程中可以将视频材料中的声音消除，让学生通过观看画面来配音。教师也可以先为学生播放一遍视频材料，让学生听一遍原声，在此过程中教师可以为学生讲解其中的一些语言难点，结束之后再安排学生观看两遍，让学生尽量背诵其中的对话内容。最后，教师将视频材料的声音消除，安排学生进行配音。

（2）通过角色表演教学

角色表演教学方法深受教师和学生的喜爱，是情境教学的典型手段。在角色表演教学过程中，学生可以不再进行重复、单调、机械的语言练习，他们可以根据不同的情境来展开真实的交际对话练习。学生可以根据角色来分工，一起根据对话进行排练，当达到一定的熟练程度之后将对话表演给教师和学生观看。在这一过程中，教师的主要工作就是引导和指导学生，不可过多干预学生的排练和演出。在表演完成之后，教师可以先让学生总结感受，然后给出点评，尽量肯定学生的表演，给予鼓励，适当指出不足之处。

（三）实践案例

该教学方案专门针对的是英语专业的部分大三学生。这些学生的英语水平属于中级阶段，且大部分尚未顺利通过专业四级考试。为了更有效地推动他们的学习进程，该次实践采取小组合作学习的形式。学生通过任务引导的方式，依次进行文化知识的探索、对比研究、深入分析以及总结归纳，整个流程遵循"探索—对比—分析"的学习模式。在构建跨文化知识的同时，他们也将在这一过程中锻炼和提高文化思辨能力。以《英语口语教程3：Challenge to Speak》中的"Unit 9

Chinese Tea Culture"为例。

1. 课前准备

课前，学生被分为三个小组：第一组专注于研究中国茶文化的内涵以及整理资料，了解内容包括茶的诞生背景、分类及其地理分布、茶的药用效果，以及品茗所用的器具；第二组则致力于挖掘英国下午茶的起源，研究英国人的饮茶传统，并对比茶与咖啡文化之间的异同；第三组则致力于找出中国与英国茶文化间的共性与差异。为增强学生的学习动力，教师在课前设立了评价机制和竞赛机制。在经过前期的深入搜寻和细致研究后，学生结合个人的生活体验与感悟，成功构建了崭新的文化认知体系。同时，他们在展示不同组别的信息时，也充分表现出对进一步学习和交流的渴望与期待。

2. 课堂实施

在课堂上，第一组和第二组利用精心制作的演示文稿向同学和教师展示他们前期收集并整理的相关信息。待两组阐述结束后，课堂随即进入热烈的讨论环节，学生围绕主题积极发言，持续大约十分钟。接着，第三组的任务是对前两组展示的内容进行对比分析。他们需要从茶的种类、饮茶习俗、茶在生活中的作用以及茶文化背后的深层含义等多个角度，提出具有针对性的关键问题，并最终形成总结性的陈述。这一过程不仅帮助学生深入了解两国文化的历史脉络与现状，还让学生通过对比发现两国文化的特点和异同。经过深入的分析，学生能够对不同的文化现象做出客观评价，从而有效地提升他们的文化技能。在这一过程的最后，学生对文化的多样性有了更深的理解，文化意识也得到了进一步增强。以"Unit 2 Chinese Literature"为例，鼓励学生以"讲好中国故事"的形式，通过"发现—对比—分析"探究"花木兰"的故事。首先，学生需要收集关于"花木兰"的多个版本的解读；其次，他们要对比中西方对"花木兰"故事的不同理解；最后，他们需要分析产生这些理解差异的原因。这样的过程不仅让学生更深入地了解了"花木兰"这一文化符号，提升了文化思辨能力，还让他们体验了跨文化探究的乐趣。

3. 课后总结

借助该次探索式学习任务，从不同文化的视角来解读"花木兰"故事所承载的文化内涵。在西方文化的视野下，着重理解女性独立的价值；而在中国文化的背景下，则深入探究孝道的精神。在学习过程中，学生紧密围绕单元主题，运用文化信息描述和案例分析的方法，积极参与文化交际活动，并对文化差异进行深刻反思。这一过程不仅提升了学生的文化思辨能力以及语言能力，还促进了学生对跨文化知识的探索和理解。该次实践教学遵循观察、经历、反思、推理、交流的思辨原则，取得了显著的教学成果。

三、基于文化思辨能力培养的外语阅读教学实践

近年来，随着经济全球化趋势的加快，社会对国际化人才的需求与日俱增，这对于以培养国际化人才为目标的教育机构来说，既是挑战也是机遇。在外语教育领域，外语作为主干课程，其实践教学的开展应当紧紧围绕国际化人才培养的需求。在提高学生的外语语言技能，包括听、说、读、写等方面能力的同时，还需注重培养他们的文化沟通能力和文化思辨能力。然而，由于长期受到传统教学模式的影响，很多教师仍习惯于灌输式教学，将重心过多地放在词汇和语法的教授上，而对于思辨知识和文化内容的教授相对不足，这使得学生在面对社会实际需求时显得力不从心。因此，外语教育应当从文化教育的视角出发，在阅读教学中加强对学生文化思辨能力的培养，从而为国际化人才的培养提供有力的支撑。

（一）存在的问题

1. 教学内容有待更新

在外语教育的框架内，通过外语阅读教学提高文化思辨能力需要特定的条件，这要求教学内容紧密贴合社会发展的实际。然而，在目前的外语教学体系中，大部分内容仍然聚焦于语法、词汇和句子结构等方面，这种倾向不利于在教学中培养学生的文化思辨能力。

一方面，外语阅读课程的内容在文化内涵上显得相对单薄。长期以来，受传统应试教育理念的影响，教材编制更偏向于将外语理论知识作为核心内容，而关于外语文化发展的内容往往被边缘化。

另一方面，外语阅读教材的内容显得陈旧，缺乏现代感，并且在文化内涵和主流价值观的呈现上，也显得相对滞后。虽然现在的外语教材在编排形式和课程结构上已经有所改变和突破，但在将具有时代特征的文化内容融入课程方面仍然有所欠缺。这种情况无疑限制了学生在文化思辨能力方面的进一步提升。

2. 教师专业化素养有待提升

在外语阅读教学过程中，教师不仅扮演着策划者、组织者的角色，还是积极

的参与者。他们的专业能力、素养水平直接关系到学生文化思辨能力的培养，以及阅读教学的效果和质量。因此，构建一支具备高度专业化素养和较强综合能力的外语教师队伍显得尤为关键。然而，目前外语教师队伍的建设情况不尽如人意，教师的经验和素养水平参差不齐，这在一定程度上影响了阅读教学的整体效果。

（1）教学观念落后

帮助学生提升阅读能力，使他们能在语篇中通过对信息的选择、归纳、推理来把握文章主旨与观点是外语阅读教学的根本目的。但是，很多学校的外语阅读教学水平离这一目标还有很大差距，仍停留在词汇、语法的阶段。由于在语言知识的传授阶段投入了过多精力，很多教师忽略了对学生的阅读理解能力的培养，并采取"讲解生词—逐句逐段分析—对答案"的传统教学模式，其后果就是外语阅读教学直接从词汇记忆阶段进入了语义获取阶段，学生的外语学习以及文化思辨能力的培养由于缺少中坚力量的支撑而难度大增。

（2）教学方法较落后

目前，陈旧、单一的传统外语阅读教学方法仍占据主要地位。这种教学方法以教师为主导，难以满足学生的实际需求，也很难将学生的主体意识激发出来。因此，该教学方式既不能有效调动学生的积极性，也无法培养学生的良好阅读习惯，其直接结果就是阅读教学费时低效。一些偏远地区的教学条件相对落后，外语阅读教学过程中存在实践不多、研究不足、重视不够的情况，尚未形成合理的教学方法。

（二）实践策略

一个较为常见的现象是，一些学生在进行外语阅读的过程中往往找不到方法或者不得要领，并由此产生费时低效的现象。究其原因，学生受到阅读兴趣不足、阅读材料不适合以及文化背景欠缺等的影响，他们难以对文章中的信息进行准确把握与灵活运用。因此，教师应将文化思辨能力的培养作为阅读教学的首要任务，并在教学实践中充分发挥网络多媒体教学法与文化教学法的优势。

1. 网络多媒体教学法

在外语阅读教学过程中采用网络多媒体教学法，可以充分利用现代教育技术来提升学生的阅读兴趣和文化思辨能力。具体来说，教师可以从以下几点做起。

（1）发挥网络互动优势，激发学生的学习兴趣

网络多媒体已成为外语阅读教学的重要平台。在这个平台上，教师和学生可以共享彼此的学习资源，通过上传资料实现知识的传递与交流。在教学实践中，

教师需要结合教材内容，打造一个网络阅读资料库，将教材中的重难点放入该资料库中，并且补充一些课外知识，以帮助学生理解和掌握。

另外，为了保持学生的学习兴趣，教师应充分利用网络多媒体的独特优势，让教学过程更加生动有趣。例如，教师可以在学习资料中添加一些图片、动画、视频等，也可以借助字体、排版的作用凸显一些特殊的内容，让学生一目了然，吸引学生的注意力。

（2）科学合理地选择阅读材料

外语阅读本质上是一种注重技巧训练的学习活动，学生唯有通过大量的阅读实践才能逐步掌握其中的要领。因此，在教学过程中，科学而合理地挑选阅读材料就显得尤为重要。在网络多媒体环境下，材料内容需要与课堂贴近，成为课堂内容的一部分。在阅读课堂开始之前，教师应鼓励学生预先在网上搜索一些阅读材料，以锻炼他们自主查询资料和获取信息的能力。随后，教师应对学生搜集的资料进行细致审阅，并向学生介绍这些资料，要求学生以小组的形式进行交流。最后，教师应要求学生做总结报告，并根据学生的报告给予一些口头的评价。

（3）积极开展课后拓展阅读

在课堂阅读的基础上，教师应积极推广课后拓展阅读，并且把重点培养学生阅读和动笔练习相结合。这种结合有助于学生在长期的训练中快速提高阅读的专注力。教师可以根据教材各个单元的内容设计活动，如鼓励学生从个人兴趣出发，搜索相关话题，进行整理并撰写书面报告，甚至组织演讲比赛等。这样不仅能增强学生的阅读能力，提高学生的写作技巧，还能激发学生的学习兴趣和主动性，进而培养学生的文化思辨能力，显著提升学生的阅读能力和表达能力。

2. 文化教学法

语言与文化具有十分密切的联系。在外语阅读中所表现出来的文化思辨能力较差的问题，在很大程度上是由文化背景的欠缺造成的。因此，教师可采取文化教学法，通过多种手段来深化学生对外语文化背景的感受与理解。

（1）强化文化意识

为强化学生的文化意识，教师首先应充分重视跨文化意识渗透在阅读教学中的重要性。阅读是对各式各样的文字表达的理解。如果没有在思想层面重视跨文化意识渗透的重要性，或者忽略文化知识的客观存在，就极易导致理解层面的差异。因此，这就需要外语教师在阅读教学实践中进行跨文化意识渗透，摒弃传统的以基础知识为主导的教学指导思想，在课堂教学中重视文化知识的教学。

（2）开发文化载体

就目前的情况来看，高校外语阅读教材的更新速度并不快，甚至有时还会出现一些过时、学生不感兴趣的阅读材料和话题，遇到这种情况，就需要教师在阅读教学的过程中，学会对教材中的阅读材料进行仔细筛选，挑选出一些难易适中、学生感兴趣的阅读材料让学生欣赏和学习。教师也可以对有意义、有价值的文化载体进行开发，使学生阅读到能够与时代接轨且富有时代气息的材料，这样也有利于更好地吸引学生进行阅读。

（3）使用文化导入

在外语阅读教学中，还可以通过使用文化导入的方法进行跨文化意识渗透，借此来强化学生的文化敏感度。外语课堂教学是帮助学生掌握外语文化的一个重要途径，为此教师应该做好充分的课前准备。

例如，课前备课时，教师要找出教学内容中所包含的文化背景知识，然后根据教学经验判断学生对该内容是否了解。如果觉得学生对该部分知识不熟悉，教师就有必要提前搜集相关资料，然后在课堂上先给学生系统地介绍该文化背景，这样就能让学生在了解相关文化的同时更容易理解教学内容。

（4）进行文化解答

在传统意义的阅读教学中，教师通常将着眼点放在难点和知识跨度问题的处理等方面，并采用自上而下的阅读教学法进行教学，也就是先解决阅读中的语法问题和句法问题，然后让学生自行阅读。其实，这种阅读教学法未必可取。阅读材料通常包括一些文化、政治、经济等领域的相关知识和内容，不仅知识面广，还涉及多种多样的文化现象。因此，在高校阅读教学中，教师要想更好地帮助学生打破文化差异这一瓶颈并进行跨文化意识渗透，让学生更好地理解所要呈现的内容和所要表达的思想，采取科学、可行的跨文化意识渗透方法就非常必要和迫切，其中进行文化解答就是一种非常有效的方法。

例如，在一则阅读语篇中如果出现了 as timid as a hare 这一表达，很多学生可能会疑惑"胆小如鼠"为何不用 mouse 来表示"鼠"，而是用 hare。此时外语教师就可以从中西方文化差异的角度进行解答，告诉学生这是一种常见的文化现象，在不同的文化背景下，动物词汇所承载的文化内涵也往往存在着很大的不同。此外，教师还可以对一些类似的文化现象进行举例说明，以加深学生对这些文化现象的理解和记忆。

（三）实践案例

在当今国内高校外语阅读教学中，学生的文化思辨能力的培养已然成为重中之重。鉴于国际信息的丰富多样，拥有敏锐的文化思辨能力已成为阅读并深入解读文章内容的基石。因此，本部分以英美报刊阅读课为例，根据教学内容的不同特点，有针对性地布置课前预习任务，并设计一系列富有启发性的课堂活动，以提升学生的文化思辨能力。同时，还通过布置课后作业，进一步使学生巩固和拓展课堂所学内容，从而提升教学效果。

1. 课堂教学准备

①为了营造一个积极活泼的课堂环境，采用学生分组的方式。这种方式不仅有助于学生在课堂上更有效地进行合作学习，还能激发他们的竞争意识。更重要的是，分组学习促进了师生间和学生间的互动，形成了多元化的新闻外语交流模式。具体操作为：按照每班48名学生，每组8人的标准分成6个学习小组。后续的课堂活动都以这一分组为基础进行。

方法1：为了满足活动需要，准备48张卡片。在卡片上分别标注数字1～6，每个数字制作8张卡片，在课堂上，将这些卡片打乱顺序并发放给学生，随后公布分组规则，要求学生迅速找到与自己卡片上数字相同的小组成员，据此可将他们分为6个小组。

方法2：为了分组活动，可以根据学生生日的月份将他们分为6个小组。具体来说，一月和二月出生的学生组成第一组，三月和四月出生的学生组成第二组，以此类推。如果分组后各组人数不均，教师可根据实际情况进行微调，确保每个小组的人数相对平衡。

②为了使学生能够深入了解该课程的运行规则，鼓励学生亲自参与制订课程守则。这样做的目的是使学生明白，他们在这门课程中的积极参与是至关重要的。更值得一提的是，通过参与制订课程守则，学生会更容易遵守和执行这些规则，从而确保课程的顺利进行。

方法1：依据班级的实际人数，挑选几位学生，给他们大约10分钟的时间扮演采访记者的角色进行采访。采访活动结束后，这些"记者"将有机会在全班同学面前展示他们的采访成果。为了帮助学生更好地理解，教师会精选采访结果中的核心内容，并将其简明扼要地记录在黑板上。同时，为了维护良好的课堂秩序，教师还将根据教学需求制订一系列课堂规则，要求学生严格遵循。

方法2：为了更高效地利用课堂时间，可以将原先的自由采访形式调整为小组讨论的形式。每个小组将会获得大约 5 分钟的讨论时间，讨论的焦点为课堂规则的重要性，并共同提出 3～4 条必须严格遵守的课堂规则。讨论结束后，各组将汇报他们的讨论成果。

2. 课堂活动目的

（1）新闻朗读目的

开展读报活动，不仅能成功调动学生课外阅读的积极性，还能通过小组内的信息互通、经验共享与观点交流，实现资源共享的最大化，进一步提升活动效果。在实际操作中，每位学生需在课前精心挑选一篇新闻报道，并在课堂上与小组成员展开深入的交流。在每天的 15 分钟读报时间里，8 人小组的每个成员用 2～3 分钟来展示自己的成果。他们可以选择朗读新闻报道的要点，或者分享自己对这些新闻的个人见解。其他小组成员则有机会对这些观点提出不同的意见和看法，从而形成多元化的信息交流和思想碰撞。

（2）新闻播报目的

该项活动不仅对学生的阅读技巧大有裨益，也是锻炼学生外语演讲能力的绝佳机会。在实施过程中，每位学生需提前选定一篇报道，并精心准备，在全班同学面前用外语进行新闻播报，这无疑是对他们综合能力的全面考验。每次活动选出 3 组学生，每组选派 3 名代表，每人有 2～3 分钟的播报时间。他们需仿照中央电视台新闻主播的风格，进行专业的外语新闻播报。播报结束后，全班学生可就这 3 条新闻发表自己的看法，并展开深入的讨论，从而进一步拓宽视野，增强交流互动。

（3）专题汇报目的

为了增强学生的资料搜集与整理技能，并检验他们对相关专题的预习与复习成果，可以采取以下做法：根据本学期的教学计划，每个小组选定一个特定话题进行深入研究，在课余时间，学生积极投身于资料的搜集工作，并将所搜集到的信息整理成演示文稿进行展示。在这一过程中，学生不仅提高了资料的整理归纳能力，而且通过评价同学展示的演示文稿内容，进一步锻炼与提升了他们的文化思辨能力。

（4）小组辩论目的

小组辩论致力于全方位提升学生的各项能力，特别是他们在资料搜集与整理、逻辑思维分析、语言沟通技巧以及团队协作配合方面的能力，同时能够激发学生的课堂参与热情。具体实施策略如下：月初，与学生共同进行头脑风暴，挑选出一个具有争议性的时事议题；月底，将学生划分为正方与反方两组，并从每组选取 4 位代表；在课堂上，留出 20 分钟时间供两组学生代表进行辩论，同时，每组还将选择两名学生与教师共同组成 5 人陪审团，负责对辩论进行最后的评价；辩论结束后，再次召集全班学生，就辩论展开深入讨论，并分享各自的收获与感悟。

（5）读报评论目的

读报评论着重锻炼学生的资料搜集、筛选、整合能力，以及独立思考和英文写作能力。可参考下面的实施方式。每 4 周学生需提交一篇书面读报评论。评论的格式将依据教师指导进行设定，确保内容涵盖报道标题、作者信息、来源出处、字数统计、阅读过程中学习到的新词汇和表达方式以及一篇不少于 200 字的文章。此外，学生还需针对报道提炼出主题句。教师会根据学生在规定时间内完成读报评论的情况进行评分和讲解。表现优秀的读报评论将在全班范围内进行分享，以促进学生间的相互学习和交流。

在报刊阅读教学过程中，不仅要将传授基础知识和提升语言技能作为核心目标，还要注重教学设计和课堂活动的思辨性，力求在语言素质的提升与文化思辨能力的培养之间找到平衡点。由于思维能力的培养是一项长期而艰巨的任务，外语教师应时刻保持对学生思维发展的高度关注，并将思维训练巧妙地融入日常教学之中。唯有如此，才能培养出既具备扎实语言功底，又拥有卓越文化思辨能力的优秀学生。

四、基于文化思辨能力培养的外语写作教学实践

（一）存在的问题

我国的外语写作教育历史已久，许多高校都设立了专门的写作课程。这些课程大多数由本土教师主导，但也有一些条件优越的高校引入了外籍教师资源。尽管学生在写作时十分注重语法、词汇和段落构建等基本技能，但他们在语言和文化的深度思考方面略显不足。因此，他们的文章往往缺乏深度和文化思辨的内容，其语言所蕴含的文化元素也相对匮乏，这在一定程度上制约了他们的写作水平，也影响了他们的写作热情。通过深入访谈国内外语教师和学生，发现学生在外语写作中缺乏文化思辨能力主要体现在以下方面。

1. 作文题目限制了文化思辨能力的发展

外语写作题目的设计，往往未能充分激发学生的文化思辨能力。在现实中，

"十句作文法"颇受学生欢迎，因为它提供了一种简单、直接的写作套路。尽管学生可以通过掌握一些模板来轻松完成作文，甚至在评分中获得良好的成绩，但这在实际教学中存在一些局限。作文题目往往受限于字数（大约150个字）和内容的特定要求，导致学生难以充分展开观点，更难以培养他们的文化思辨能力。另外，部分教师倾向参考历年的真题或模拟题来布置作文任务，这使得学生有机会在网络上轻易找到相应的范文，从而进一步限制了他们独立思考和文化思辨能力的培养。

2. 现有的写作教学模式不利于文化思辨能力的培养

目前，外语写作教学的流程通常是"教师布置题目—学生独立撰写—教师批改并给出反馈"。然而，这一流程中存在一个显著的问题：在布置写作任务后，多数教师并未积极引导学生对话题进行深入讨论，从而限制了他们的思维；学生在完成写作任务时，由于缺乏与同伴和教师的交流互动，往往只能独自摸索，其观点大多局限于个人视角，这在某种程度上限制了他们思维的广度和深度。同时，教师作为语言教学方面的专家，虽然擅长纠正学生作文中的语言错误，但对于文章思想深度的挖掘和逻辑连贯性的提升关注不够。这种教学方式既不利于培养学生的文化思辨能力，也难以有效提升他们的文化理解能力和写作水平。

（二）实践策略

1. 在写作中融入阅读教学，培养学生的文化思辨能力

在外语写作教学中培养学生的文化思辨能力，应当提供富有认知挑战性的学习材料。这是因为思辨性的语言输入对输出有着决定性的影响。换言之，提供学习材料不仅为学生提供了输出的参考范例，而且其蕴含的思想深度将在很大程度上塑造学生语言表达的思想层次。此外，这些输入材料还直接成为学生写作时的语言和思辨基础，其思辨性内容的丰富程度将直接反映在学生的输出文本中。

为了深入贯彻写作教学中培养文化思辨能力的核心理念，教师在日常写作教学中应当不断为学生推送富含思辨因素的阅读材料，或激励学生自发挖掘相关资源，如鼓励学生广泛涉猎文学经典原著等。例如，在一篇以"让经典成为经典"为题的作文中，有学生是这样写的："No one will forget the philosophy of Aristotle, the plays of Shakespeare, or *Homer's Epic*, for they all represent the highest achievement in the literature of that time.（没有人会忘记亚里士多德的哲

学、莎士比亚的戏剧或《荷马史诗》,因为它们都代表了当时文学的最高成就。)"学生通过阅读文学经典,并将其融入自己的论述中,不仅增强了论证的说服力,还表达了自己对经典价值的认识——经典作品传递了古人的智慧,推动了人类文明的进步。这种通过阅读大量英文材料来丰富学生知识储备、拓宽学生视野的方法,将使学生在面对不同写作主题时都能言之有物、从容应对。

同时,阅读不仅是积累语言知识的重要方式,还是深化语言理解与应用的关键途径。在写作教学中,教师除了要特别设置经典语句、段落和篇章的背诵环节,还要组织学生进行转述训练。这样的练习不仅能帮助学生将阅读材料中的观点转化为自己的表述,还能够提升学生的文化思辨能力以及创新思维能力。

2. 激发写作课堂中师生间的互动,鼓励学生独立思考

教师在指导学生进行写作练习时,可以开展与写作主题紧密相关的课堂互动活动,以促进师生间的深入交流和讨论。举例来说,当为学生设置关于大学生是否应遵守宵禁的辩论话题时,有教师精心设计了这样一个问题:"你们是否赞成大学实行宵禁政策? 请阐述你们的理由。"这样的问题设计旨在激发学生主动查阅相关资料,理解宵禁制度的基本含义及其在其他国家的实施状况,如美国通过宵禁制度来降低青少年犯罪率,而英国则针对 10 岁以下儿童实施宵禁措施。通过分享这些文化背景知识,教师可以有效激发学生的探究兴趣,引导他们从不同角度进行思考和表达。随后,深入探讨宵禁政策在心理、社会以及法律层面上得以实施的理论依据,如宵禁对于家长来说较为方便,对于未成年人来说更加安全,能够降低青少年犯罪率等。这场讨论为学生带来了全新的思维视角,为他们进一步展开正反双方的辩论提供了契机。学生通过辩论活动,可以将讨论内容转化为文字表述,并在写作过程中展示这些观点和例证。

教师在与学生的互动中应积极引导每个小组展开讨论,还要细致地指出其中的优劣之处。这样的教学方式使学生有机会在持续的实践中培养自己的独立思考能力。在实际的课堂教学中,对于写作部分的教学,教师可以引入同伴互评的策略。这种策略鼓励学生之间互相审阅作文,进而培养他们的文化思辨能力。学生作为作文的评阅者,能够突破以往只有教师单一评价的限制,更为主动地参与到作文的修改中。在此过程中,学生通过借鉴他人的优点,弥补自身的不足,能够在独立思考中逐步提高自己的文化思辨能力。

3. 创设真实语言习得环境,提升学生写作文化思辨能力

在实际的课堂写作训练中,教师需要精心创设一个真实的语言学习环境,以

便让学生在真实的语境中自然而然地提升他们的语言能力。为了达到这一目的，教师应当在写作课程中融入真实情境教学。例如，可以让学生练习撰写英文请假条。在正式写作前，教师可以先安排一系列与写作主题紧密相关的口头交流活动，并选出可能出现在作文中的关键词语，然后让学生通过分组进行课堂活动。在这个活动中，学生需要运用刚刚学到的主题词语来造句，并通过逻辑关联词将这些句子串联成一段连贯的文字。随后，他们可以互相分享自己撰写的文字。这种互动不仅能增添课堂的活力，还能将原本单调的写作课变得活泼有趣，学生的参与度也极高，他们在分享和讨论的过程中，不仅锻炼了语言能力，还提升了文化思辨能力。

相较于学生独立构思写作主题和内容，在真实的语言环境中学习更能显著提升写作的产出效率。在这样的氛围中，学生与同伴进行深入交流与互动，不断拓宽自己的表达技巧和丰富自己的语言素材。这种积极的互动让原本可能耗时且效果不佳的写作过程变得既高效又省时，还可以实现更加流畅的语言运用。这样的学习方式不仅提升了学生的外语学习自信，还有助于培养他们的写作文化思辨能力，使他们能够在实际写作中更加自如地运用所学知识，提升整体的写作质量。

（三）实践案例

在实验的开始阶段，即开学之初，进行一次基于文化思辨能力培养的写作问卷调查。该问卷共发放了 108 份，并成功回收了 108 份，其中有效问卷为 105 份。为了全面评估学生的文化思辨能力发展情况，在学期末进行了第二次问卷调查，并对受试对象进行了相关测试与评估。

在进行文化思辨能力培养的写作教学时，将近年全国大学英语四级考试的作文题目作为授课内容。具体的教学步骤如下。

1. 写前阶段

在引出写作主题之前，先让学生接触和了解一篇关于该写作主题的文章或视频材料。以一则关于毕业生就业市场的新闻报道为例，其内容涵盖了不同专业毕业生对于各类就业单位（如国有企业和合资企业）的就业前景的观点。这篇报道详细描述了近年来热门就业单位的现状，旨在为学生提供清晰、准确的就业认知。

随后，组织学生分组进行讨论，鼓励他们积极发表个人观点，并在讨论过程中利用网络资源来补充和完善自己的认知。在讨论环节，特别强调学生应该根据自己的兴趣和专业特色来进行职业选择，并与其他专业的学生进行对比分析。这样做的目的是帮助他们做出最适合自己的就业决策。某位学生根据自己的教育背景，在寻找工作机会时发现，国企的入职门槛普遍较高，而合资企业的要求则与他的学历相符，并且提供了丰富的培训和发展机会。这样的经历使他能更具体、更客观地表达自己的选择逻辑和观点。最后，当学生对讨论的主题有了足够深入的了解和认知后，教师可以引入相关的作文题目和要求，引导他们在审题时紧扣主题，同时锻炼他们的逻辑推理能力和文化思辨能力。

2. 写中阶段

在这个阶段，学生应当保证对其所持观点的叙述要逻辑清晰、逐步递进。为了促进学生的深度思考以及提升学生的表达能力，教师可以依据写作任务的具体要求，结合学生对题目的理解程度，提出一系列具有针对性的问题。例如，"What are the advantages of working in the state-owned company or joint venture?（在国有企业或合资企业工作的优势有哪些？）"。这样的问题可以引导学生思考并列出诸如稳定的收入、可以接触先进技术等可能的益处。通过深入对比不同观点并敢于质疑对立意见，学生能够在思想碰撞中更加明确自己的立场，进而坚持自己的选择。此外，教师在辅导写作时，还需强调学生要善于运用逻辑连接词，以确保文章的各个部分能够紧密相连，形成清晰流畅的逻辑链条。在处理主要信息与次要信息时，教师还应鼓励学生灵活运用主从复合句等多样化的论述方式。

3. 写后阶段

在完成前两个阶段的学习任务后，教师会在最后一个环节安排学生开展同伴间的作文互评活动，并在此基础上进行综合性的形成性评价。在这一过程中，学生将依据大学英语四级写作的思辨策略框架，对同伴的作文进行思辨性的评价。在评价时，学生应着重考察同伴的作文中开篇观点的提出是否充分考量了国有企业、合资企业以及个人因素。同时，学生还需分析同伴在阐述观点和进行推理论证时，是否灵活运用了诸如推理、比较、质疑等思辨策略。

除了对作文内容的深入剖析，教师还会指导学生仔细观察同伴作文中句型的运用，看其是否符合逻辑规范，其中包括从句的使用是否恰当贴切，主句是否准确传达了核心信息，以及从句是否提供了有效的补充性解释和说明。通过这种同伴间的相互评价，学生可以更加清晰地认识到自己作文的长处与不足，进而制订更多可优化的文化思辨写作策略。该过程不仅有助于提升学生的写作水平，还能帮助他们更有效地调整自己的文化思辨写作意识和改变自己的写作习惯。

五、基于文化思辨能力培养的外语翻译教学实践

在外语翻译过程中，文化思辨能力的重要性不言而喻。它赋予了译文独特的灵魂，成为翻译成功的核心要素。文化思辨能力不仅决定了大学生如何在外语翻译中平衡主动与被动的角色，还深刻影响着他们对原文含义的分析、归纳与对表达策略的选择，以及在文化层面的取舍。可以说，文化思辨能力是大学生进行外语翻译时思维活动的集中体现。那些杰出的外语翻译作品，正是对原著生命力的完美延续，彰显了翻译者的文化思辨能力和高超的翻译技巧。

（一）存在的问题

1. 学生缺乏独立的学习思考能力

要培养学生的文化思辨能力，就必须鼓励他们独立学习和思考。但从小学到高中的教育过程中，学生往往被灌输了避免质疑的观念。这种观念会延续到大学阶段，进而影响他们的独立思维。因此，在外语翻译教学的视角下，要提升学生的文化思辨能力，无疑会面临众多挑战。

另外，一些学生因受限于家庭教育，他们在学习实践中难以独立探究问题，习惯于依赖外部援助而非深入探究问题的核心本质，长此以往，会阻碍他们培养文化思辨能力。因此，提升学生的文化思辨能力绝非一蹴而就，需要教师持续不断地进行引导，并深化课程教学内容。教师可以把文化思辨能力的培养渗透至跨文化翻译教学的各个环节，以全面提升学生的思辨能力。

2. 文化思辨能力培养的课程设置缺乏合理性

文化思辨能力的培养是一个渐进的过程，它深深植根于长期的教育实践中。它要求学生不仅能积累丰富的知识，还能灵活运用这些知识，这样才能有效地提升他们的思辨水平。如此，学生在探索跨文化翻译知识的过程中，才能更高效地实现自我提升与自我强化。然而，部分教师在设计思辨课程内容时，未能将文化思辨能力的培养与跨文化翻译课程的教学内容有机整合，从而使得两者之间的联系出现断裂。这种教学方式使得跨文化翻译教学在培养学生的文化思辨能力方面变得过于表面化。

此外，为了有效提升学生的文化思辨能力，必须加强他们在语言表达、分析和认知等方面的能力。这样，学生便能灵活运用多种跨文化翻译技巧，精准定位知识内容，并明确自己的学习需求与学习方向。然而，有些教师在培养学生的文化思辨能力的过程中，却忽视了对他们多方面语言学习能力的强化，这无疑削弱

了翻译教学中文化思辨能力培养的整体效果。

3. 中外文化之间的差异较大

在外语翻译实践中，常常遇到这样的情况：某些外语作品难以有效移植，而有些翻译作品的影响力甚至超过了原著。出现这一现象的原因不仅在于翻译者的个人能力，还涉及中外文化的差异。中西方国家在历史、民族习俗、社会体制等方面的显著差异，导致了人文思想和价值观的巨大差距。这些文化和价值观的内涵，都会在语言中得以体现，从而在外语翻译过程中形成了障碍。

因此，在进行外语翻译时，文化因素往往是影响翻译的重要原因。这不仅要求翻译者具备高超的语言技巧，还需要他们深入了解并尊重不同文化之间的差异，以实现真正的文化交流。

（二）实践策略

1. 加强学生文化思辨能力培养的教育引导

在外语翻译教学中，为了深化学生文化思辨能力的培养，必须从三个维度着手：问题探究以启迪思维，语言逻辑梳理以明晰表达，句子结构解析以深化理解。基于这三个维度，需要开展多元化的实践活动，让学生在实践中不断锻炼和自我提升。

首先，致力于培养学生的问题探究能力。教师通过外语翻译教学，帮助学生洞察不同语义环境下文化因素对语言翻译的影响。当学生深入理解和把握各种语言概念时，他们的语言学习能力便会自然而然地得到提升。这样的教学过程，既让学生掌握了丰富的翻译技巧，又使他们在发现问题、分析问题直至解决问题的过程中，逐步增强自己的文化思辨能力。

其次，教育中的语言逻辑教学旨在培养学生的文化思辨能力。在外语翻译的教学实践中，鼓励学生深入探索不同文化背景下的语言运用习惯，并仔细剖析各种语言表达的独特之处及其在具体语境中的应用。这样，学生就能根据语言环境的变迁和文化元素的影响，提升对语言信息的解读能力。随着学生不断积累并丰富自己的知识库，他们的翻译技巧和文化思辨能力也会随之提升，进而能够更加自如地进行学习与实践。

最后，致力于将语句结构分析与文化思辨能力的培养相结合，以期为学生打造一个促进独立思考的学习环境。在教学过程中，教师应精心挑选那些句式多变、结构灵活的语句作为教学素材，引导学生深入挖掘语句背后的深层含义。同时，还应强化学生对转译、换译以及换语等翻译策略的实践应用。通过对语句结构的细致剖析，学生可以更加精确地掌握语言表达的精髓，从而在外语翻译实践中提升文化思辨能力。

2. 科学构建文化思辨能力培养的课程教学体系

构建科学化的外语翻译课程体系，其核心在于将文化思辨能力的培养与外语翻译课程深度整合。这种整合不仅强化了外语翻译课程在塑造学生文化思辨能力方面的导向作用，也使得这一课程成为提升学生文化思辨能力的一个核心内容。为达成这一目标，教师需要紧密结合外语翻译课程的具体内容，灵活多变地设计并应用针对文化思辨能力培养的教学策略，以此确保教学内容的多样性和新颖性。

例如，在外语翻译教学过程中，教师应将焦点放在对文学作品创作背景的深入剖析以及地域文化特色的详尽解读上，将这些元素作为培养学生文化思辨能力的基石，从而有效提升学生的文化素养和批判性思维能力。随着学生对当地文化的深入学习，他们的外语翻译能力和文化思辨能力都会得到显著提升。当学生对外语翻译内容的客观性和合理性产生怀疑时，教师应引导他们利用已具备的文化思辨能力，从语言逻辑和文化分析两个维度去探讨不同背景下的语言翻译差异。这样，外语翻译课程就能更有效地促进学生文化思辨能力的提升。

3. 注重学生学习获得感及学习感知能力的强化

可以将增强学生的学习获得感，并深化学生的学习感知能力这一理念视为培养文化思辨能力的坚实基础。这样一来，外语翻译教学的教育效果将会得到更为显著的提升。为此，教师需要从两个层面入手进行科学的教学实践，确保教学方式的多样性和创新性。

第一，教师应细致剖析学生阶段性的学习成效，洞察他们当前的学习状况及所面临的挑战，从而制订贴合学生需求的教育方案。教师应以满足学生的学习需求为出发点，构建一套专注于外语翻译的课程体系，增强学生的知识获得感和满足感。以语言分析和逻辑理解方面稍显薄弱的学生为例，教师应制订渐进式的教学策略，引导学生逐步领悟不同文化背景下的语言表达技巧。通过学习这些技巧，学生能够大致掌握各种语言的表达方式。在此基础上，教师应适时介入，协助学生提高语言表达的逻辑性，从而进一步增强学生的学习获得感。

第二，为提高学生的学习感知力，教师在教学过程中应着重运用多样化的语言概念，以加深学生对各类语言概念的理解和掌握。此举不仅有助于学生更全面地认识语言文化的演变轨迹，还能有效补足学生在感知能力方面的短板。当学生在实践中运用这些强化的学习感知能力时，他们会对部分知识内容产生强烈的探索欲望，从而进一步提升其在外语翻译学习中的文化思辨能力。简言之，教师应该注重语言概念的运用，以增强学生的感知能力，激发他们的探索精神，并培养他们外语翻译学习的文化思辨能力。

4. 积极开展跨文化翻译的语言能力训练

在外语翻译教学中，语言能力的训练与提升是一项至关重要的任务。这意味着教师需要针对跨文化翻译课程，精心设计并实施一系列旨在提高学生语言能力的训练与测试。考虑到学生文化背景差异，教师应个性化地设计评估语言能力的方案。例如，教师在教授汉译英课程时，除了教授基本的翻译技巧，还要融入相关的背景知识，以帮助学生更全面地理解和运用语言。此外，鼓励学生积极参与国际文化交流活动，从而提高学生的外语语言能力。

5. 培养学生外语翻译学的辩证思维

要培养学生在外语翻译过程中的文化思辨能力，关键在于拓宽他们的知识视野，引导他们从多元化角度深入分析和研究问题。这样，学生就能够提高外语翻译中的语言分析能力和解读能力。为此，针对外语翻译教学，教师应巧妙地将马克思主义哲学中的唯物辩证法理念融入其中。通过学习和理解唯物辩证法，学生能够转变看待和解决问题的思维，从而逐步培养出更为强大的学习创新能力。这种能力的提升不仅有助于他们构建更加完整的知识体系，还能强化他们洞察问题本质的能力，确保外语翻译学习不再仅仅停留于表面的文字转换，而是能够深入探索文本背后的深层文化。

随着学生文化思辨能力的日益提高，他们在探究问题时不再被单一的语言结构、文化背景和信息内容束缚。相反，他们能够灵活地运用各种语言技巧和文化信息，全面而深入地剖析不同语境下语言表达的深层含义。这样，学生能够更加精准地把握跨文化外语翻译的精髓，从而显著提高外语翻译的学习质量。

综上所述，要提高外语翻译课程的教学质量，培养学生在外语翻译过程中的文化思辨能力是必不可少的。为了实现这一目标，教师需要巧妙地运用各种外语翻译教学策略，有效地培养和提升学生的文化思辨能力。通过持续提升学生的文化思辨能力，他们能够更深入地理解不同文化背景下的语言表达方式，从而提高他们的语言理解和表达能力。这些教学策略的实施将有助于提高学生在跨文化外语翻译方面的综合素养，也会为他们未来在国际化环境中工作和生活打下坚实的基础。

（三）实践案例

1. 实践背景

该次研究集中在英语专业本科的两个班级，共计 62 名学生。这些学生正致力于学习翻译基础这门课程，该课程在第二学期正式开课。每个班级都将经历为期 16 周的授课过程，累计获得 32 个学时。值得注意的是，学生在学习该课程前，并没有学习过任何关于翻译知识和翻译技能的课程。该课程的核心目标是向学生传授基础的翻译知识与方法，使他们不仅能够完成单句的翻译任务，还能对复杂的长句进行深入分析和翻译。通过这样的课程设置，学生将逐渐掌握翻译的基本技能，并且在学习过程中提高文化思辨能力，为未来的学习和职业发展奠定坚实的基础。

2. 实践问题

①学生在完成反思日志时，他们会聚焦于哪些核心问题？这些问题随着时间的推移是否有所改变？

②学生对于反思日志的关注和问题的变化，能否反映出他们在文化思辨能力方面的提升？

3. 实践过程的实施

教师精心策划一项过程性评价作业，这项作业以提升学生的翻译技能为焦点。作业内容涵盖从基础到高级的单句翻译练习，翻译对比分析和用汉语翻译一篇约 150 个词的英语短文。每完成一项任务，学生都需要撰写翻译反思日志，以便对自身的翻译过程进行深入思考。作业将在每周课程结束后布置，给予学生一周的时间去完成，并要求在下周课前提交。教师将在每周课前及时收集作业，并认真整理、分析学生的反思日志，确保评价反馈的多样性和深度。

经过 12 周的收集与整理，教师对反思日志的过程性评价作业进行了全面的分析。在这 12 周中，教师每周围绕一个主题布置作业，共计涵盖了 12 个不同的翻译主题。每周均成功收取了 62 份作业，确保了数据的全面性和代表性。教师对每周的 62 份作业进行细致检查，并归纳总结了学生在翻译过程中普遍关注的问题。这些问题主要集中在翻译难点、解决方法、解决过程、对原文的评价、完成作业的收获以及对未来学习的影响 6 个方面。这些问题不仅反映了学生在翻译实践中的真实体验，也为教师提供了宝贵的教学反馈。

经过 12 周的持续观察与分析，教师发现学生对于翻译难点的关注度在整个研究期间基本保持在高位，占总人数的比重维持在 80% 以上，该比重在研究的后期略有下降。这显示出翻译难点始终是学生在学习过程中面临的主要挑战。相比之下，其他 5 个方面的关注点则呈现出一个明显的上升趋势。最初，这些方面的关注率相对较低，不足 20%，但随着时间的推移，它们逐渐受到了更多学生的关注，并在研究后期上升到 30% 以上。这种趋势表明，学生在翻译学习过程中逐渐拓展了自己的关注点，他们不再仅仅聚焦于翻译过程中的难点，而是开始深入探讨解决这些难点的方法与过程，对原文的质量进行评价，反思完成作业的收获，以及思考该次学习对未来翻译技能提升的影响。

4. 实践结果反思

研究所得的数据表明，学生在翻译过程中普遍关注遇到的难点，其中词汇和语法问题尤为突出。随着研究的深入，尽管学生对这些问题的关注度有所下降，但这与低年级学生的语言基础能力相符。虽然学生在完成任务时面临的主要难题依旧是语言基础的薄弱，但令人振奋的是，部分学生在研究中展现出自我反思的迹象。他们开始认识到自己在词汇和语法上的不足，并逐步将关注点从单纯的表面知识转向深入的自我反思与积极改进。以某一学生为例，他在第 5 周的记录中这样写道："……我发现了自己的词汇短板，很多单词不认识，长句的理解也显得吃力。以前我总以为是材料的问题，现在我才明白，其实是我自己的词汇量太小，语法知识也不牢固。看来我需要调整学习策略，并多花时间扩充词汇量了。"到了第 8 周，该学生又有了新的反馈："通过背单词，我确实有了明显的进步！我会继续保持这种学习状态！"虽然翻译材料的难易程度参差不齐，但让学生在自我认知方面有所成长和进步，正是这次实践所希望达到的目的。

在"思辨能力层级理论模型"框架中，思辨能力主要是通过一系列核心认知技能得以展现的，这些技能涵盖分析、推理与评价等多个层面。学习者借助自我管理、自我监控及自我评价等手段，可以有效地调整和优化自身的认知流程。学生从关注点出发，通过撰写反思日志的方式，详细记录了整个翻译过程：从研读原文开始，到识别问题，再到运用所学的翻译方法和技巧解决问题，最终形成译文。在这一过程中，学生不仅对翻译实践进行了深入反思，而且其文化思辨能力也在不断提升。举例来说，有学生强调："在进行翻译前，我们不应该急于求成，而是要先对原文的特点进行深入剖析""我逐渐领悟了如何结合单元主题来进行有针对性的翻译工作""我坚持在完成整篇翻译后再与参考译文进行对照，虽然还存在一些差距，但内心充满了成就感"。通过撰写日志，学生更加清晰地认识到自己的不足，并提出了相应的改进措施。这一过程不仅提升了学生的质疑能力、求证能力、探究能力、分析能力、推理能力以及知识应用能力等，也进一步提升了他们的文化思辨能力。

此外，撰写反思日志不仅有助于提升学生的自主学习能力，还能增强他们面对挫折的韧性，并培养他们持续探索、永不言弃的精神。在反思日志中，学生能够清晰地认识到自己的短板，同时也能发掘自身的闪光点。在这一过程中，他们学会了从客观和理性的视角审视问题，不断从失败中汲取教训，保持积极向上的心态，积极寻求外部支持，并勇敢地迎接新的挑战。有学生在日志中写道："我发现了自己尚未挖掘的巨大潜力""我翻阅了3部字典，反复修改了6次译文""与同学们的深入讨论让我受益匪浅"。研究表明，具备较强文化思辨能力的学生往往具备好奇心强、心态乐观、意志坚定、自信满满等优秀品质。

因此，高校外语翻译教学中撰写反思日志对于提高学生的情感表达能力、增强文化思辨的深度、塑造个人的独特情怀都起到了不可忽视的积极作用。

第五章　跨文化外语教学中的批判性思维能力培养

跨文化外语教学的关键之一是培养学生的批判性思维能力。随着经济全球化进程的加速，跨文化交流变得日益频繁，因此，学习外语的目的不仅仅是掌握语言知识，更是理解不同文化背景下的交流方式、价值观念和思维模式。在这样的背景下，培养学生的批判性思维能力显得尤为重要。本章围绕批判性思维能力培养的影响因素、国内外批判性思维能力培养模式、跨文化外语教学中批判性思维能力培养实践、国外批判性思维能力培养对我国外语教学的启示展开研究，以期为教育工作者提供有价值的教学理念和实践经验，帮助他们在跨文化外语教学中更好地引导学生，培养学生的批判性思维能力，从而使学生成为具有全球视野和跨文化沟通能力的"国际公民"。

第一节　批判性思维能力培养的影响因素

一、批判性思维能力概述

（一）批判性思维能力的内涵

在探讨批判性思维能力之前，首先需要对"能力"这一概念进行明确的界定。能力是个性的一部分。在《辞海》中"个性"被定义为个人稳定的心理品质，个性也称为人格。个性包括个性倾向性和个性心理特征，图 5-1 为个性的内涵，其为理解"能力"提供了基础理论框架。

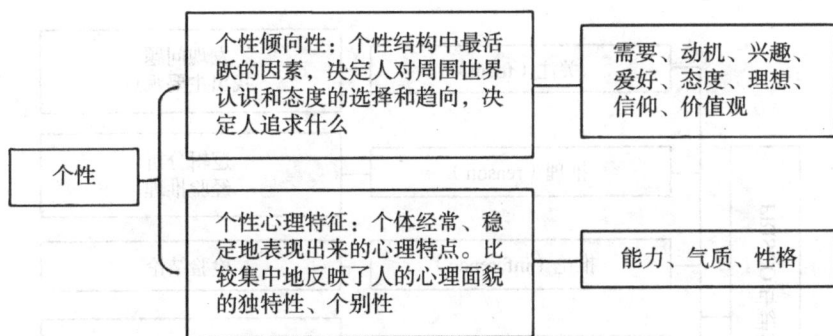

图 5-1 个性的内涵

《中国大百科全书：心理学》对于能力有更为深入的描述，它指出，当个体具备某种能力时，便拥有了掌握和运用特定知识技能的可能性。简言之，能力可以看作个体在特定领域内，掌握和运用知识技能时所展现出的相对稳定的个性心理特征。

根据对能力的界定，我们可以认识到，批判性思维能力是指一个人能对所获取的信息进行分析、整合，并对其价值、准确性、合理性及权威性做出有理有据的判断和评价的能力，是一种复杂的、高层次的认知能力。

（二）批判性思维能力的结构模型

提出批判性思维能力的定义固然重要，但这仅仅是对其宏观层面的描述。为了更具体地指导教学和评价，还需要对批判性思维能力的结构进行深入剖析。目前，学术界提出了多种批判性思维能力的结构模型，这些模型有助于更全面地理解并培养批判性思维能力。

1. 单维结构模型

在罗伯特·H. 恩尼斯（Robert H. Ennis）的早期学术观点中，批判性思维能力主要聚焦于一系列技能，其中居于核心地位的就是形式逻辑推理能力。然而，在学术界，这一做法却引起了广泛争议。因此，自 20 世纪 90 年代开始，恩尼斯的理论不再仅限于技能层面，而是进一步拓展至包含批判性思维倾向的内容。尽管如此，他对批判性思维本质的理解，依旧以批判性思维技能为核心。最初，恩尼斯明确区分并界定了 6 种关键的批判性思维技能，这些技能被统称为FRISCO，这一名称为这 6 种技能对应的英文单词首字母的组合，具体如图 5-2所示。

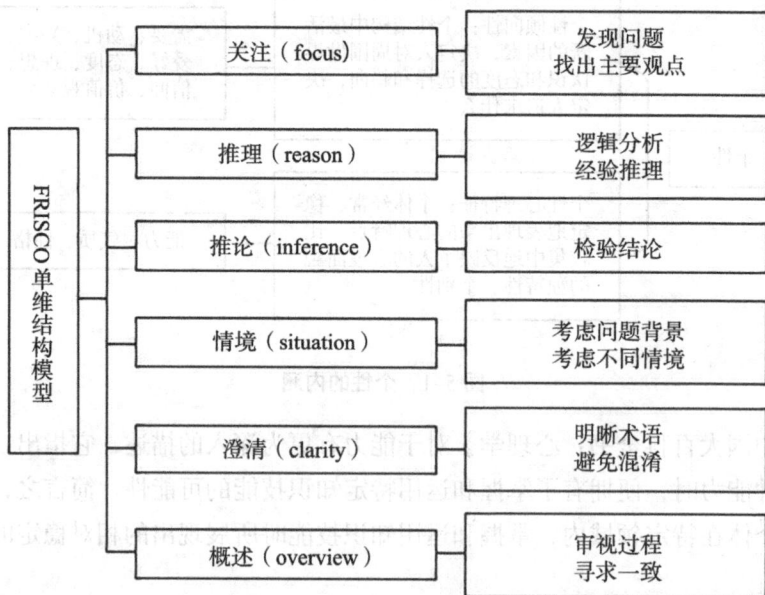

图 5-2　FRISCO 单维结构模型

　　恩尼斯的理论中确实涵盖了两大方面，分别是批判性思维技能和批判性思维倾向。然而，通过他的 FRISCO 单维结构模型，可以感受到他对于批判性思维技能的特别强调和重视。

　　2. 双维结构模型

　　1990 年，46 位批判性思维专家共同研究、制定了《专家共识声明》报告，对批判性思维能力进行了深刻且细致的剖析，提出了独特的双维结构观点。该报告从认知技能维度和情感倾向维度两大层面入手，对批判性思维能力的内涵与特质进行了全面而深入的阐释。其中，在认知技能维度方面，专家依据认知技能的分类标准，精心梳理并详细列举了批判性思维的六大技能。这六大技能共同构成了批判性思维能力的坚实基础。每一类技能下，专家又进行了细分，涵盖了更为具体的子技能，形成了层次分明、内容丰富的技能体系，具体如图 5-3 所示。

技能   子技能

六大技能及子技能	阐释（interpretation）	分类（categorization） 解码意义（decoding significance） 澄清含义（clarifying meaning）
	分析（analysis）	检查观点（examining ideas） 识别论证（identifying arguments） 分析论证（analyzing arguments）
	评估（evaluation）	评估判断（assessing claims） 评估论证（assessing arguments）
	推论（inference）	质疑证据（querying evidence） 推测替代选择（conjecturing alternatives） 得出结论（drawing conclusions）
	解释（explanation）	陈述结果（stating results） 证明过程（justifying procedures） 展示论证（presenting arguments）
	自律（self-regulation）	自我检查（self-examination） 自我修正（self-correction）

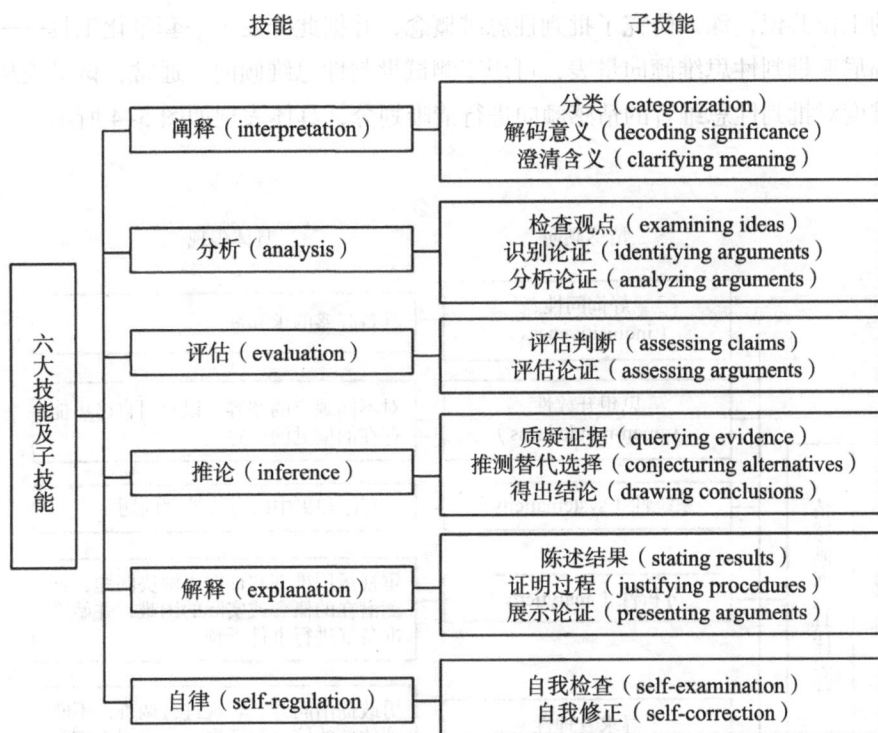

图 5-3 六大技能及子技能

这六大技能并非遵循刻板的顺序，而更像是构成一份灵活的要目清单。这些技能并不是孤立存在的，而是相互交织，并在同一时间内协同运作的。它们贯穿于批判性思维进程的始终，共同构成了思维活动的丰富维度。一个优秀的批判性思维者擅长在面对日常事务和专业问题时，灵活地运用这六大技能，以便更有效地进行分析、判断和决策。

接下来探讨的是情感倾向这一维度。该报告从两个方面细致入微地刻画了批判性思维者的形象：一方面是他们在日常生活中的问题应对方式，另一方面则是他们处理特定问题时所采取的策略。经过小组内部的深入探讨和广泛交流，专家达成了一个共识，即一个优秀的批判性思维者，其特质鲜明而独特：他们保持批判精神，对未知充满好奇与渴望，不断探寻真理；他们头脑敏锐，善于运用理性思考去分析问题，对知识的追求永不停歇；他们渴望获取可靠信息，以支撑自己的思考与判断。这种描述不仅生动展现了批判性思维者的理想形象，还深刻揭示了其内在的核心特质。为了更准确地衡量和评估这些特质，美国哲学学会基于广泛的工作共识，深入研究了批判性思维概念，并据此开发了一套量化工具——加利福尼亚批判性思维倾向量表，可用于测试批判性思维倾向。通常，该量表从七个维度对批判性思维者的情感倾向进行清晰划分，具体表现如图 5-4 所示。

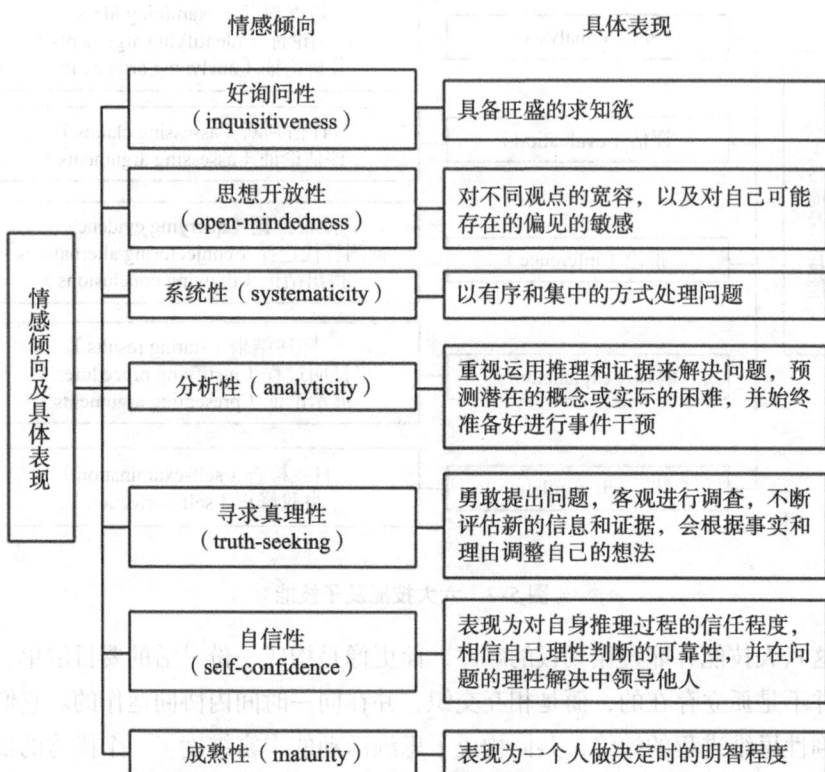

图 5-4 情感倾向及具体表现

要培育卓越的批判性思维者，必须充分认识到批判性思维倾向的培养至关重要。从发展的角度来看，批判性思维技能与个体的性格特质相互补充、相互促进。重视并充分利用批判性思维的情感倾向，对于个体掌握和提升批判性思维认知技能具有显著的推动作用。

双维结构理论着重指出，反省认知以及个体对自身思维过程的评价，构成了批判性思维能力定义中不可或缺的关键要素。双维结构模型如图 5-5 所示。

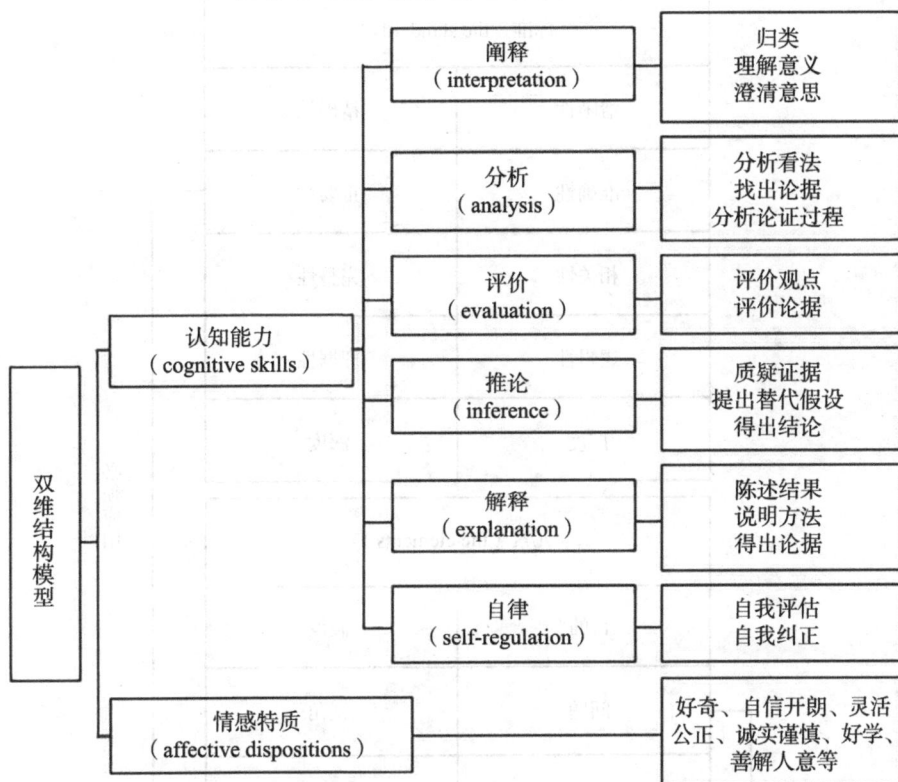

图 5-5 双维结构模型

3. 三元结构模型

在双维结构模型被提出的同一时期，为了满足教学需求，美国学者理查德·保罗（Richard Paul）和琳达·埃尔德（Linda Elder）共同构建了批判性思维能力的三元结构模型。他们认为，思考本质上就是推理的过程，而优秀的批判性思维者会审慎地评估并应用自身的思维标准。这些思维标准与推理元素相互融合，共同促进个体思维特质的发展。

他们认为，优质的思维应当囊括八种核心元素，并且，在每一次思维的组合与运用中，都需要严格依据十条标准来进行检验与衡量。随着思维能力的逐步提升，思维特质也应随之不断发展与完善。这一理念在三元结构模型中得到了充分的体现，如图 5-6 所示。

标准（the standards）	
清晰性	精确性
准确性	重要性
相关性	完整性
逻辑性	理据性
广度	深度

元素（the elements）	
目的	假设
问题	视角
信息	推理
概念	启示

智力特质（intellectual traits）	
谦恭	坚持不懈
独立	自信
正直	富有同情心
勇敢	公正无私

必须应用

必须逐步发展

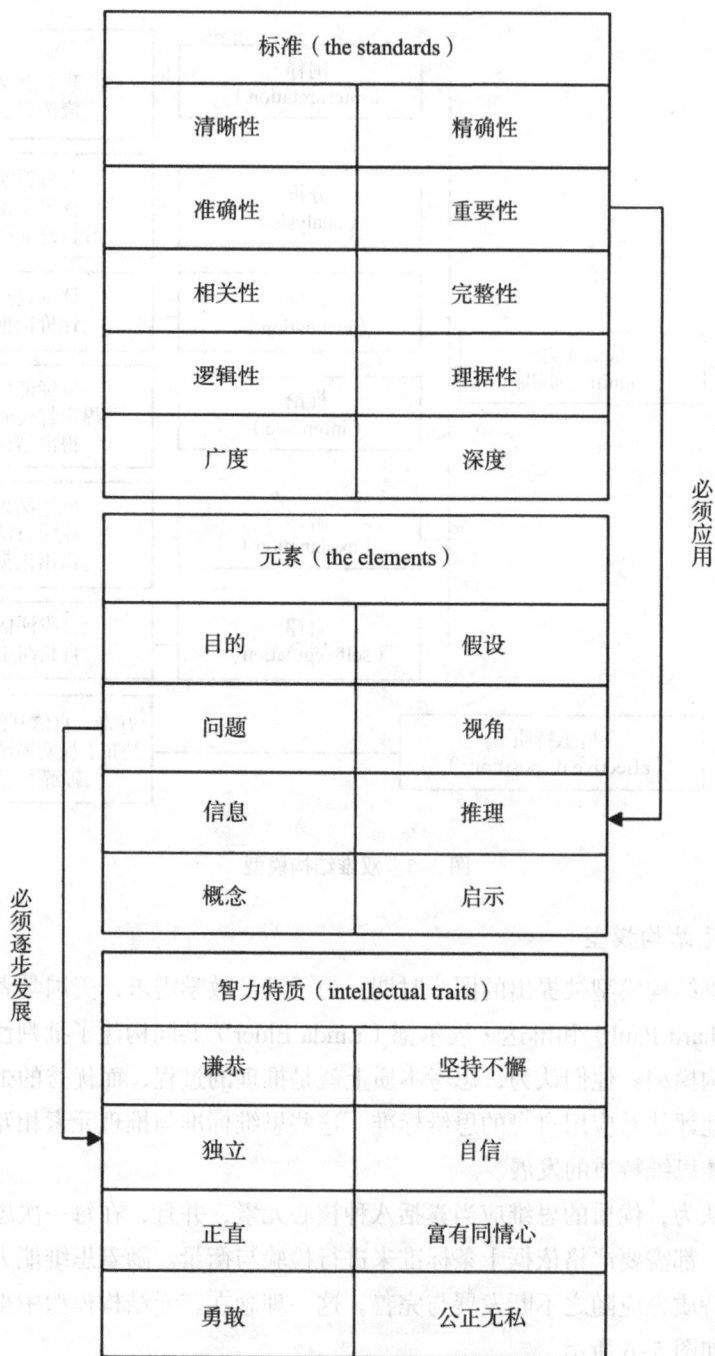

图 5-6 三元结构模型

通过比较可知，双维结构模型与三元结构模型在情感特征上表现出相似性，这揭示了两者都认同认知与情感紧密相关的观点。然而，它们也存在着显著差异。首先，双维结构模型侧重于认知技能维度，而三元结构模型则立足于思维元素的视角。由于技能并不受特定思维内容的限制，在应用中双维结构模型展现出更高的灵活性。此外，双维结构模型的形成并非一蹴而就，而是多位专家经过多轮深入讨论和反复推敲后的智慧结晶。这赋予了双维结构模型更广泛的接受度和更高的普遍性。其次，三元结构模型精心构建了思维的十条标准，这些标准的设立对于个体而言具有深远的意义。它们不仅为个体提供了自我评估的框架，帮助其深入审视自身思维方式的优劣，还进一步促进了个体实现自我调节和完善，从而激励个体实现思维能力的持续发展和提升。同时，这些标准也为评价他人的思维能力提供了明确的参考依据。从这个角度看，相较于双维结构模型，三元结构模型更具优势，但这十条标准可能在一定程度上显得较为繁杂，在实际应用中可能会带来一定的操作难度。因此，在实际应用中，我们可以考虑对这些标准进行适度的精简和优化。

4. 层级模型

层级模型主张将思辨能力分解为元思辨能力和思辨能力两个核心层次，具体如图 5-7 所示。

第一层次元思辨能力主要关注个体对自身思辨过程的深度掌握，涉及深度规划、细致检视、灵活调整以及全面评估等多个方面；第二层次思辨能力则展现出更为广泛的范畴，它不仅涵盖了与认知紧密相关的各项技能和标准，还融合了与思辨品质相辅相成的情感特质。在第二层次的思辨运作中，第一层次元思辨能力始终发挥着全面管理与严密监控的作用。此外，在构建层级模型时，将双维结构模型的基本理念作为框架基础，但在认知维度的深化上，创新性地将三元结构模型中的"标准"要素融入其中，以此丰富和提升模型的层次性和内涵。

在层级模型中，明确界定了三项至关重要的核心技能，即分析技能、推理技能与评价技能，而这些技能所包含的具体分项技能在图 5-7 中有所展现。此外，在构建层级模型时，还将三元结构模型中的十条标准进行了精简和优化，最终提炼出五条核心认知标准，具体包括的内容及其内涵同样在图 5-7 中有所展现，因此不予赘述。

元思辨能力（自我调控能力）——第一层次

思辨能力——第二层次

认知

技能

分析（归类、识别、比较、澄清、区分、阐释等）

推理（质疑、假设、推论、阐述、论证等）

评价（评判预设、假定、论点论据、结论等）

标准

精晰性（清晰、精确）

相关性（切题、详略得当、主次分明）

逻辑性（条理清楚、说理有根有据）

深刻性（有广度与深度）

灵活性（快速变化角度、娴熟自如地交替使用不同思辨技能）

情感

好奇（好疑、好问、好学）

开放（容忍、尊重不同意见，乐于修正自己的不当观点）

自信（相信自己的判断能力、敢于挑战权威）

正直（追求真理、主张正义）

坚毅（有决心、有毅力，不轻易放弃）

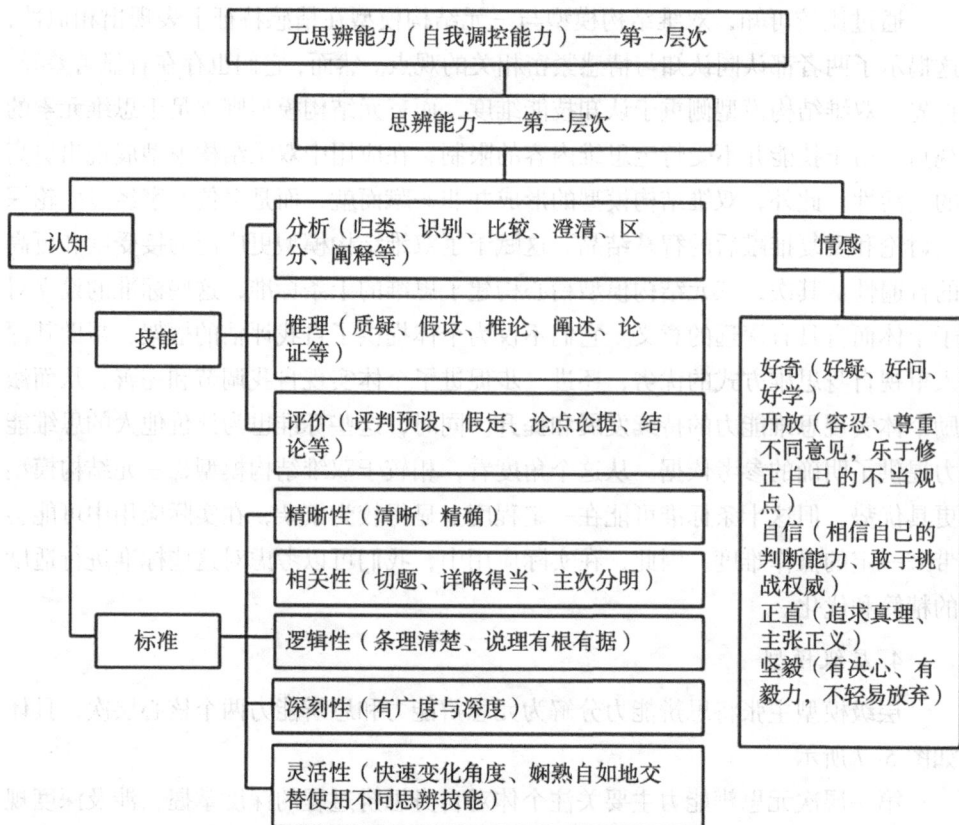

图 5-7　思辨能力层级模型

　　层级模型中的情感维度，可归结为五大核心情感特质，具体解读如下：好奇，体现在思辨者对新奇事物的浓厚兴趣与探究欲望，他们乐于深入挖掘事物的本质，对习以为常的现象也能提出独到的疑问，进而展现出对新知识、新技能的持续学习热情；开放，意味着思辨者具有广阔的视野与宽广的胸怀，他们尊重多元化的声音，不仅欣然接纳不同意见，还乐于在思维的碰撞与交流过程中针对自己的不当观点不断进行修正；自信，是思辨者在分析、推理、评价过程中展现出的坚定信念，他们的自信源于自身拥有的能力，敢于直面挑战，不畏惧权威；正直，强调思辨者在思辨过程中始终坚守真理与正义的立场，并且他们的思考与行动基于公正与公平，而非私利驱动；坚毅，展现了思辨者在面对挫折与困难时的顽强毅力，他们不屈不挠，持之以恒，直至达成目标。

　　总的来讲，层级模型可以为构建我国外语类大学生批判性思维能力量具以及促进批判性思维能力的培养提供相应的理论框架。

二、影响批判性思维能力培养的主要因素

批判性思维能力的培养受多种因素影响，这里将从外在因素和内在因素两个方面进行深入探讨。

（一）影响批判性思维能力培养的外在因素

外在因素在塑造和培养批判性思维能力方面占据举足轻重的地位。一方面，环境氛围和社会文化对个体具有潜移默化的影响，它们通过无形的力量塑造个体的思维方式和价值观念。另一方面，一线教师所采用的教学模式同样对批判性思维能力的培养起到决定性的作用。

1. 环境氛围

（1）家庭环境

家庭环境在孩子的教育与成长过程中扮演着至关重要的角色。在一个民主、和谐的家庭氛围中，孩子更有可能培养出开放自由的性格和行事风格。他们通常具有较强的求知欲和独立性，对自己充满信心。他们愿意与父母分享自己的想法，倾听父母的忠告，并在适当的时候调整自己的观点。在这个过程中，父母不仅是孩子的指导者和引领者，也是他们成长过程中的分析者和批判者。因此，在和谐的家庭环境中成长、并与父母保持频繁交流的孩子，可以自由地表达自己的观点，并在与父母的互动和讨论中，经历反馈和验证的过程。这种交流实质上是一个思维辩证、批判的过程，对于形成和提升批判性思维能力大有裨益。同时，这也有助于增强个人处理人际关系的能力。

相比之下，那些在专制家庭环境中成长的孩子，可能会形成"唯命是从"的行为模式，他们的思想和行为受到束缚，无法自由发展。他们在遇到问题时往往缺乏自信和勇气去尝试和应对，这影响了他们的生活习惯、性格塑造以及应对问题的态度。他们的主观能动性受到限制，应变能力较差，难以展现出创新和批判性思维能力。因此，家庭氛围的质量与孩子的批判性思维能力的形成和发展之间存在紧密的联系。

（2）外部环境

在批判性思维能力的培养过程中，除了家庭环境，外部环境同样占据重要地位。例如，个体与同伴的互动、宿舍环境氛围以及学校课堂学习氛围等因素，都会对个体的批判性思维能力的发展产生深远影响。良好的人际交往能力，如与同

伴的和谐交往、积极的合作与互助，有助于个体采取积极的应对策略。在这样的情境中，自由的讨论氛围和课堂氛围对批判性思维能力的培养具有显著的推动作用。正如古语所说，"近朱者赤，近墨者黑"，这意味着个体的心理发展与其周围人群，如同学、同事等，有着密切的关系。个体最初可能会在学习或工作活动中表现为被动参与，但随着时间的推移，这种被动态度可能会逐渐转化为主动态度，进而形成固定的思维模式。这一过程中，批判性思维能力得以自然发展。此外，个体的认知成熟度也受到环境因素的深刻影响。这进一步表明，思维的发展是一个渐进的过程，需要不断地从环境中汲取养分。因此，教师在营造外部环境时，应着力营造"讨论式"的学习氛围，持续为学生提供丰富的思维刺激，从而提高其批判性思维能力。

2. 社会文化

文化作为特定历史背景下社会群体的生存方式，深刻地塑造着该群体在人与自然、人与人的互动中所展现的行为模式、价值观念和心理特点。由于地域、语言和种族等多元因素的交织影响，文化展现出丰富而鲜明的特色，每一种文化都是独一无二的瑰宝。同时，文化也具有一定的封闭性特征，这在一定程度上有助于维护其整体结构的稳定性。在中国，儒家学说以伦理道德和治理之道为基石，长久以来在封建社会的思想领域占据主导地位。受其影响，中国的思想家更倾向从人的道德修养和社会关系这一独特视角出发，去解读和审视世间万物。在以儒家文化为主体的中国传统文化中，逻辑思想与批判精神并未被视为推动其核心价值观念演进的积极因素。相反，由于注重直觉领悟、强调社会稳定和谐的理念逐渐占据主导地位，逻辑推理、批判性思维在文化发展中逐渐被边缘化。

此外，深受悠久传统文化的熏陶，中国在经济发展、政治体制、教育制度以及科技进步等诸多方面都呈现出别具一格的特色，这些特色相互交织，共同构建了一个绚烂多彩的社会文化背景。考虑到批判性思维运动源自西方文化，将其引入中国这一独具特色的文化环境中，可能会遭遇一些文化层面的阻碍和挑战。然而，这并不意味着批判性思维与中国文化存在根本性的冲突或矛盾。相反，这更多地表明，推动批判性思维运动在中国的发展，并促使社会成员的批判性思维能力得到有效培养，是一项艰巨的任务，需要倾注更多的精力。随着时代的不断进步，中国文化的生存条件正在经历前所未有的深刻变革。在此背景下，我们有理由相信，通过持续的努力和创新，培养批判性思维能力所遇到的文化障碍在中国是可以被克服的。

3.教学模式

教学模式是教育理论家基于特定的学习理论精心构建的，或者是教师在长期指导个体学习的实践中逐渐摸索和完善的。一旦某种教学模式得以确立并广泛获得学界的认可，它就具备了"范式"的特质。它们为教学实践提供了稳定的"尺度"和可参照的"样本"，成为教师教学的"标准"。因此，这些教学模式内部通常具备相对稳定的结构设计和清晰明确的目标指向，从而为教育者和学习者提供明确的方向和有效的指导。

作为课堂教学环境塑造者的教学模式，其对批判性思维能力的培养，起到了更多的支撑作用。从整体来看，教学模式对批判性思维能力培养的支撑作用主要是借助于推动课堂批判性思维环境的构建来实现的。从理论和实证方面来看，那些能够解决高阶问题、多元逻辑问题或结构不良问题等的教学模式，以及能够调动学习者参与到此类问题学习中的教学模式，或以学习者为中心的教学模式最有利于批判性思维环境的形成。

在现今的时代背景下，尽管传统的"以教师为中心"的教学模式在提高学习效率和分数方面表现出色，但它同时也带来了许多明显的弊端。这些弊端对学习者的全面发展产生了不利影响，尤其是在培养个体的批判性思维能力方面。

（二）影响批判性思维能力培养的内在因素

批判性思维能力培养受到多种内在因素的共同影响，这些因素包括个体的学习习惯、学习态度、思想因素、个人动机和知识积累等。接下来将逐一探讨这些因素对批判性思维能力培养的具体影响。

1.学习习惯

学习习惯往往是从小培养的。优秀的学习习惯并不仅限于课前的预习和课后的复习，还包括在课堂上专心聆听教师的讲解；当教师提问时，能够积极运用想象力进行思考，敢于挑战并思考与教师不同的观点，勇于与教师分享自己的看法等。这些学习习惯都是积极的，且非常值得大力推广。培养这样的学习习惯，将更有可能促使学生的自主学习能力进一步增强，从而有效培养学生的批判性思维能力。

2.学习态度

学习态度往往会对良好学习习惯的培养产生深远的影响。态度决定一切，若缺乏积极的学习态度，学习者很难全身心地投入学习中。对学习的重要性缺乏认识或学校的学习风气不佳，都可能削弱学习者的学习热情和思考能力。此外，学习态度还直接关系到个体的求知欲和自信心，从而进一步影响其批判性思维能力的发展。

3. 思想因素

思想因素在批判性思维能力的培养中起着至关重要的作用。一个具备批判性思维的人，通常具备寻求真理、解放思想的特质。然而，相关研究表明，一些个体在思想个性方面可能存在一些影响批判性思维能力培养的因素，具体如图 5-8 所示。

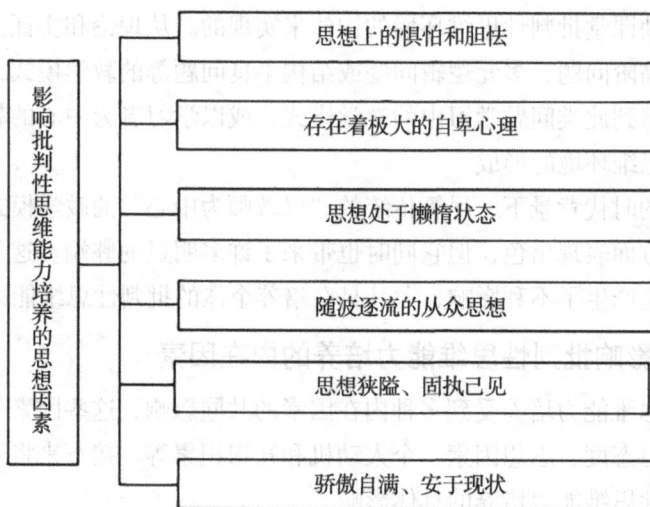

图 5-8　影响批判性思维能力培养的思想因素

图中内容：

- 影响批判性思维能力培养的思想因素
  - 思想上的惧怕和胆怯
  - 存在着极大的自卑心理
  - 思想处于懒惰状态
  - 随波逐流的从众思想
  - 思想狭隘、固执己见
  - 骄傲自满、安于现状

4. 个人动机

无论个体去做什么，动机都是不可或缺的，培养批判性思维能力也是如此。就动机而言，主要分为两类，即内部动机和外部动机。对批判性思维能力的培养来说，内部动机源于个体对批判性思维本身的兴趣、爱好和需求，这是推动个体主动培养和提高批判性思维能力的关键因素；而外部动机则是由外部环境或相关因素所引发的，如他人的鼓励、奖励或挑战等，这些因素也会对个体形成和发展批判性思维能力产生重要影响。

5.知识积累

知识积累是一个充满挑战但又极富价值的过程。唯有具备广泛的知识面和充实的知识储备，才能孕育出批判性思维能力。相反，知识匮乏会束缚个体独立思考能力的发展，使其认知变得局限和片面。知识储备如同建造大楼的基石，基础不稳固终究难以立足。因此，知识储备的不足会对批判性思维能力的形成与发展产生不利影响。

第二节　国内外批判性思维能力培养模式

一、国内批判性思维能力培养模式

（一）"三位一体"批判性思维能力培养模式

构建我国的"三位一体"批判性思维能力培养模式是一项艰巨而复杂的系统工程，它涵盖了众多关键因素。这一模式必须同时满足批判性思维能力培养的科学性和客观性要求，让培养更具专业性和深度。在构建过程中，需要积极借鉴国外学术界在批判性思维能力培养方面的理论精髓，但同时也要紧密结合我国的实际情况，融入中国文化的深厚底蕴和外语学习的特殊环境，保证该模式的可行性和实用性。

1.教学机构职能

教学机构在培养批判性思维能力的过程中应提供全面而深入的支持。具体而言，应适度调整课程结构，压缩部分技能课程，以腾出更多时间用于思辨课程、人文通识课程及专业知识课程的学习。这些课程包括但不限于法律道德、自然科学、逻辑学、历史等。相关研究结果表明，知识整合类的课程相较于同领域的常规课程，在推动批判性思维能力发展方面发挥了显著的优势。

为了激发学生的学习热情，教学机构可以举办丰富多彩的活动，如知识竞赛、百科文化盛宴、演讲与辩论等，同时鼓励学生广泛涉猎各类知识。这有助于他们构建更为完善的知识体系，为批判性思维能力的培养奠定坚实基础。在师资培养环节，教育机构应积极采取行动，以全方位提升教师的教学能力和教育理念，具体来讲，不仅要设立专业研究团队，而且应定期组织研讨会，并开设相应的网络课程。这些举措旨在提高教学质量和确保批判性思维能力培养的有效性。

2. 教学者角色

教学者必须摒弃陈旧的教学理念，深化对相关概念的领悟与掌握，并持续强化自身的思维能力。在教学过程中，他们应紧密结合专业培养目标，充分考虑所教授课程的特性及学生个体差异，清晰界定各学科所需掌握的语言和思维技能以及文化知识、倾向目标。在筛选教学内容时，教学者需确保内容真实可信、富有深度，同时注重内容的逻辑性和系统性。同时，教学者应积极探索并利用一系列创新的教学方法和模式，如对话式交流法、深入讨论法、合作学习模式以及线上线下相结合的混合式教学模式。这些创新方法和模式的运用，旨在激发学生敢于分析、质疑和推理的勇气，共同营造包容、开放的思维课堂文化氛围。另外，教学者还应引入形成性评价机制，以便及时调整教学策略，更好地促进学生批判性思维能力的发展。

3. 学习者角色

在由教学机构和教学者合力打造的批判性思维能力培养环境中，学习者需要积极转变学习观念，既要注重掌握知识和技能，也不能忽视发展实践应用能力。同时，培养分析评价能力也至关重要，学习者需要学会批判性地分析信息，评价言语背后的态度，并能够恰当地论证自己的观点。为实现这一目标，学习者需要改进学习方法，培养敢于突破、挑战、评价已有观念并生成创新思想的能力。

（二）基于整合学习的批判性思维能力培养模式

整合学习有着不同层次的内涵。在教育层面，整合学习是指不同教育领域、不同经验世界、不同学科课程的整合。就特定学科而言，整合学习是指，学生在主题情境中，通过相应的技能活动，运用学习策略，获得、梳理、整合相应的学科知识，再进行深入的理解与赏析、比较与探究以及总结与评价。因此，课程中的整合学习是基于学生学习机制与学习需要的、为了有效促进学生学科核心素养发展的一种学习路径。

批判性思维能力发展活动应该是整合学习活动的组成部分。具体来讲，可以在任何形态的教学中开展整合学习，整合发展学生的批判性思维能力。反思相应的教学实践课程，从不同层面开展批判性思维能力发展活动，让学生基于批判性思维的不同维度回答问题，从而实现学生批判性思维能力的有效培养。以外语学科教学为例，在以听说为基础的整合学习的教学中设计的各类问题总结如下。

第一类问题是事实类问题，分析是否阐释所有事实，尤其是相反事实，可引导学生思考与讨论，具体如下。

文本：对话文本所阐释事实是否真实？语用是否真实？接受或拒绝邀请（若听说内容为邀请）的理由是否充分合理？是否可能存在相反事实而没有陈述？为何？

跟读：跟读学习目标与学习活动是否阐释语音学习、口语学习这一事实（社会与个人发展、课程标准、语音学习机制、文本学习机制等）？是否可能存在相反事实而没有陈述？为何？

评价：理由是否充分合理？是否录入并评价所有语言事实（语音语调、节奏停顿、重音、情绪、语用目的等）？是否可能存在相反事实而没有陈述？为何？

第二类问题是概念层次问题，主要分析概念是否符合逻辑、是否合理、是否经过验证，可引导学生思考与讨论，具体如下。

文本：何为 party（可译为"聚会"，或听说材料的其他概念）？为何 party？对话功能是什么？教学目标与功能关联是否合理？是否经过验证？

跟读：跟读属于什么活动？聚焦什么目标？是否合理？是否经过验证？

评价：评价活动属于什么活动性质（如形成性、终结性）？评价细目与标准是否与活动性质相符？是否通过验证？

第三类问题是方法层面问题，分析方法是否科学、是否存在不同方法，可引导学生思考与讨论，具体如下。

教学方法：采取什么教学方法？是否引导学习？训练方法是否科学？是否存在不同方法？若是，二者呈现什么关系？

学习方法：跟读属于什么学习方法？是否科学？是否存在不同方法？若是，二者呈现什么关系？

评价方法：good and strong（可译为"美好而强大的"，或听说材料的其他概念）是否需要评价？计算机对跟读进行评价是否科学？是否存在不同方法？若是，二者呈现什么关系？评价方法是否促进学习？数据说明什么？

第四类问题是标准问题，分析标准是否合理、标准的价值取向是否合理、是否存在不同标准，可引导学生思考与讨论，具体如下。

文本标准：何为接受邀请与拒绝邀请（若听说内容为邀请）？是否有明确标准？标准是否合理？是否存在对象差异？

学习目标标准：是否符合课程标准？是否符合评价标准、个人发展与社会发展标准？价值取向是否合理？是否存在不同标准？若是，二者呈现什么关系？

评价标准：跟读评价标准有哪些具体项目与陈述？是否符合课程标准？是否符合评价标准？是否合理？标准是否合理？是否存在不同标准？若是，二者呈现什么关系？

第五类问题是语境问题，分析语境是否合理、是否存在不同语境，尤其是完全不同的语境或相反语境，可引导学生思考与讨论，具体如下。

文本语境：文本呈现什么语境？文本语境是否明确纳入教学目标或活动？是否存在与文本完全不同甚至相反的语境？其语言有什么区别？

活动语境：训练活动语境是否合理？是否针对不同语境进行训练或说明？

评价语境：good and strong（可译为"美好而强大的"，或听说材料的其他概念）是否存在语境限制？语音标准是否考虑语境？跟读是否符合学习语境？是否存在相反语境？

基于以上提问体系，整合发展学生批判性思维能力的听说课，不仅有利于完成听说的学习目标，而且能显著地激发学生发展批判性思维能力的兴趣。

（三）基于 TAP 的批判性思维能力培养模式

图尔敏论证模式（Toulmin's Argument Patten，TAP）是非形式逻辑（也称为"批判性思维"）领域中的一种重要论证模式，其核心由 6 个关键要素共同构成。关于这些要素的详尽阐释，具体如表 5-1 所示。此外，如图 5-9 所示，TAP 在实际应用中可以细分为基本模式和扩展模式两种形式。其中，基本模式作为 TAP 的基石，主要由资料、主张和理由 3 个基本要素共同搭建而成。扩展模式则在基本模式的基础上进行了丰富和深化。它在保留上述 3 个基本要素的同时，又增加了 3 个要素——限定、支持和反驳，这些要素在特定情况下可以增强论证的深度和说服力。然而，值得注意的是，限定、支持和反驳 3 个要素的出现并非强制性的，它们根据具体的论证需求可能会选择性地出现 [1]。

表 5-1　TAP 的要素及其内涵

要素	要素内涵
主张	对研究问题进行分析、描述、判断、预测或解释等，即认为是什么
资料	用来支持主张、解释主张的事实依据
理由	对推理和证据的支持，即说明为什么能够由证据得到观点
支持	在论证过程中为了更加充分地解释主张，其是能够证明主张合理的理由
限定	表明该主张正确的前提条件
反驳	指对他人的观点、事实证据、推理过程和理论依据有批判质疑

---

[1]　蒙彩燕，陈怡颖，李翠，等．图尔敏论证模式的发展历程与实践运用［J］.科学咨询（科技·管理），2021（5）：110-111.

TAP的扩展模式　限定

TAP的基本模式

资料　→　主张

理由

支持

反驳

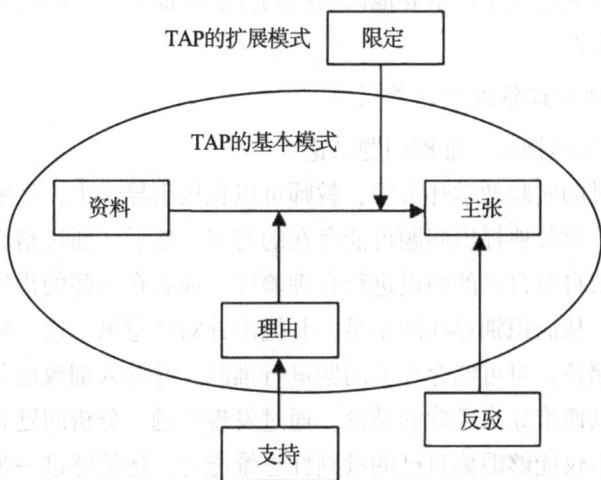

图 5-9　TAP 的基本模式和扩展模式

TAP 指导下的培养流程是一种旨在通过知识传递促进思维能力发展的论证式培养方法。在此流程中，教师需要精心挑选适合的培养策略，引导学生深入探讨问题，确保 TAP 指导下的活动得以顺利实施。通过这样的培养过程，学生将逐渐形成共识性的主张，从而在构建新知识的过程中提升批判性思维能力。

1. 资料信息评估维度的培养策略

（1）巧设层次问题，逐步引导评估

依据主流教学理论，教学必须紧密围绕问题展开，只有这样，学生的思维活力才能得到充分激发，进而在课堂上充分发展他们的思维能力。在 TAP 指导下，培养批判性思维能力至关重要，其精髓在于以问题为导向，进行深入的推理论证。当面对教师提供的丰富资料信息时，学生应当有意识地开展信息的整理与归纳工作，并清晰地识别信息与问题间的关联，从而确立解决问题的正确思路。通常情况下，在教学实践中，教师需要精心策划一系列层次递进的问题，循序渐进地引导学生对给出的资料信息进行深入分析，进而基于充分依据提出有力主张。

（2）溯源史料信息，评估观点正误

建构主义学习理论主张知识具有非客观性，这与历史上知识不断演变和发展的过程相契合。为了创建生动的教学情境，可以运用史料中充满曲折和变化的故事，将相关概念和规律的形成过程融入其中。引导学生深入剖析史料中的信息，对科学家的主张进行批判性判断，这不仅能激发他们的好奇心和探索欲，还能在

179

整理和分析史料的过程中，培养他们的批判性思维能力，从而使他们深刻理解批判性精神的重要性。

2. 问题推测论证维度的培养策略

（1）依托实验探究，推理问题结论

在部分学科的实验教学环节中，教师可以积极引导学生，鼓励他们依据观测到的具体信息，勇敢地提出问题可能存在的答案。然后，通过精心设计的实验活动，学生可以亲自对自己的假设进行合理验证，或者在教师的指导下深入反思和评估实验过程，从而识别存在的不足，并提出针对性意见。这一环节要求学生依托自身的知识储备，对可能存在的问题进行推测，并深入细致地分析实验现象或收集的数据，以便推导出准确的结论。通过发现问题、分析问题和解决问题的完整过程，学生不仅能够锻炼自己的批判性思维能力，还能够进一步提升他们推测论证的深度和准确性。

（2）巧设发散问题，聚焦可行思路

思路多样化与批判性思维能力的发展往往是相辅相成的，这两者共同作用于学生，使他们能够根据所给的资料信息，以辩证的视角对各种可能性进行审视，从而提出合理的主张。教师可以引导学生从多角度出发，发散思考，提出多种问题解决策略。在这个过程中，学生需要运用质疑、推理、论证等技能，将众多思路精简为几个切实可行的解决方案。这一过程不仅锻炼了学生的多角度思维能力，还促使他们使用批判性思维方式，对各个方案的可行性进行深入分析。通过这种多元化的问题解决方式，学生的批判性思维能力将得到有效的锻炼和提升。

二、国外批判性思维能力培养模式

（一）美国批判性思维能力培养模式

在美国，培养学生的批判性思维能力被视为提高学生质疑能力和独立思考能力的关键，这对于培养创新型人才至关重要。

1. 开展批判性思维课程

进入 20 世纪 90 年代后，批判性思维在美国的教育体系中受到了前所未有的重视。为了有效提升学生的批判性思维能力，高等院校纷纷开设了专门的批判性思维基础课程。此外，高等教育机构在考核方式上也进行了创新，强调以学生批判性思维能力考查为中心，设计了高中毕业生学术能力水平考试（SAT）、经企管理研究生入学考试（GMAT）、法学院入学考试（LSAT）等。这些考试明显区别于传统的、仅侧重于知识积累的考核方式，更加强调对学生批判性思维能力的考查。

2. 注重跨学科融入

美国的批判性思维运动不仅催生了独立的批判性思维课程，还促进了批判性思维在其他学科课程中的融入。从教学实践来看，美国学校为了培养学生的批判性思维能力，主要采取三种课程策略：第一，设立了专门的批判性思维课程，深入剖析批判性思维的过程、原理、发展方向、培养方法等；第二，在传统逻辑课程中加入批判性思维能力的培养目标，借助逻辑学理论教学，将批判性思维能力作为一项重要的教学内容，强调学生的批判性思维能力训练；第三，通过跨学科融合的方式，教师在其他学科的教学过程中，结合学科特点，融入批判性思维能力的培养方法，使学生在专业学习的过程中积极发挥主观能动性，逐渐形成批判性思考的习惯。

（二）澳大利亚批判性思维能力培养模式

1. 高度重视学生批判性思维能力的培养

澳大利亚的教育体系高度重视学生批判性思维能力的培养，具体要求体现在以下几个方面。

首先，学生需要具备提出问题的能力。在澳大利亚的教育体系中，学生被鼓励积极思考和提问，勇于挑战现有的知识和观念。他们被鼓励勇于质疑教材中存在的相关问题，并通过提问的方式，对这些问题进行深入的探究与分析，在此基础上进行有效评估。

其次，学生应当积极培养良好的信息识别和澄清能力。这要求他们不仅要对教材中的信息和知识进行表层的阅读，还要学会深入分析并透彻理解。在此过程中，学生需要敏锐地洞察信息的深层含义，进而对其正确性和可行性进行有效探究。

最后，学生还应掌握良好的知识信息组织和加工技能。在澳大利亚的教育体系中，学生不仅需要针对教材中的相关知识信息进行准确记忆和复述，而且需要学会利用多样化的渠道以完成相应的信息搜集工作，进而实现对教材信息准确性的合理验证。面对错误或不完整的知识信息，他们需要有能力进行重新加工和整理，构建更为准确和全面的知识体系。

2.运用有效的教学原则

就澳大利亚的批判性思维能力培养模式而言，为了实现合理的培养目标，教师十分注重创造良好的课堂环境，他们在课堂设置中必须遵循一系列精心设计的原则，具体如下。

（1）教师示范原则

在多数学生的眼中，特别是在小学生的眼中，教师往往是他们学习和模仿的榜样。鉴于其角色和作用的重要性，如果教师希望有效地增强学生的批判性思维能力，他们自身在课堂上应成为运用批判性思维的典范，即教师在课堂上需要展现运用批判性思维的全过程。这包括勇于在学生面前承认错误，接受并鼓励学生提出疑问。此外，教师还需勇于质疑教材中的观点，勇于提出自己的观点。通过这种方式，教师不仅彰显了自己敢于挑战权威、具有批判精神的职业态度，同时也为学生树立了培养批判性思维能力的典范。通过教师的示范，学生也会受到鼓舞，敢于大胆地表达自己的观点，从而提升问题探究和解决能力。

（2）知识相关性与挑战性原则

教师在教授新知识时，应巧妙地将新知识与学生已掌握的知识、丰富的经验、固有的观念以及熟练的技能相结合。这样，学生不仅能够运用已有的知识去探究学习新知识，还能借助新知识去验证反思旧知识，从而逐步扩展和深化他们的知识体系。更为关键的是，这样的教学方法有利于鼓励学生勇于挑战既有的观念等。

学生知识的发展进程是一个不断挑战自我、超越自我的过程。他们通过提问、质疑、推理、探究、创新和想象等方式，不断地质疑和更新自己的知识体系。在这个过程中，教师需要起到积极的引导作用，鼓励学生从多个角度思考问题，挖掘问题的多面性，以及深入探索、评估知识的有效性和可靠性。

第三节　跨文化外语教学中批判性思维能力培养实践

一、跨文化外语口语教学中批判性思维能力的培养

批判性思维能力的培养在学校教育中占据了举足轻重的地位。然而，目前部分学生的外语口语交际能力不尽如人意，这很大程度上源于他们在跨文化外语口语教学中所展现出的较弱的批判性思维能力。这种能力的欠缺直接影响了他们的外语口语表达水平。鉴于外语口语能力在评估学生外语综合应用能力中的重要地

位，外语教师有必要对跨文化外语口语教学中批判性思维能力的培养给予足够的重视。接下来，基于批判性思维理论，探讨利用外语口语教学培养批判性思维能力的可行性，探讨外语口语教学中学生批判性思维能力培养的途径。

（一）利用外语口语教学培养批判性思维能力的可行性

将学科教学与批判性思维能力培养紧密结合，已成为培养学习者批判性思维能力的卓有成效的途径，这一做法获得了国内众多研究者的普遍认同，并被视为锻炼批判性思维的关键手段。语言与思维，虽各自独立却紧密相连，相互依存又各有特色。语言是思维的载体，为人类的理性思考提供了外在的支持和工具；而思维则是语言的灵魂，赋予了语言深刻的意义和价值。

个体在学习语言的过程中，不仅掌握词汇和语法，也在运用这些语言元素描述概念及其相互作用以及表达思想时，展现自己的思维方式。随着语言运用能力的提升，个体的思维水平也得以不断发展。汉语与外语在表达方式上呈现出显著的差异，因此学习外语口语不仅能帮助学习者掌握新的语言技能，还能在意识思维层面开启全新的思考模式。在教学实践中，通过在外语口语教学中融入批判性思维能力的训练，可以充分利用语言与思维之间的紧密联系，有效地提升学生的批判性思维能力。

（二）外语口语教学中学生批判性思维能力培养的途径

在跨文化外语口语教学中，教师应顺应时代潮流，主动调整并更新教学理念。在努力提升学生的语言技能之余，更应高度重视并强化对其批判性思维能力的培养。为实现这一目标，必须聚焦于以下两个方面的关键工作。

1. 打造友好宽松的学习环境

在外语口语教学中，教师要营造一个友好、轻松且充满活力的学习氛围，并且要尊重、理解和坦诚对待每个学生。通过持续不断的激励，教师助力学生建立起坚定的自信心，激发他们的求知欲，并引导他们拓宽学习视野，接触更广阔的知识领域。这种环境有助于提高学生的批判性思维能力，培养他们的自信心、好奇心和开放包容心态。

为了实现这一目标，教师在课堂教学中需密切关注学生的学习进展，要时刻留意学生的表现，以捕捉他们在外语口语训练中的每一个微小进步，并对其给予肯定，尤其是当学生在分析、判断、推理和评价等方面展现出"闪光点"时，教师应给予特别的赞赏和鼓励。这样的做法不仅有助于促使学生的自信心进一步增强，让他们更加相信自己的能力，而且能够激励他们在外语口语交际过程中更加主动地运用批判性思维，以实现对相应问题的辩证思考。

2. 精心设计课堂教学内容和教学活动

在跨文化外语口语教学中，要有效培养学生的批判性思维能力，科学且富有创意的课堂教学内容和教学活动是关键。这要求教师在备课过程中，不仅要秉持工匠精神、精益求精，还要展现创新意识、打破常规。

教师在课堂教学过程中，需精心策划和组织丰富多彩的教学内容与教学活动，为学生提供锻炼批判性思维能力的平台与契机。在这一过程中，教师应助力学生深入剖析国外语言文化背后所蕴含的思维逻辑，同时敏锐地捕捉中外国家在多个层面上的差异。通过这样的教学实践，学生在外语口语训练中不仅能够促使自身的批判性思维意识逐渐增强，也能够推动其批判性思维能力的有效提升。

在教学内容的设计过程中，教师需要充分考虑与课堂教学主题的紧密结合，同时融入当前社会热点话题，并以此为基础巧妙创设形式多样且富有思辨性的教学问题。这能够激发学生的思考热情，促使他们在课堂上积极参与分析讨论，从而培养他们的批判性思维能力。

在教学活动的设计过程中，教师需要充分考虑到学生的个体差异和教学需求，巧妙地将思辨性强的教学活动融入课堂。例如，围绕学生感兴趣或具有显著社会意义的话题，教师可以组织丰富多彩的实践活动，如即兴演讲或辩论赛等，让学生在实践中锻炼和提升批判性思维能力。

二、跨文化外语阅读教学中批判性思维能力的培养

跨文化外语阅读教学不仅是掌握语言知识和信息的关键渠道，也是巩固语言基础的重要环节。在这一过程中，批判性阅读发挥着至关重要的作用，它不仅是提升学生语言理解能力的手段，还是培养学生批判性思维能力的有效途径。接下来，深入探讨和分析批判性阅读以及如何在跨文化外语阅读教学中，基于批判性阅读训练来有效培养学生的批判性思维能力。

（一）批判性阅读

1. 批判性阅读的内涵

批判性阅读是一种积极的个性化阅读，它强调读者在理解文本的基础上，对文本进行质疑、分析、辨别、推敲、筛选、评价，明确作者要传达的观点；同

时，读者借助自己的生活、人生体验及阅读经验等与作者不断地"对话、沟通和交流"，对阅读材料批判性地加以评价，体会作者的言外之意，形成自己的观点，从而达到对文本的深层次理解。

批判性阅读是一种与文本保持适当距离的阅读，是读者运用批判性思维能力，对文本内容和作者观点进行质疑、分析、比较、辨别，并依据一定的标准做出评价，达到一种基于标准的、独立的、开放的、理性的阅读状态。

2. 批判性阅读的特征

批判性阅读具有如下几个特征。

（1）读者立场

进行批判性阅读的前提之一是确立读者立场。读者立场和读者意识强调的是一种理性的阅读态度。只有处在读者的立场、与文本保持一定的距离才能理性地审视文本、作者的观点和习以为常的"解读定论"，从而建构自己的价值体系和思维方式。此外，读者需要体会成为另一个人的感受，即便他们并不愿意处在这个人的位置。只有将读者的角色定位好，才能与文本保持一定的距离，从而平视文本，与文本展开平等的"对话"。在阅读中，读者会根据既有的阅读经验、生活经历和知识储备等不断地产生阅读期待，在不断地与文本展开"对话""互动""交流"中达到对文本的深层次理解：作者写了什么？哪些地方出乎意料？这些出乎意料的地方精彩吗？作者为什么这样写？这样写好吗？如果不这样写，还可以怎样写？在这样的情况下，读者不再是被动阅读，而是积极思考、理性地与作者"交流"。

这样，在阅读的过程中，一方面读者可以对文本内容予以审慎的分析、合理的质疑、基于客观公正立场的评价，使得文本的意义得到彰显；另一方面，文本自身的结构、逻辑和语境又对读者的阅读活动构成了一定程度的限制，使得读者自身的理解力、反思力和批判力得以发展。批判性阅读就是在这二者的张力中寻求平衡的过程，让读者在阅读中理解作者的观点、建构自己的观点，在假设和反例中找出作者的隐含意思，再解构先前的观点，进而重构自己的观点，即"建构—解构—重构"的阅读过程。

（2）分析论证

阅读是一种高度个人化的活动，它取决于特定的阅读者。个人的阅读目的、任务和习惯塑造了其独特的阅读取向。这种取向进一步影响了个人的阅读方式、姿态以及所选择的阅读方法。在众多阅读方式中，批判性阅读独树一帜，它依赖于批判性思维。批判性阅读的核心在于强调深入的分析和客观的评判。这不仅涉及对阅读材料的深入思考、细致分析和全面评价，还包括读者对自己的观念、思想的反思以及对阅读过程的审视。简言之，没有深入的思考，就没有真正的批判；而没有批判，理解也就无法深入。

在批判性阅读的过程中，文本中会有大量的信息，阅读者如果仅仅拘于读者身份，只能顺着文本的顺序进行阅读，阅读必然陷于被动，而被动则会对文本采取"仰视"阅读的方式。改变之道是改"仰视"为"平视"，站起来和作者"对话"，必要时甚至"俯视"，不但要看到作者为什么这么写，而且要看到作者为什么不那么写，才能化被动为主动。读者要对阅读材料的可信度和真实性进行辨别，论证分析考虑的是真和假的内容。当然，即使作者在论证时将非理性的内容作为理由或结论，也应该忠实地把它的原意表达出来，到了分析的时候，再来评价这些理由或结论的优劣。最重要的是，读者要批判性地分析所读的内容和文本中关键的字词，并把文本中的内容与自己的知识经验相联系，识别出作者的真实意图和主客观的评价。

另外，在进行批判性阅读的过程中，读者会借助批判性思维能力，边读边预测，对不断产生判断的选项进行辨别和选择，对文本产生一种阅读期待，借助反复的分析来验证自己的预测，并在此过程中反思文本内容、作者观点、自己的阅读过程，发现阅读的乐趣，达到对文本的深度思考，提升批判性阅读能力。

（3）积极等待

如果说分析是批判性阅读中的阅读过程，是根据阅读目的找到文本的主题或者作者的观点、辨别细节、寻找解决问题的主线的阅读过程的话，那么"等待"则是一种阅读状态，是在理由不足时耐心观察文本，也就是精读文本，主动搜寻足够的信息、合适的证据，达到更好的理解的一种阅读状态。

批判性阅读涉及互为关联的两个方面：一是阅读对象，二是阅读主体。着眼于前者，批判性阅读的重点是读者无限接近文本，理解文本所表现的主题和作者的观点。同时，读者还需远离文本、平视文本，能够与作品拉开距离，全面地对它进行判断，要结合自身的生活经历、阅读经验等进行分辨、评价，用一种多元的思维方式去思考作者的观点是否合理，有没有其他的观点。

着眼于后者，批判性阅读的重点是对读者自己的观念和思想进行理性的反思。在理解阅读对象的过程中，读者还要有意识地反思自己的看法：为什么自己会有这样的看法？依据是什么？以什么样的标准来判断？自己的看法合理与否？这种自我反思，也是读者在"等待"中不断进行自我确认与自我完善的过程。

阅读主体自我反思的学习策略属于元认知的范畴。读者借助自我反思可以监控、回顾、调节乃至改善自己的阅读进程，评估自己的阅读效果，真正成为学习的主人。因此，无论是从理解文本，还是从自我发展来说，批判性阅读都是一个先近后远的、积极等待的阅读状态。

综上所述，批判性阅读的读者立场、分析论证、积极等待三个方面的特征如图 5-10 所示。

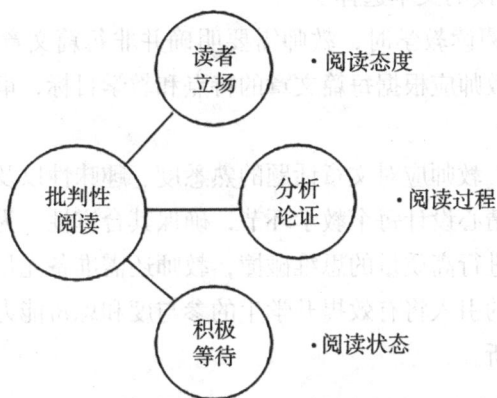

图 5-10　批判性阅读的特征

3. 批判性阅读的注意要点

（1）问题意识

课堂提问在很大程度上影响着课堂教学的有效性，是阅读教学能否达到预期效果的关键。

对于教师而言，在进行课堂提问时，应着重关注以下几个方面：首先，必须重视问题设计的方向性，这意味着教师应设计出特定问题，使其能够准确反映课堂整体结构和方向，进而保证问题的质量和层次达到较高水平；其次，问题表达的精确性同样重要，精确的问题表述能够避免学生产生误解或答非所问，从而使其回答问题的正确率进一步提升；最后，还需注意问题设计的适度性，所提问题应与学生的认知能力相匹配，既不过于简单也不过于复杂。此外，在语言表达方面，教师还应针对不同水平的学生设计不同难度的问题，且符合其实际学习水平，以确保每个学生都能参与到课堂讨论中来。

对于学生来说，在阅读过程中，培养质疑的能力不仅能使自己集中注意力研读文本，也有助于提高理解力。在批判性阅读教学中，教师要鼓励学生在阅读过程中提出问题。提问可以分为提问自己、提问作者、提问文本三个层面。教师应启发学生学会从文本的题目处提问，从文本的关键字、词、句处提问，从文本的疑点处提问，从文本的矛盾处提问，如此巧妙引导学生设疑提问，便可以"一石激起千层浪"，活跃学生思维，给原本只重视语言点讲解的阅读课堂带来思维碰撞，激发学生阅读、体验、思考、探究、创造的欲望，提升思维品质，促进学生身心发展。

（2）批判性阅读的文本选择

在进行实际的阅读教学时，教师需要明确并非每篇文章都适宜进行批判性阅读教学，因此，教师应根据每篇文章的特点和教学目标，审慎选择恰当的阅读文本。

在教学实践中，教师应对文章话题的熟悉度、趣味性以及文本的长度和难度进行密切关注，并精心设计每个教学环节，确保其合宜性。为了确保师生在课堂上能够积极互动，进行高质量的思维碰撞，教师还需准备充足的趣味性思考与表达素材。这些素材的引入将有效提升学生的参与度和思辨能力，使课堂成为充满智慧火花的思辨场所。

（二）批判性阅读对批判性思维能力培养的重要作用

第一，通过培养学生的批判性阅读能力，可以助力他们培养批判性思维能力。这是因为批判性阅读本质上是对所读材料进行深入反思和客观评价。教师在实施批判性阅读教学时，会有针对性地设计课堂活动，确保这些活动围绕批判性思维的核心要素展开，并积极引导学生参与，从而在实践中逐步培养和发展他们的批判性思维能力。

第二，批判性阅读对提升学生的写作能力大有裨益。这是因为批判性阅读涉及信息的获取、结构的分析以及对作者观点和论述过程的评估。这些环节不仅帮助学生更深入地理解文本内容，还使他们能够掌握文本中各部分之间的逻辑关系，如转折、承接等。通过不断的练习和反思，学生可以形成对作者观点的独立见解。此外，通过不断的写作练习，学生能够逐渐提升自己的写作技巧。

第三，批判性阅读教会学生如何区分关键信息与次要信息，并快速把握文本的整体框架。这种能力使学生能够在有限的时间内迅速把握文本的核心要点，从而提高他们的阅读速度和效率，并提高他们在解题过程中的准确率。

（三）外语阅读教学中学生批判性思维能力培养的路径

在核心素养日益受到重视的当下，跨文化外语教学中的批判性思维能力培养至关重要。为了在外语阅读教学过程中更有效地推动学生批判性思维能力的提升，笔者提出以下具体建议。

1. 构建完整的批判性思维能力培养模式

构建与确立一套完整的批判性思维能力培养模式是一项充满挑战的任务。在这一艰巨而重要的工作中，教师需要不断探索新的教学方法，创新批判性思维能力的培养策略，以引导学生全面发展其批判性思维能力。

首先，教师在教学环节中应明确且坚定地将学生的批判性思维能力培养作为核心任务。为了更有效地完成这一任务，教师可以将原本抽象的批判性思维能力培养任务转化为具体、可操作的阅读任务，从而更有效地促进学生批判性思维能力的发展。

其次，提问的有效性在培养批判性思维能力方面扮演着举足轻重的角色。因此，教师在授课过程中应巧妙构思提问的方式，以激发学生的思考与兴趣。相较于直接询问事实答案的事实性问题，教师应倾向于理解性问题的设计与提出。这是因为，与事实性问题相比，理解性问题更注重引导学生深入挖掘文本的细节，进行更深层次的分析、推理和探究。这种提问方式能够激发学生的深度思考，促使他们达到对文本的全面把握。通过提出有针对性的问题，教师可以协助学生有效构建清晰且合逻辑的情境，鼓励他们在此基础上质疑与反思，并将丰富多样的思维训练机会提供给学生，以帮助学生在不同层面上提升批判性思维能力。

最后，在外语阅读课堂上，注重多元化活动的合理设计。具体而言，在教学实践中，教师需要紧密围绕文本的主题和核心内容，设计出富有创意和灵活性的教学活动。这样的设计不仅能让学生在轻松愉快的氛围中学习，还能促使他们将所学知识应用于现实生活中。通过这种方法，学生的学习效果将得到显著提升，同时，他们的独立思考能力和逻辑推理能力也将得到锻炼。

2. 加强阅读教学过程性评价

教师可以指导学生去分析和评价作者的观点和态度等意识形态层面的内涵，然后引导学生以批判性的视角去建构对文本的独特理解。为了实现有效的批判性阅读，教师需要进行深入的文本分析和阅读语篇理解，通过细致入微地研读文本，全面掌握其基本结构和潜在意义，以便在课堂教学中能够有针对性地引导学生进行深入思考。只有这样，教师才能有效地帮助学生培养批判性思维能力。

批判性思维能力的培养和提升是一项长期且需要不断投入精力的任务。因此，教师必须提升对评价环节的敏感度，并注重对评价方式的持续完善。在此过程中，过程性评价显得尤为重要，它聚焦于学生在阅读过程中批判性思维能力的动态变化与成长轨迹，而非仅仅注重最终的结果。过程性评价注重学生的批判性思维过程，旨在捕捉他们的批判性思维能力在各个环节的变化。通过这种方式，教师能够更全面地了解学生的学习进展，精准识别他们在认知上的不足，并据此为他们指明具体的改进方向。这种评价方式具备强烈的引导性质，其核心目的在于推动教学的持续完善与精进，进而更有效地助推学生提升批判性思维能力。

三、跨文化外语写作教学中批判性思维能力的培养

写作作为语言交流的核心方式，是一种高强度的思维活动，它能够深刻反映学生的思维深度和广度，特别是批判性思维能力在整个写作过程中扮演着至关重要的角色。一般而言，写作与批判性思维过程能够相互融合，共同体现学生的思维能力和水平。外语写作教学与培养学生的批判性思维能力之间存在紧密的联系。通过外语写作教学，教师可以有效培养学生的批判性思维能力；而学生批判性思维能力的提高，也会反过来促进他们提高外语写作水平。

（一）外语写作教学中批判性思维能力培养的重要意义

目前，我国在跨文化外语教学中存在一些亟待解决的问题。其中，最为普遍的是过度强调语言的交际功能，而忽视了语言的思维和信息两方面功能的重要作用。这种情况在外语写作教学环节表现得尤为显著，不仅影响了学生的语言学习效果，还制约了他们的思维发展。在现阶段的外语写作教学中，很多教师更倾向采用的教学方法就是范文背诵与写作模板相结合。这种方法虽然能够帮助学生快速掌握一些基本的写作技巧和表达方式，却限制了学生批判性思维能力的有效培养。相关研究证实，批判性思维能力在跨文化外语学习领域扮演着举足轻重的角色。这一能力的增强不仅有助于推动学生的外语写作水平不断提升，也能使他们的创造性思维得到充分激发。

（二）外语写作教学中批判性思维能力的培养策略

在写作教学中，为了有效培养学生的批判性思维能力，可以采取以下具体策略。

1. 确定以批判性思维能力为导向的外语写作教学目标

语言学习项目大纲中期望的学习目标应兼具深度和广度，既要使学生扎实掌握语言基础，也要注重培养学生的批判性思维能力。跨文化外语写作教学的

主要目标是培养具备批判性思维创新能力和专业技能的优秀人才。具体而言，通过外语写作教学，学生不仅可以熟练掌握外语写作基本知识和技能，也能提升灵活运用批判性思维技巧解决问题的能力。为此，必须对传统的外语写作教学理念进行革新，使其不再局限于学生写作技巧和语言能力的提升，而是要更加重视批判性思维能力的培养，并主张将其作为教学的核心任务。在具体的教学实践中，应引导学生将语言运用能力与思维分析能力融为一体，鼓励他们富有创造性地运用这些技能来辨识问题，深入分析并寻求有效的解决方案。经过这样的教育和培养，学生能够在未来的学术和职业生涯中展现出卓越的批判性思维和创新能力。

2. 教师更新教学理念，重视批判性思维能力培养

为了在外语写作教学中有效培养学生的批判性思维能力，教师需要更新教学理念。教师应深刻认识到写作教学的重要性，以及批判性思维能力对学生外语学习的深远影响。同时，教师应明确，批判性思维能力是提升学生外语写作能力的关键。

缺乏批判性思维能力的学生，其所作的文章往往内容空洞、观点单一，缺乏深度和辩证性，因此，在外语教学中应当注重学生批判性思维能力的培养。为了激发学生的写作兴趣并培养他们的辩证思维能力，教师在进行文章标题的选择时，应充分考虑学生的兴趣所在，挑选那些能够引发他们深度思考和探讨的题目。同时，教师还应积极鼓励学生通过对批判性思维能力的灵活运用来深入分析这些标题，并阐述自己的观点。通过这种方式，学生可以更好地锻炼自己的思维能力，同时也能够创作出更具深度和见解性的优秀文章。

第四节　国外批判性思维能力培养
对我国外语教学的启示

从国外对批判性思维能力的重视和推动过程中可以看出，批判性思维能力在现代教育中占据着举足轻重的地位，同时，它也是人才培养过程中不可或缺的重要教育内容。目前，我国教育领域也开始重视批判性思维能力的培养，而国外批判性思维能力培养研究的各项成果也为我国的外语教学发展提供了诸多启示，具体分析如下。

一、外语教学要从"思维"开始

语言作为精神和文化的重要载体，承载着民族的文化和历史，展现了独特的文化风貌。地域与文化的多样性形成了各异的思维方式，因此在进行外语教学的时候，可以通过讲授国外文化与风俗，帮助学生培养外语思维方式，进而推动其外语学习。但是，也应该认识到，文化的差异性可能给跨文化交际带来挑战。因此，如何将国外的文化风俗及外语思维合理有效地融入外语教学中，成了当前外语教育研究的关键和难点。

（一）合理规划教学，比较人文思想差异

学生要想学好外语，首要前提是深入了解和明确外语的本质，以及中外文化的差异和思维方式的不同。因此，在日常教学中，教师可以提前向学生导入相关的文化知识，让学生对比了解中外文化的差异，使学生在理解文化背景的基础上学习外语。这样的教学方法有助于学生更加正确规范地使用外语。以英语为例，虽然在汉语和英语中可以找到字面意思相对应的词汇，但由于文化的缘故，会给同样的词汇赋予不同的隐含意义。例如，在汉语中，"狗"一词多带有贬义，如"鸡鸣狗盗"；而在西方文化中，"dog"（狗）一词则通常是褒义的，如"Love me, love my dog"意为"爱屋及乌"。因此，只有深入了解文化差异，学生才能更好地掌握语言学习技巧，甚至在考试时也能从文化根源出发，准确答题。因此，教师要合理规划教学内容，让学生比较中外人文思想的差异，真正促进学生外语学习的进步。

（二）日常交流互动，理解国外文化特征

对于中国人而言，外语与母语之间存在着明显的差异。由于学生长期受到本土思想文化的影响，他们在使用外语进行交流与沟通时常常会遇到障碍和困难，特别是在与外国人士交流时，对国外的风土人情、民族文化、人文特征如果缺乏了解，就很容易导致交流上的误解。

值得注意的是，有些学生认为学习外语的目的仅限于考试和升学。为了改变学生的这一看法，让他们自发地学习外语，教师可以试着从教授礼貌用语入手。此外，中外文化思维的不同还体现在提出建议、表达观点的时候，如在西方国家，当对他人提出建议的时候，通常不会使用祈使句。外语教师在日常的教学和训练中，可以在习题中体现中外文化的不同，引导学生深刻理解中外文化，帮助学生养成外语思维。

（三）材料信息搜索，探寻文化背景信息

由于课时的限制，学校可能无法全面或深入地开展关于国外文化和思维的教学活动。教师可以巧妙地利用外语教材进行拓展延伸，在教材中寻找涉及国外文化和思维的句子和段落，并利用这些材料进行拓展教学，使学生了解国外文化和思维，促进外语思维的培养。

学生在日常的阅读和做题过程中，也会遇到许多涉及国外文化和思维的内容。外语教师和学生可以充分利用这些资源，深入挖掘材料背后的文化背景信息。例如，"cross one's fingers…"（手指交叉……）是在讲解"Body Language"（身势语）阅读习题时候的一句话，此时外语教师可以引导学生根据这句话探寻其背后的文化信息；在英国，大部分人信奉基督教，当其"cross the fingers"时，表示他们在祈祷祝福。因此，"I will cross my fingers for you"的意思就显而易见了，即"我为你祝福"。

（四）延伸课堂讲解，导入风俗人文历史

外语知识的传授并非局限于课堂和教科书，课外活动同样是一个重要的学习平台。外语教师应当鼓励学生在课外时间进行外语阅读和探索，将视野延伸到课堂之外。这样不仅能激发学生的学习兴趣，而且能使学生了解国外思维和文化，从而为培养学生的外语思维打下坚实的基础。在信息时代，人们拥有更多的信息获取渠道。外语教师可以引导学生观看国外的影视作品，鼓励学生浏览外语新闻和国外的产品广告等。这些方式可以让学生在日常生活中也能学习国外文化和思维，从而增强他们的外语思维能力和外语语感。

总结来说，将国外主流文化与外语课堂相结合，不仅能够让课程内容更加丰富，还能显著提升外语教学效果，更重要的是，它能帮助学生形成外语思维。这种外语思维对于提升学生的外语学习质量至关重要，因为它能够推动学生在思想意识层面上进行跨越，进一步助力其外语学习。因此，外语教师在教学过程中，应当重视对学生外语思维能力的培养，避免仅仅局限于教授句型、语法等表层知识。教师应鼓励学生深入了解外语学习材料背后的文化背景，以此为基础进行学习，从而激发学生对外语学习的兴趣和动力。这样，学生才能在外语学习中不断进步，真正掌握外语。

二、增强对批判性思维能力的教学研究和推进批判性思维教育的制度化

（一）增强对批判性思维能力的教学研究

在考虑现行教学体系的基础上，从教育实践的角度出发，深入探讨批判性思维能力在课程建设、学科融合以及培养目标设定中的重要作用。在外语学科中培养批判性思维能力，能够有效提高学生的辩证思维能力，进一步推动外语学科新理论的形成。

为了在批判性思维能力研究方面取得更多进展，国内学校应当从以下三个方面着手研究：首先，构建一个鼓励批判性思维能力发展的研究环境，充分认识到批判性思维能力对外语教学在科学研究和理论研究方面的重要价值；其次，加强对批判性思维能力的理论研究，结合我国外语教学与科研的实际情况，发展适合现阶段外语教学实际情况的批判性思维能力发展理论；最后，整合社会力量，构建一个完整的批判性思维能力研究体系，并充分肯定民间组织在批判性思维能力研究和普及中所发挥的重要作用。

（二）推进批判性思维教育的制度化

制度化不仅是教育改革的目的，也是推动教育改革的重要力量。我国应当深入考虑批判性思维教育制度化的可能性和必要性，以及这一举措对外语教学发展的深层影响。我国在教育改革中多次强调要着重培养创新型人才和高素质人才，这既体现了国家对教育的重视，也反映了社会对创新型人才的迫切需要。将批判性思维教育与我国现有的外语教学体系相结合，形成更具实践意义和标准化的外语教学目标，无疑将成为我国未来外语教学发展的重要方向。

通过对比分析中外思维模式，可以清晰地看到汉语与外语在表达方式、语篇布局、形式结构等方面存在显著的差异。在外语教学过程中，教师不仅要注重外语知识的传授，还需要从思维模式的层面深入剖析学生学习过程中遇到的困难，并提供有效的解决方案。这样做有助于帮助学生正确对待汉语与外语的差异性，使学生逐步建立起外语语言思维并形成完善的知识体系，从根本上提升学生的外语写作能力和口语表达能力。

三、重视对教材的选择与编制

批判性思维能否成功融入课程教学中，关键在于能否找到优质的教材资源。

教材是教师传授知识的核心工具，深刻影响着他们的教学方式、教学模式乃至教学思想。对于教材的选择，要精编、精选、精炼。以我国大学英语教材为例，众多高校采用的教材普遍存在内容陈旧的问题。这不仅使得教师难以与时俱进地传达新的教育理念，也极大地限制了他们对课程的设计和对学生批判性思维能力的培养。随着国内对批判性思维能力的日益重视，越来越多的教育专家在编制教材和进行内容设计时，特意加入了培养批判性思维能力的内容。例如，高等教育出版社出版的《大学体验英语综合教程》的内容重在培养大学生的批判性思维能力。该教程在每个单元后的讨论练习中都设有专门的"critical thinking"（批判性思维）栏目，旨在让学生在深入学习课本内容的同时，能够锻炼和提升批判性思维能力。这套教材受到了外语教师的高度评价，并在实际教学中有效提升了教师的教学水平。

四、推动外语教学方法的改革

批判性思维能力是当代教育的一种核心技能。随着众多大学甚至一些中小学纷纷把批判性思维课程纳入教学计划，批判性思维训练的有效策略成为研究者关心的一个重要课题。针对跨文化外语教学，基于批判性思维能力培养的教学方法层出不穷，有对话教学法以及基于小组合作形式的交互式教学法等。

（一）采用对话教学法

"对话"这一理念在理论与教育学的融合中催生了对话教学法这一创新教学方法。巴西著名教育家保罗·弗莱雷（Paulo Freire）深刻指出，教学本质上就是一种对话，这种对话不仅是信息的交流，也是一种创造性活动。在对话教学中，教师和学生共同参与、共同成长，其最终目的在于促进人的全面发展。这种教学方法与培养学生批判性思维能力的目标高度契合，应将其应用于当前的外语课堂教学中。

第一，在外语对话教学中，应通过实物呈现的方式来激活学生的表达欲望。这种教学方法以其形式的多样化而著称，其中，直观教具的运用是一大特色。教具呈现，作为一种富有创新性的教学形式，其核心理念在于借助实物、优秀作品等生动具象的载体，将原本抽象复杂、难以理解的知识内容转变为直观生动的形象呈现在学生眼前。这样一来，知识不再是枯燥乏味的文字，而是变得清晰易懂，更容易被学生接受和理解。

在实物教学实践中，教师无须亲自操办所有细节，而应致力于将学习的主动权赋予学生。教师可以发挥引导作用，鼓励学生自主完成与教学内容密切相关的教具的搜集和制作工作，从而为学生顺利开展学习活动奠定坚实的基础。

需要注意的是，在教具设计的过程中，教师必须明确其目的性和依据，不能随意而为。在外语教学实践中，教师对教具的选择应当深思熟虑，从多个维度出发，如紧密结合单元主题、有效呈现教学内容、合理利用插图资源等，这些都是设计教具时应重点考虑的突破点。同时，教师应对学生的自主权给予高度重视和充分尊重，并积极鼓励他们亲身参与教具制作过程。这种参与式的学习方式能够自然激发学生对知识的兴趣，进而在无形中激发他们的对话表达欲望。

第二，应着重强调对文本的深入剖析，以清晰地把握其内在思路。在对话教学中，语言扮演着沟通桥梁的角色，因此对其进行全面且细致的分析显得尤为关键。通过知识分析过程，学生能够实现对语言的内在结构、独特的表达技巧以及其中蕴含的情感倾向等重要信息的深刻洞察，能更加透彻地理解语言的魅力与深意。在外语教学中，教材作为传递语言知识的重要媒介，其内容成为学习活动的重中之重。为了实现信息的高效检索、知识体系的迅速构建以及促进对话教学的有效开展，教师应从微观层面精细地剖析文本。在文本剖析的过程中，教师应当从多个角度切入，如词汇的选择、句型的运用以及语法规则等，这些都是揭示文本深层含义的关键触发点。同时，文本内容通常展现出丰富的内涵和层次性，内容的难易程度和知识的难度系数也呈现出显著的差异。鉴于这种情况，教师在组织教学时需紧密结合教学的重难点，精准定位最佳的教学对接点。教师通过巧妙引导，帮助学生针对相应文本进行深入剖析，从而推断出文本的核心内容。在这一过程中，学生不仅能够将对话的思路梳理清楚，还能构建起整体框架，为后续的学习奠定坚实基础。

（二）建立基于小组合作形式的交互式教学法

小组合作活动是协作学习的重要形式，体现了以学生为中心的教学模式。基于小组合作形式的交互式教学法成功打破了教师单向讲授、学生被动接受的传统教学模式，从而构建起多边互动的新型教学方法。在群体协作和灵活多变的互动过程中，学生积极地进行信息的交流和问题的探讨，这不仅能够使他们的求异思维得到充分激发，还能推动其批判性思维能力的有效培养。

在外语教学的实际过程中，教师可以将一个由二三十名学生组成的小班划分为数个小组，并为每组分配相同的设计内容。小组成员将携手合作，共同设计并集体备课，最终借助多媒体工具展示他们的成果。通过设置这种小组，成员有机会去展示个人才能、培养个人智慧。展示的过程正是学生相互学习、取长补短、共同进步的交互学习过程。教师应当认真倾听每组的汇报，并给予各小组相应的评价，指出其优势和不足之处，进而为其后续努力指明方向。这一教学过程不仅促进了师生之间以及学生之间的知识互动，也深化了学生在思维碰撞与思想交流中的认知，有助于培养学生的批判性思维能力和创新能力，进而取得良好的外语教学效果。

五、改革外语测评方式

从培养学生批判性思维能力的视角出发，外语测评亟须从三个关键维度进行深化改革。

首先，拓宽并深化测评的形式与手段，以更全面、更准确地评估学生的语言能力和综合素质。除了继续采用传统的试卷考核方式，还应积极探索并构建以成果为导向、形式多样的测评体系。这一体系将融合丰富多样的考核形式，包括但不限于演讲、辩论、访谈、读后感、角色扮演等，这些形式不仅能够有效培养学生的批判性思维能力，还能进一步提升他们的团队协作能力和独立思考能力。

其次，在考核内容的设置上，特别强调思辨性的重要性。虽然词汇和语法等语言技能是构成学生语言基础的关键要素，但考核时它们的占比不应过重。相反，应更多地聚焦于对学生批判性思维能力的全面评估。这包括但不限于对文本整体逻辑连贯性的审查，对论据能否有效支撑论点的分析，以及对学生在分析问题时所展现的深度和广度的考察。

最后，进一步明确评价标准。只有在明确、具体的评价标准的指导下，才能对学生的批判性思维能力进行准确、客观的评估。国际上已经存在一些权威的批判性思维能力测试工具，如加利福尼亚批判性思维技能测试（CCTST）和剑桥思维能力测试（TSA）。CCTST突破了学科和文化背景的界限，专注于评估学生在分析、评估、推论、演绎和归纳五个核心维度的表现，从而实现对学生批判性思维能力的深入剖析和有效评估。TSA则聚焦于对学生思辨能力和问题解决能力的考察，并将二者结合起来，构筑完整的评价框架。在我国，三棱结构模型和思辨能力层级模型等评价体系也享有盛名，它们为评价工作提供了明确且具体的标准。在制定相应标准以全面评估外语学科学生批判性思维能力的过程中，必须高度重视外语学科的独特性和专业性特征，确保评价标准既能够反映学生的语言技能水平，又能够体现他们的批判性思维能力。

参考文献

［1］ 司联合.过渡语理论与语言教学［M］.南京：河海大学出版社，2004.

［2］ 武桂杰.霍尔与文化研究［M］.北京：中央编译出版社，2008.

［3］ 仝品生，罗蓉.外语理论与实践研究［M］.昆明：云南大学出版社，2011.

［4］ 闫祯.有效学习指导［M］.西安：陕西师范大学出版总社有限公司，2013.

［5］ 王艳艳.商务英语专业特色办学研究［M］.上海：上海世界图书出版公司，2013.

［6］ 杜威.我们如何思维［M］.2版.伍中友，译.北京：新华出版社，2015.

［7］ 戴圣.礼记［M］.刘小沙，译.北京：北京联合出版公司，2015.

［8］ 韩选文，张丽丽，李慧.外语教学和文化交融［M］.长春：吉林文史出版社，2016.

［9］ 刘艳，曹艳琴，兰英.现代外语教学与语言文化研究［M］.北京：光明日报出版社，2016.

［10］ 肖婷.多元文化与英语教学［M］.天津：天津科学技术出版社，2017.

［11］ 郭敏，余爽爽，洪晓珊.外语教学与文化融合［M］.北京：九州出版社，2017.

［12］ 张美玲.中西文化认同与外语教学范式研究［M］.长春：吉林大学出版社，2017.

［13］ 何树勋.跨文化交际下的大学英语教学改革模式研究［M］.成都：四川大学出版社，2018.

［14］ 彭宁.跨文化交际语境下的英语教学与翻译策略探究［M］.北京：九州出版社，2018.

［15］ 田燕.罗伯特·弗罗斯特诗歌主题意象特点研究［M］.西安：世界图书出版西安有限公司，2018.

［16］ 布罗茨基.布罗茨基诗歌全集：第一卷（上）［M］.娄自良，译.上海：上海译文出版社，2019.

［17］ 魏雪超，马腾，刘东燕.文化融合思维与英语教学研究［M］.北京：中国商务出版社，2019.

［18］ 张健堃.跨文化交际英语教学与研究［M］.北京：冶金工业出版社，2019.

［19］ 王欣平.英语跨文化交际教育与教学实践研究［M］.长春：吉林人民出版社，2020.

［20］ 王佳.新思维下外语教学方法与策略研究分析［M］.长春：吉林大学出版社，2020.

［21］ 李建峰，骆云梅.跨文化交际理论与实践研究［M］.长春：吉林大学出版社，2020.

［22］ 秦文娟.共性与特性：母语与外语学习者英语读写能力发展研究［M］.上海：复旦大学出版社，2021.

［23］ 吴卫平.高校外语教师跨文化能力发展路径研究［M］.武汉：武汉大学出版社，2022.

［24］ 索成秀.英语思维以及跨文化沟通能力培养［M］.长春：吉林大学出版社，2023.

［25］ 彭晶.现代教育技术在小学英语教学中的作用［J］.高等函授学报（自然科学版），2006（增刊1）：133-134.

［26］ 孙玉.外语教学理论的新探索：《跨文化外语教学》评介［J］.外语界，2006（4）：79-80.

［27］ 李迎新.论批判性思维在大学英语教学中的融入［J］.廊坊师范学院学报（社会科学版），2011，27（2）：103-106.

［28］ 李小辉.多媒体课堂教学与网络自主学习的整合［J］.吉林省教育学院学报，2011，27（2）：89-91.

［29］ 张雪梅.大学课程的形成性评价体系探究：以大学英语课程为例［J］.长春大学学报，2011，21（7）：123-126.

［30］ 王步前.英语教学要从"思维"开始［J］.中学教学参考，2014（36）：49.

［31］ 刘莉.基于WGCTA问卷的大学生批判性思维研究［J］.教育教学论坛，2015（11）：107-109.

［32］ 马培培.美国大学批判性思维教学解析［J］.外国教育研究，2016，43（1）：30-38.

［33］ 魏然.中高级日语精读课的思辨能力培养教学模式及效果评估：以北京外国语大学日语系为例［J］.东北亚外语研究，2016，4（4）：70-76.

［34］ 邓永平.如何在高校英语课堂中渐进式培养学生思辨能力［J］.安徽文学，2017（2）：120-121.

［35］ 王宇珍.以思辨能力培养为导向的英语专业阅读教学设计［J］.陕西教育（高教），2018（2）：8-9.

［36］ 白璐.如何将批判性思维能力应用在大学英语教学中：以《新视野大学英语》教材分析为基础［J］.才智，2018（35）：2.

［37］ 章燕.探析大学英语教学与跨文化教育融合的路径选择［J］.教育现代化，2018，5（18）：162-163.

［38］ 韩佶颖，张静，赵艳琳.从通用英语到学术英语：教师改变的案例研究［J］.北京第二外国语学院学报，2021，43（5）：118-131.

［39］ 银珊.课程思政教学改革背景下高职英语教师教学能力发展研究［J］.湖北师范大学学报（哲学社会科学版），2022，42（2）：124-131.

［40］ 张宇.关于文化背景在中学英语词汇教学中的思考［D］.上海：上海师范大学，2005.

［41］ 王心怡.高中英语教师对于培养学生批判性思维能力的信念研究［D］.曲阜：曲阜师范大学，2019.